Vom Sehen

BIRKHÄUSER ARCHITEKTUR BIBLIOTHEK
Herausgegeben von Martina Düttmann

August Endell wurde 1871 in Berlin geboren. Das Studium der Philosophie, Psychologie und Mathematik – u.a. bei Theodor Lipps in München – prägte seine kunsttheoretisch-ästhetische Haltung. Als Architekt und Kunstgewerbler war er jedoch ein Autodidakt. Theorie und Ausführung fügten sich bei Endell zu einer neuartigen Formensprache, die die reine, wirkende Form als Tatsache anerkannte. Sein literarisches Oeuvre dringt wie sein künstlerisches in weite Bereiche des Alltags vor. Endell äußerte sich philosophisch, theoretisch, literarisch, kunstkritisch zur Ästhetik der Gegenwart und deren praktischer Anwendung, zum Verhältnis von Kunst, Industrie und Politik, zu Fragen der Kunsterziehung und zum Verhältnis von Gegenwart und Tradition.
1897 verließ Endell die Münchner Universität und begann mit eigenen künstlerischen Projekten. Nach seiner Umsiedlung 1901 nach Berlin begründete er eine eigene Formschule, in die er seine künstlerischen Arbeiten miteinbezog. Neben seiner Tätigkeit als Architekt schrieb Endell regelmäßig für verschiedene Zeitschriften. Mit seinem kleinen Buch über *Die Schönheit der großen Stadt* erzielte Endell 1908 seinen größten literarischen Erfolg. Der künstlerische Anti-Akademiker Endell wurde 1918 als Direktor an die Kunstakademie in Breslau berufen. Er starb 1925 in Berlin.

Helge David, geboren 1967 in Hannover. Studium der Kunstgeschichte, Komparatistik und Ethnologie in Bonn. 1993 Magisterarbeit über August Endell. Derzeit arbeitet er an einer Dissertation zu den Schriften von Endell.

August Endell

Vom Sehen

Texte 1896–1925
über Architektur, Formkunst und
„Die Schönheit der großen Stadt"

herausgegeben von Helge David

Birkhäuser Verlag
Basel · Berlin · Boston

Umschlagentwurf: Friederike Schneider
Umschlagfoto: Bildtafel aus: Karl Blossfeldt (1865–1932), „Wundergarten der
Natur", erstmals 1932 im Verlag für Kunstwissenschaft erschienen; Neuausgabe
zusammen mit „Urformen der Kunst" bei Schirmer/Mosel, München 1994.

Die Deutsche Bibliothek – CIP-Einheitsaufnahme

Endell, August:
Vom Sehen : über Architektur, Formkunst und „Die Schönheit
der grossen Stadt" / August Endell. Hrsg. von Helge David. –
Basel ; Boston ; Berlin : Birkhäuser, 1995
   (Birkhäuser-Architektur-Bibliothek)
   ISBN 3-7643-5196-9
NE: David, Helge [Hrsg.]

Dieses Werk ist urheberrechtlich geschützt. Die dadurch begründeten Rechte,
insbesondere die der Übersetzung, des Nachdrucks, des Vortrags, der Entnahme
von Abbildungen und Tabellen, der Funksendung, der Mikroverfilmung oder der
Vervielfältigung auf anderen Wegen und der Speicherung in Datenverarbeitungs-
anlagen, bleiben, auch bei nur auszugsweiser Verwertung, vorbehalten. Eine
Vervielfältigung dieses Werkes oder von Teilen dieses Werkes ist auch im
Einzelfall nur in den Grenzen der gesetzlichen Bestimmungen des Urheberrechts-
gesetzes in der jeweils geltenden Fassung zulässig. Sie ist grundsätzlich vergü-
tungspflichtig. Zuwiderhandlungen unterliegen den Strafbestimmungen des Ur-
heberrechts.

© 1995 Birkhäuser – Verlag für Architektur, Postfach 133, CH-4010 Basel,
Schweiz
Gedruckt auf säurefreiem Papier, hergestellt aus chlorfrei gebleichtem Zellstoff
Printed in Germany
ISBN 3-7643-5196-9

9 8 7 6 5 4 3 2 1

Inhalt

Vorwort 7

Teil I
Über Kunstkritik und die Klarheit der Gedanken 11

Um die Schönheit 12
Architektonische Erstlinge 56
Zu Alfred Messels Gedächtnis 66
Das Bayerische Nationalmuseum 72

Teil II
Gegenwart und Tradition 91
Originalität und Tradition 93
Kunstgewerbliche Erziehung 103
Texte für *Die Neue Gesellschaft:* 114
    Kunst und Volk 116
    Vom Sehen 120
    Abendfarben 124
    Frühlingsbäume 126
    Der Potsdamer Platz in Berlin 129
    Eindruckskunst 132
    Unsere Impressionisten 137
    Arbeiterhäuser 141

Teil III
Vom Sehen und der sichtbaren Welt 145
Formenschönheit und dekorative Kunst 147
Die Schönheit der großen Stadt 163
Raum und Körper 209

Stichwort: Vom Sehen 218

Bibliographie 224
Bildnachweis 227

Ich möchte Herrn Dr. Joachim Endell herzlich für die Erlaubnis danken, die Texte August Endells wiedergeben zu dürfen.

Viele der Texte, die z.T. in entlegenen Zeitschriften erschienen sind, werden hier erstmals wieder veröffentlicht.

Ohne die Textverzeichnisse von Tilmann Buddensieg, dem ich zudem manch eine wertvolle Anregung verdanke, und von Klaus Reichel, der ebenfalls ein ausführliches Werkverzeichnis Endells erstellt hat, wäre dieses Buch nicht möglich gewesen.

Die Wiedergabe der Texte folgt in Rechtschreibung und Interpunktion bis auf einige behutsame Modernisierungen dem Original.

Helge David

Vorwort

Das Fotoatelier Elvira weckt mit der schaumgeborenen Bizarrerie seiner Fassade bis heute die Neugierde auf den verantwortlichen Architekten. Ein Gebäude ohne Nachfolge, ein Schöpfungsakt von ungezügelter Individualität aus der Hand eines kränklichen, hageren, adlernasigen Menschen: August Endell. Sein architektonisches und kunstgewerbliches Werk blieb wenig umfangreich, wenig bekannt und wenig vom Glück verfolgt. Zerstörung, Krieg haben außer dem Fotoatelier auch andere Bauten Endells getroffen. Trotzdem umgibt den Architekten die Aura, etwas Einmaliges und Unwiederbringliches geschaffen zu haben: Für den einen ist es die unbeschreibliche Monstrosität, für den anderen das anarchische Potential der Elvira-Fassade, was ihren besonderen Reiz ausmacht. Endell weiß aber auch leisere Töne anzuschlagen. Die nie bloß als Provokation gedachte Fassade von Elvira drängt Endells übrige Kunst durch ihre Grellheit in die zweite Reihe.
August Endell war ein Philosoph als Architekt. Seine Schriften sind ein z.T. recht unbekannter, im Gegensatz zu seinen Bauten aber gut erhaltener Teil seines künstlerischen Schaffens. Als eigenständige literarische Gebilde blicken sie auf das Problem der Produktion und auf die Möglichkeit der Rezeption von bildender und angewandter Kunst und Architektur. An jedermann gerichtet, versuchen die Texte zudem eine künstlerische Haltung zu vermitteln, die die Welt ästhetisch erlebbar macht. Gestaltung ist bei Endell nicht einzig der elitäre Schöpfungsakt des Künstlers für ein Publikum, sondern ebenso ein erlernbares Vermögen, den Alltag als Schönheit wahrzunehmen. Endell schreibt über das innere Sein des Kunstwerkes, dessen äußeren Schein und über die Fähigkeit des Betrachters, Schönheit zu sehen. Das Wesen der Kunst hat sich in Endells psychologisierender Ästhetik zu einer aktiven Beziehung zwischen Objekt und betrachtendem Subjekt erweitert. Endells künstlerisches Werk läßt Raum, animiert, legt nicht fest. Sein Ziel ist das Verweilen, nicht das Ankommen. Seine Texte sind Versuche zur Eigenständigkeit: Die Eigenständigkeit literarischen Formens, die Eigenständigkeit individueller künstlerischer Ausprägung, die Eigenständigkeit, Dinge zu erleben. Endells Schriften sind von einer

beinahe missionarischen Hoffnung auf eine künstlerische Kultur innerhalb eines durch wirtschaftliche Zwänge bestimmten Alltags geprägt.

Die vorgenommene Gliederung der Texte entspricht der Struktur einer Raumfolge, die den einzelnen Raum – in Form von Kapiteln – zwar abgrenzt, aber auch Bewegung zwischen den Räumen zuläßt. Es gibt Hauptvolumen, Ornamente, Schwellen, die verschieden betrachtet und begangen werden können und sollen. Die Durchläßigkeit dieser Gliederung versucht sich der Dynamik der Texte anzugleichen, sie zum Lesen zu ordnen, ohne sie festzulegen. Die Texte Endells und die Tatsache ihrer unausweichlichen Chronologie geben selbst keine zwingende Form vor. Die hier vorgestellte behutsame Ordnung der Texte soll nur auf Schwerpunkte aufmerksam machen. Der einzelne Text fände durchaus auch in anderen Kapiteln Platz.

Die *Kunstkritik* ist spätestens seit Baudelaire eine der wichtigsten Möglichkeiten des Künstlers, öffentlich sein Anliegen in Worten kundzutun. Sie unterscheidet sich dabei wesentlich von der akademischen Kritik, die von einer autoritativen Wertesetzung ausgeht und ausgehen muß, um zu gültigen Aussagen kommen zu können. Die künstlerische Kunstkritik bleibt im Bereich der Literatur und meidet den plakativen Anspruch auf Allgemeingültigkeit. Endell selbst vermittelt Maßstäbe zur selbständigen Wertung. Er setzt auf die Gesetze der Psychologie, auf den Moment der Rezeption, er meint den Betrachter und nicht den akademischen Blick auf eine scheinbar starre Historie. *Tradition und Gegenwart* zeigt das problematische Verhältnis der jungen Moderne mit den überlieferten Normen. Die wirtschaftlichen, sozialen und technischen Veränderungen des einsetzenden 20. Jahrhunderts fordern ein radikales Um- und Neudenken in beinahe allen Lebensbereichen. Endell war Zeit seines Lebens als Künstler, Literat und auch als Pädagoge tätig: Seine eigene Formschule in Berlin und sein Direktorat an der Akademie in Breslau sind biographische Belege dafür; seine publizistische Tätigkeit, sein Öffentlichwerden in den Bereichen Kunst, Politik und Wirtschaft zeigt, daß seine Ästhetik auf den Menschen und die gesamte Gesellschaft bezogen ist – mit dem erzieherischen Ziel einer künstlerischen Kultur. Seine Texte für die sozialistische Wochenschrift *Die Neue Gesellschaft* finden eben auf Grund

August Endell, ca. 1918, Aufnahme von Anna Endell

ihrer volkserzieherischen Haltung Eingang in dieses Kapitel. Ihr Aufbau führt ein breites Publikum behutsam von der allgemeinen Bedeutsamkeit der Kunst für das alltägliche Leben, über die Erfahrbarkeit von Schönheit für jedermann, zu den Anwendungsbereichen Natur, Malerei und Architektur. Den Abschluß bilden theoretische und literarische Texte Endells zum *Sehen und der sichtbaren Welt.* Theorie und Literatur stimmen in weiten Bereichen miteinander überein. Diese Texte vermitteln Endells Fähigkeit, dem theoretischen Inhalt eine literarische Form zu geben und umgekehrt. In beiden Erscheinungsformen treten seine Texte für eine poetische Architekturwelt ein. Das *Stichwort* hinterfragt Endells wahrnehmungspsychologische Ästhetik.

Endells Schriften werden kurze Texte begleitend zur Seite gestellt: Sie bieten Informationen zu Endells Architektur, stellen von Endell angesprochene und andere angrenzende Themenbereiche vor und enthalten Zitate aus weiteren Texten Endells und themenanaloge Zitate von Hermann Obrist, Oskar A.H. Schmitz, Theodor Lipps, August Schmarsow, Alois Riegl, Wilhelm Worringer u.a. Auf den Abdruck des für eine Auswahl von Texten Endells wichtigen Aufsatzes »Möglichkeit und Ziele einer neuen Architektur« wurde hier verzichtet, da dieser schon in der Reihe *Birkhäuser Architektur Bibliothek* erschien.[1] Die bekannten Schriften Endells werden vollständig in der Bibliographie am Ende des Bandes aufgeführt.

1 Möglichkeit und Ziele einer neuen Architektur, in: DKD 1, 1897/98, Februar/ März 1898, S. 141-153 und neuabgedruckt in: Die Zeitschrift als Manifest. Aufsätze zu architektonischen Strömungen im 20. Jahrhundert, hrsg. von Annette Ciré und Haila Ochs, Basel, Berlin, Boston, 1991, S. 29-37.

**Teil I
Über Kunstkritik
und die Klarheit der Gedanken**

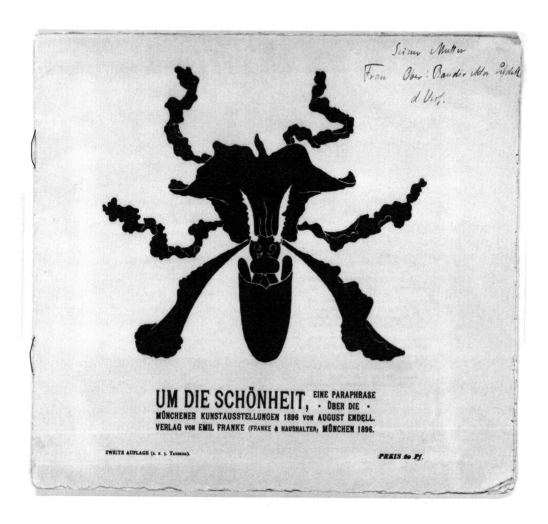

August Endell: Titelblatt, Widmungsexemplar

UM DIE SCHÖNHEIT   Wir Menschen sind uns fremd, wir wissen nichts von einander, tiefe Abgründe scheiden unsere Seelen. Wir täuschen uns lange darüber und ahnen die Wahrheit nicht. Es gibt auch Menschen, deren Augen niemals geöffnet werden, und man preist sie wohl um dessentwillen glücklich. Wer aber zum Sehen erwacht, den packen die Schauer der Einsamkeit, und sein Leben wird ein verzweiflungsvoller Kampf, eine einzige große Sehnsucht, die Grenzen des Ichs zu erweitern, das eigene Fühlen wiederzufinden in anderen Seelen. Wir dürsten nach Verständnis, nach Glauben und Anerkennung; wir werden niemals müde, unser Sein zu zergliedern, es zu verfolgen bis in die feinsten Teile, von denen wir kaum vorher gewußt, und so andere zu verstehen und von ihnen verstanden zu werden. Wir wissen, daß diesem Bemühen eine vollständige Befriedigung nie beschieden ist, daß unsere Seelen sich nicht für immer einen können, daß nur Momente lang unsere Gedanken, unser Fühlen andere Menschen ganz erfüllen; aber wir wissen auch, daß diese kurzen Augenblicke das Höchste sind, was uns das Leben zu bieten vermag, und wir werden nicht aufhören, sie zu suchen.

Das Leben in der Kunst ist unser freiestes Genießen, und nirgends ist das Bedürfnis nach gegenseitigem Verständnis stärker als hier. Aller Mißerfolg, aller Hohn und alles überlegene Lächeln können daran nichts ändern. Wir wollen uns in der Kunst verstehen. Und diesem Sehnen entspringen in letzter Linie alle ästhetischen und kritischen Schriften, entspringt auch diese Arbeit.

Aber es ist noch ein anderes, das mich treibt, meine Ansicht über Schönheit in bildender Kunst darzulegen, und das gerade im Anschluß an die beiden Münchner Ausstellungen dieses Jahres zu tun. Es ist die Zerrissenheit unseres Kunstlebens, die Kluft zwischen Künstler und Publikum, die allgemeine Unsicherheit des Urteils, die fanatische Parteiung, und nicht zuletzt die Unklarheit der Künstler über ihre eigenen Ziele und Aufgaben.

Wer die Seele des Künstlers in seinen Werken zu ahnen vermag, sein Wollen, sein Empfinden, sein Kämpfen darin zu lesen versteht, der kann nicht ohne Qual und Mitleid die Räume unserer Ausstellungen durchwandern. Wie viel Können, wie viel Fleiß, wie viel ehrlich starke Arbeit und welch sehnsüchtiges Suchen, welch krampfhaftes Klammern an Theorien, welch verzweifeltes Nachahmen, welch

Charles Baudelaire. August Endell stellte seiner Schrift *Um die Schönheit* ein Sonett Charles Baudelaires aus *Les Fleurs du Mal* voran.

Nicht dieser netten Schönheit eitler Schaum,
Vergangner Zeiten aufgelesne Krumen,
Ohnmacht, Theatertand, papierne Blumen,
Kann zwingen dieses Herz – ein Eichenbaum.

Bei Schwindsuchtsschönheit bleib Gavarni Raum,
Ich lass ihm des Spitales Plappermuhmen.
Umsonst durchsuch ich alle blassen Blumen,
Nicht eine ähnlich meinem roten Traum.

Nur ihr zieht ein in meines Herzens Thoren
Frau Macbeth du, gross in Verbrechens Pracht,
Du Traum des Äschylus, vom Nord geboren!

Kind Michelangelos, du Riesin! Nacht!
Dehnst lässig rätselvoll den Leib, erkoren
Nur von titanenstarkem Kuss und Macht![1]

Mit der kunstkritischen Schrift *Um die Schönheit* erreichte August Endell erstmals eine breite Öffentlichkeit. Sie ist für seine weitere Entwicklung eine ähnlich wichtige Etappe wie sein Elvira-Bau zwei Jahre später. Endell setzt sich hierin über die für die Kunstkritik geltenden Normen hinweg und argumentiert aus der *Klarheit seiner Gedanken* heraus. Er gliedert den Text in zwei Teile: einen theoretisch-einleitenden zu Ästhetik und zu Aufgabe und Methode der Kritik und einen praktischen, konkret auf Künstler und Kunstwerke angewandten. Dieser zweite, reichlich ausführliche Teil ist heute vor allem wegen seiner praxisorientierten Anwendung der Kritik für den gesamten Text unverzichtbar.

[1] Es handelt sich um das Gedicht Nummer XVIII *L'Idéal* aus *Spleen et Idéal*, das Endell ohne Titel und ohne Angabe der Quelle in einer bislang unbekannten Übersetzung wiedergibt.

August Endell: Vignette aus der Zeitschrift PAN von 1897

rasendes Streben, nachdenkend das Geheimnis der Schönheit zu durchdringen, und dann sie schaffend zu bannen, welch ein Kampf um die Schönheit!

Und dabei ahnen sie alle, vielleicht ohne es sich zu gestehen, daß ihr Weg nicht der rechte; und sie probieren immer wieder von neuem, ahmen bald diesen, bald jenen Meister nach, greifen bald diese, bald jene Technik auf, geraten von einem Extrem in das andere und suchen in fieberhafter Angst nach etwas Neuem und Unerhörtem. Und immer toller und törichter wird ihr Treiben, je näher der Tag heranbricht, wo sie Erfolg haben müssen, wenn sie nicht zu Grunde gehen wollen, oder das überlegene Lächeln sorglicher Verwandter ertragen wollen, die das alles klug vorausgesehen.

Und so wenig klare sachliche ruhige Hilfe, auf den Akademien so viel Lehrer, so viel Malweisen, dazu Theorien wie Sand am Meer, eine toller und wunderlicher wie die andere. Bei den Ausstellungen wie natürlich ein immer schöner sich entfaltendes Cliquenwesen, allerliebste amüsante Intrigenspiele hinter den Kulissen. Die Tagespresse durch allerlei Rücksichten gebunden und nur zu oft fanatisch, die stärksten Ausdrücke werden nicht gespart: was dem einen Offenbarungen einer neuen, nie dagewesenen Kunstblüte ist, erscheint dem andern als wüste Schmiererei. Und dabei immer nur Kritik, selten eine Begründung, fast nie eine ruhige Darlegung dessen, was man ersehnt. Der Künstler kann so gut wie nie daraus lernen, das Publikum aber wird grenzenlos verdorben.

Eine werdende suchende Kunst, wie die unserer Tage, muß unreif sein, und selten wird sie reinen Genuß geben können. Es wäre begreiflich, wenn sich deshalb das Publikum von ihr abwendete, denn es hat Recht, wenn es verlangt, voll zu genießen. Die Kunst ist für den Beschauer da und nicht für den Künstler. Aber leider ist das gar nicht der Grund, warum man so wenig von moderner Kunst wissen will. Die wahre Ursache liegt in der fast ungeheuerlichen Unsicherheit des Urteils.

Die heutige Überschätzung des Wissens hat das Können, das eigene Urteilen verachten gelehrt. Logisch denken wird allenfalls zur Bildung notwendig erachtet. Schöpferisches Denken aber ist selten. Und noch viel seltener selbständiges Fühlen. Die meisten Menschen haben das so vollständig verloren, daß sie seine Existenz

Anmerkungen zu einer Biographie

Am 12. April 1871 wird Ernst Moritz *August* Endell in Berlin geboren.[1] Sein Vater war Carl Friedrich Endell (1843-1891), Architekt und Berliner Oberbaudirektor, und seine Mutter Marie Amalie Adelheid, geb. Haffer (1844-1874).[2] Endell studiert ab 1890 Philosophie und Psychologie erst in Berlin, dann in Tübingen, ab 1892 in München.[3]

1892-1901: München

Thomas Mann: «Erinnern wir uns, wie es in München war vor Zeiten, an seine Atmosphäre, die sich von der Berlins so charakteristisch unterschied! Es war eine Atmosphäre der Menschlichkeit, des duldsamen Individualismus, der Maskenfreiheit sozusagen; eine Atmosphäre von heiterer Sinnlichkeit, von Künstlertum; [...]»[4]

Theodor Lipps erhält zum 1. April 1894 seine Ernennung zum ordentlichen Professor der Philosophie an der Ludwig-Maximilians-Universität München (LMU).[5] Lipps lehrt Psychologie in Anwendung auf Logik, Ethik und Ästhetik. Er begründet die Einfühlungstheorie und beeinflußt die Münchener Phänomenologen. Endell plant 1895, sein Doktorexamen bei Theodor Lipps zu machen. Thema der Arbeit, die er nie abgeschlossen hat, war: *Gefühlsconstruktion*.[6] Endell: «[...] ich habe da ein Gebiet angeschnitten, was so gut wie unbearbeitet ist und der Brennpunkt aller Philosophie, der Zielpunkt aller Psychologie und der Ausgangspunkt aller angewandten Psychologie, also aller Ethik, Logik, Ästhetik etc. ist nämlich Gefühlstheorie.»[7]

---

1 Eberhard Marx zu Endell, in: Neue deutsche Biographie, hrsg. von der historischen Kommission bei der bayerischen Akademie der Wissenschaften, 4. Bd., Berlin 1959.
2 Nikolaus Schaffer, Architektur als Bild. Das »Atelier Elvira« von August Endell, Dissertation Salzburg 1981.
3 Ibid.
4 Thomas Mann, in: Kampf um München als Kulturzentrum. Sechs Vorträge, München o.J. (1926), S. 9.
5 Chronik der LMU München für das Jahr 1893/4, S. 3.
6 Tilmann Buddensieg, Zur Frühzeit von August Endell. Seine Münchener Briefe an Kurt Breysig, in: Festschrift für Eduard Trier, hrsg. von Justus Müller Hofstede und Werner Spies, Berlin 1981, S. 224.
7 Ibid., S. 234.

geradezu bestreiten. Der «Geschmack ist verschieden», das ist ihr Lieblingswort. Da die Künste aber nicht mehr aus der Welt geschafft werden können, sucht man ihnen intellektuell beizukommen. Man erfindet Theorien. Es ist ziemlich gleichgültig, ob dieselben auf die Anpreisung eines bestimmten Stils als mustergültig, oder auf eine bestimmte Technik, oder auf die sogenannte Nachahmung der Natur hinauslaufen. Sie alle suchen der Kunst von außen durch ein intellektuelles Urteil beizukommen, sie alle ignorieren die unmittelbare Wirkung der Kunst. Aber sie alle haben Anhänger, und so ist das Publikum in zahllose Parteien zerspalten. Der eine verlangt griechische Nasen und griechische Gewänder, der andere große philosophische Kompositionen, ein dritter Historienbilder, ein vierter Dorfszenen, andere begehren Freilicht, und wieder andere wissen große Worte vom Helldunkel zu reden. Dazu kommt dann Sozialismus, Armeleutmalerei, Mystik und Symbolismus. Jeder hat ein anderes Ideal. Und alle besuchen mit Eifer die Gallerien und Ausstellungen, aber sie sehen nicht, sie geben sich ihren Eindrücken nicht hin, sie genießen nicht, sie suchen nur ob ihre Theorie befolgt wird, und wenn das nicht der Fall, so erheben sie ein Zetergeschrei. Die Frauen kümmern sich wie billig um das alles nicht, sie sind noch am ersten mit ihrem Gefühl dabei, aber sie haben gewöhnlich nur für das Anmutige, Liebenswürdige Sinn, leider dann am meisten, wenn es in das Sentimentale, Süßliche übergeht. Und so haben sie auch noch eine schlimme Kategorie geschaffen. Kurz, der Wirrwarr ist unbeschreiblich. Und unsere junge Kunst kann leicht darin zugrundegehen, wenn man sich nicht darüber klar wird – bei Künstlern wie im Publikum – worauf es eigentlich ankommt. Wir brauchen eine starke unabhängige klärende Kritik. Man wehrt sich oft gegen alle Kritik, und erhofft einzig Heil von der Naivität. Ich weiß nicht, ob es jemals naive Künstler gegeben hat. Das aber weiß ich bestimmt, daß die Mehrheit unserer Künstler alles andere ist, nur nicht naiv. Sie stecken alle tief in unfruchtbaren Theorien und verbringen viel Zeit mit nutzlosem Grübeln und noch nutzloseren Disputen. Ihnen ist nur zu helfen durch eine klare, auf sichere Theorie gegründete Kritik. Eine Kritik, die nur Zensuren erteilt, oder poetische Hymnen über die Gemälde singt, hat keinen Wert. Man muß sagen können, was schlecht ist und warum es das ist. Autoritäten gelten da nichts. Beruf, Amt und Würden machen eine Kritik nicht wertvoll. Man kann sehr gut Ästhetiker oder gar Kunsthistoriker von Fach sein, und braucht

Nach der Begegnung mit Hermann Obrist (1862-1925) wendet sich Endell ab 1896 Kunstgewerbe und Architektur zu, in die er seine philosophischen und psychologischen Kenntnisse einfließen läßt. Endell schildert seine Begegnung mit Obrist und seinen Stickereien: «Diese Ornamentik [von Obrist] steht neben den besten Erzeugnissen aller Zeiten. Sie ist der n e u e Stil, den alle suchen, dessen Möglichkeit manche bezweifeln. Hier ist das große Rätsel gelöst, spielend selbstverständlich. Das ist ganz neue, ganz unabhängige, ganz reife, ganz große Kunst. Dieser Formenreichtum, diese Farbenpracht. Das bedeutet den Anfang einer neuen Epoche.»[1]

Auf der legendären Münchener Glaspalastausstellung von 1897 – sie gilt als die Geburtsstunde der modernen Kunstbewegung – gestalten Theodor Fischer und Martin Dülfer den architektonischen Rahmen der Abteilung *Kleinkunst*; Riemerschmid, Obrist, Endell (Wandfriese, Türbehang), Eckmann u.a. stellen hier ihre kunstgewerblichen Objekte aus.

Der körperlich labile Endell leidet an einer chronischen Nierenerkrankung, die ihn Zeit seines Lebens immer wieder von seiner künstlerischen Tätigkeit abhält und seinen Schaffensdrang behindert. Endell: «Diese Krankheit macht mich toll. Ich kann nicht arbeiten und ich platze vor Gedanken. Ich habe keine größere Sehnsucht, bald alles heraus zu bringen und Raum zu gewinnen für weitere Pläne.»[2] Und: «Ich werde alles Mögliche treiben und veröffentlichen, Psychologie, Philosophie, Ästhetik, Kunstkritik, Aufsätze, Broschüren, Bücher, je nachdem. Ich werde dichten, werde kunstgewerblich arbeiten, vielleicht auch modellieren, kurz alles, was mir paßt, wozu ich Lust habe. Ich traue mir alles zu, ich habe endlich Mut...»[3]

---

1 Tilmann Buddensieg, Zur Frühzeit von August Endell..., S. 236.
2 Ibid., S. 235.
3 Ibid., S. 235.

von Kunst nichts zu verstehen. Und wenn ich es hier wage, eine Kritik zu geben, so fordere ich Beachtung, nicht auf Grund meiner Studien, nicht, weil ich tausende von Bildern gesehen habe, weil ich mich lange und eingehend mit Kunst und ihrer Theorie beschäftigt habe, sondern auf Grund der Klarheit meiner Gedanken. Ich will überzeugen.

Vor allem muß gesagt werden, was Schönheit ist, und was das Ziel aller Kunst ist. Es ist feig, diesen Fragen auszuweichen, ihre Beantwortung ist durchaus nicht so schwer, als man uns glauben machen will, und in relativ wenigen Worten zu sagen.

Das Material des bildenden Künstlers ist Form und Farbe. Beide rufen wie alle Dinge, die bewußt werden, in uns bestimmte Gefühle hervor und zwar ruft jede Farbe und jede Form bei allen Menschen das gleiche Gefühl wach. Diese Gefühle scheiden sich in Lust und Leid, außerdem sind sie aber unter sich noch mannigfach verschieden. Ruhig, anmutig, heiter, ausgelassen, stürmisch, gewaltig, kolossal, erhaben, trübe, dumpf, fade, sentimental, süßlich, kindisch, widerwärtig, ekelhaft, gräßlich, fürchterlich, schrecklich, sind Ausdrücke für solche Gefühlsqualitäten. Es ließen sich noch eine ganze Reihe hinzufügen, und doch erschöpfen unsere Worte bei weitem nicht alle Gefühlsnuancen. Diese Gefühlswirkung der Formen und Farben ist allen geläufig, wir sagen, sie haben einen bestimmten Charakter, und sprechen von düsteren Farben, von zierlichen, anmutigen Formen u.s.w.

Aber man hat die Gleichartigkeit der Wirkung auf den Menschen bezweifelt und darauf hingewiesen, daß ein und dasselbe Bild auf verschiedene Menschen auch einen total verschiedenen Eindruck mache. Das ist zweifellos, aber in diesen Menschen geht durchaus nicht dasselbe vor, sie sehen gar nicht dasselbe. Viele sehen überhaupt nicht, in ihnen weckt das Bild irgendwelche Erinnerungen, andere untersuchen es theoretisch, sie vergleichen es mit anderen Kunstwerken, noch andere studieren die Technik und wieder andere fragen nach seiner Bedeutung. Alle diese Menschen sehen gar nicht das Bild, sondern sind mit ihren Gedanken beschäftigt, und da diese bei jedem andere sind, so wäre es ein Wunder, wenn ihre Gefühle sich gleichen sollten. Aber selbst, wenn zwei Leute dasselbe Bild betrachtend genießen, können ihre Gefühle ganz verschiedene sein, denn der eine vertieft sich vielleicht vorzugsweise in die Farbe, der andere in die

Endell ist seit dem Sommersemester 1897 nicht mehr an der LMU eingeschrieben. Lou Andreas-Salomé sucht Endell erstmals nach der Lektüre von *Um die Schönheit* auf.[1] Lou und Endell sind über Jahrzehnte hinweg befreundet. Rainer Maria Rilke, Frieda von Bülow und Lou Andreas-Salomé reisen nach Wolfratshausen, wo Endell sie öfters, auch zusammen mit Obrist und dem russischen Journalisten und Kritiker Akim Volinskij (1863-1926) besucht.[2] Endell schreibt, er sei «hier gebunden durch einen sehr anregenden Verkehr mit Frau Andreas Salomé, der Nietzsche-Biographin, der für mich sehr wertvoll ist, und den ich nicht vor der Zeit abbrechen möchte.»[3]

Endell hat Oskar A.H. Schmitz, einen jungen Dichter des George-Kreises, während seines Studiums in München kennengelernt.

«Der einzige Moderne, den ich wirklich kannte, den kennt so gut wie niemand: Stefan George. Von dem hab ich Form und Klang gelernt. Aber meine Gedanken sind mein eigen und mein Klang ist doch ein anderer als seiner.»[4]

In der Zeitschrift *Dekorative Kunst* wird Endell zu jener Zeit folgendermaßen charakterisiert: «Er geht eigenartig seinen ganz besonderen Weg, welcher ihn in Formenkreise führt, die nicht nur dem früheren, sondern meist sogar dem Empfinden von uns Mitlebenden fremde sind. Er, der immer denkende und sein Denken in feinnuancierte Linien umsetzende Künstler, der analysierende Psycholog dieser Linien- und Formenwelt, schafft eben auf seine eigene Weise [...]»[5]

1 Ursula Welsch/Michaela Wiesner, Lou Andreas-Salomé. Vom Lebensurgrund zur Psychoanalyse, München und Wien 1988.
2 Ibid.
3 Tilmann Buddensieg, Zur Frühzeit von August Endell..., S. 238.
4 Ibid., S. 235.
5 Redaktioneller Beitrag, Neues aus den Vereinigten Werkstätten für Kunst im Handwerk, München, DK II., 1899, S. 146.

Form. Wenn aber mehrere dieselbe Form betrachten, und sich ihr wirklich hingeben, dann ist das begleitende Gefühl auch bei allen dasselbe.

Aber dieses Betrachten, dieses Versenken in Farbe und Form will gelernt sein. Wir sind zunächst nicht im geringsten daran gewöhnt. Unser Leben ist eben nur zum kleinsten Teil visuell. Wir achten auf das Sichtbare nur, soweit unsere augenblickliche Tätigkeit es erfordert. Für Gesicht und Gestalt eines Menschen interessieren wir uns wohl beim Bekanntwerden, aber später tritt das vollständig zurück, seine Gedanken, seine Erlebnisse werden Hauptsache und wir achten auf sein Gesicht, nur soweit es uns seine Stimmungen verrät. Und so geht es mit allem. Unsere Gesichtsbilder sind lediglich Durchgangsstadien, wichtig ist uns zunächst nur das, was sich an sie knüpft. Wir wissen selten genau, wie ein Haus, in das wir alle Tage kommen, im Detail aussieht, wie die Fenster verziert sind und welche Ornamente das Gesims bilden. Aber wir haben eine genaue Vorstellung seiner Raumverhältnisse, wo Treppen, Korridore etc. liegen. Wir finden uns womöglich im Dunkeln zurecht, und haben die Höhe der Treppenstufen im Gefühl. Wir würden aber in die große Verlegenheit kommen, wenn wir irgend einen Teil aus dem Gedächtnis zeichnen sollten. Man macht ja immer beim Zeichnen längst bekannter Gegenstände die Entdeckung, wie wenig man eigentlich vorher davon gesehen hat und wie außerordentlich die aus vielen Gesichtsbildern gewonnene Vorstellung dabei stört. Es dauert lange, bis ein Kind den Rand des Kruges als Oval und nicht als Kreis zeichnet; und es gibt Menschen genug, die die Farben der Schatten nie gewahr werden. Für sie ist der Baum allemal grün, ob er in der Sonne steht, oder nicht, das macht ihnen keinen Unterschied.

Wir müssen also lernen, zu sehen, ohne an anderes dabei zu denken, bloß sehen, bloß uns in Farbe und Form vertiefen. Wir müssen lernen, einen Schuh zu betrachten, ohne daran zu denken, daß er von Leder ist und geschwärzt, vielmehr uns bewußt werden, daß das Licht seines Glanzes absolut nicht schwarz ist, sondern weiß, vielleicht auch grün oder noch anders, je nach der Umgebung. Die Gewöhnung an reines Sehen vollzieht sich natürlich nicht von heute auf morgen, im Gegenteil, man lernt eigentlich nie zu Ende, und selbst der Geübteste wird sich immer noch gelegentlich darauf ertappen, daß sein Wissen sein Gesichtsbild verfälscht hat.

August Endell, Akim Volinskij, Frieda von Bülow, Rainer Maria Rilke und Lou Andreas-Salomé 1897 in Wolfratshausen (v.l.n.r.)

Die Verhältnisse haben zu der Theorie verführt, daß Formen an sich uns überhaupt keine Gefühle erwecken, daß sie uns schön oder häßlich erscheinen, nur insofern sie Symbole für geistige und körperliche Tätigkeiten und Fähigkeiten seien. Indem Traurigkeit bestimmte Linien im Gesicht hervorrufe, lernten wir erst diese Linien als traurige kennen, andere als heiter, noch andere als erhaben u.s.f. Erst durch Erfahrung lernten wir also den Charakter der Linien kennen, und die Schönheit derselben sei um so größer, je wertvoller und ethisch bedeutender die Persönlichkeit sei, die sich in ihnen ausspreche.

Diese Theorie, die unter dem Namen Symboltheorie Zierde und Stolz neuerer und neuester Ästhetik ist, hat auf den ersten Blick viel Einleuchtendes, aber sie gerät mit den Tatsachen in Konflikt.

In einer schönen Nase kann sich weder Charaktergröße noch Körperstärke aussprechen, ihre Entstehung hat mit beiden nicht das geringste zu tun, und wir freuen uns doch über sie, aller Theorie zum Trotz. Was aber die Linien der Trauer angeht, so ist allerdings merkwürdig, daß im allgemeinen Trauer auf unserem Gesichte Linien erscheinen läßt, die uns auch sonst in Trauer versetzen. Es ist das ein höchst interessantes Problem für die physiologische Psychologie. Daß wir aber nicht erst am menschlichen Gesicht Linien als traurige erkennen lernen, läßt sich unschwer erweisen.

Einmal achten wir gar nicht so genau auf die mimischen Vorgänge. Ein trauriges Gesicht versetzt uns unmittelbar in Trauer, und wir sinnen auf Trost, ohne uns weiter mit den Gesichtslinien zu beschäftigen. Man versuche es nur einmal jetzt beim Lesen dieser Stelle, ohne an Trauriges zu denken und in den Spiegel zu sehen, sich ein trauriges Gesicht vorzustellen. Wer nicht gerade vor Kurzem sich mit dergleichen abgegeben hat, oder ein derartiges Bild sehr genau im Gedächtnis hat, wird das schwerlich zu Stande bringen. Außerdem aber pflegt sich Trauer fast auf jedem Gesicht anders auszudrücken, es gibt da tausend Nuancen, die wir unmittelbar fühlen, obgleich wir vorher nie dergleichen gesehen haben. Schon die Linien ein und desselben Kopfes sind ganz anders, ob ich ihn von vorn oder von der Seite betrachte. Ja man kann direkt behaupten, daß wir im Leben nie dieselben Ausdruckslinien zum zweiten Male sehen, und so ist gar nicht abzusehen, wie Linien Symbole werden könnten. Zudem weiß ja

Endells Vetter, der Berliner Historiker Professor Kurt Breysig führt Endell vermutlich in den Weimarer Nietzsche-Kreis um Elisabeth Förster-Nietzsche ein. Breysig spricht am 27.8.1900 die Totenrede an *Nietzsches Bahre*.[1] Endell entwirft schon 1897 für die Weimarer Nietzsche-Ausgabe ein Titelblatt: «Frau Förster-Nietzsche findet meinen Entwurf sehr gut, soll aber aus allerlei Gründen auf die »Sprüche und Lieder«. Vielleicht kriege ich das für den Zarathustra dann auch noch. Das wäre großartig. Nur geniere ich mich einigermaßen, mein Monogramm dort anzubringen.»[2]

Endell hält Vorträge im Münchener Frauenverein, in dem er Mitglied ist; Anita Augsburg und Sophia Goudstikker – die Eigentümerinnen des Photoateliers Elvira -, Obrist und Ernst von Wolzogen gehören ebenfalls zu diesem Kreis.[3] Endell trägt im *Verein für Fraueninteressen* über den »Begriff der Arbeit bei beiden Geschlechtern« vor.[4] Die *Vereinigten Werkstätten für Kunst im Handwerk* werden 1898 von Riemerschmid, Paul, Behrens, Schultze-Naumburg, Obrist, Endell, Dülfer u.a. gegründet. Durch den «Bruch mit Obrist»[5] löst sich Endell ab 1899 aus dessen Schatten.

Am 22. August 1901 heiraten Endell und Else Ti Ploetz. Über diese Ehe ist nichts weiter bekannt; sie dürfte jedoch nicht länger als bis 1903 gewährt haben. Endell siedelt endgültig wieder nach Berlin über.[6]

1 Tilmann Buddensieg, Zur Frühzeit von August Endell...
2 Ibid., S. 240.
3 Hof-Atelier Elvira 1887-1928. Ästheten, Emanzen, Aristokraten, hrsg. von Rudolf Herz und Brigitte Bruns, Ausstellung des Fotomuseums im Münchner Stadtmuseum 1985/86, S. 25-42.
4 Ibid.
5 Tilmann Buddensieg, Zur Frühzeit von August Endell..., S. 241.
6 Klaus Reichel, Vom Jugendstil zur Sachlichkeit. August Endell (1871-1925), Dissertation Bochum 1974. Hier findet sich eine umfangreiche Biographie zu Endell.

jeder, wie schwer es ist, den Ausdruck richtig zu deuten. Je mehr man sich damit beschäftigt, desto mehr erkennt man, daß sichere Schlüsse auf den Charakter aus dem Ausdruck eines Gesichtes höchst selten zu machen sind, und daß vorübergehende Bewegungen, ein Blick, ein Zucken des Mundes uns mehr sagen kann, als die sorgfältigste Beobachtung des ruhigen Gesichts.

Es ist eben gar nicht wahr, daß unser Ausdruck unserer Stimmung adäquat ist, wer sich mit mimischen Studien beschäftigt, wird oft vor dem Spiegel die Entdeckung machen, wie absolut anders das Gesicht aussieht, als man erwartet. Mancher runzelt bei den friedlichsten Gedanken seine Stirn. So manches Lachen sieht widerwärtig aus, nicht weil der Betreffende ein widerwärtiger Mensch ist, sondern weil er etwa vorstehende Zähne hat. Überhaupt verändern reine Zufälligkeiten den Ausdruck in auffälligster Weise. Man denke nur daran, wie sehr die Fröhlichkeit eines Lachens gesteigert werden kann durch die Glanzlichter auf Zähnen und Lippen. Und doch hängt es ganz von dem Standpunkt des Beschauers ab, ob er dieselben überhaupt sieht.

Vielleicht noch weniger drücken sich die Werte der Persönlichkeit im Körper als Ganzem aus. Der Körper eines schwächlichen kranken Menschen kann das köstlichste und wunderbarste an Zartheit und Anmut sein, während so mancher Athletenkörper abscheulich ist. Nein, Erfahrung lehrt uns Charakter und Schönheit der Linien nicht. Gerade das was sie als Symbol kennen lehrt, wie Tränen, Zittern, Erröten ist auf einem Bilde lächerlich oder widerwärtig, im günstigsten Falle gleichgültig. Es gibt auch so unendlich viele Formen, die am menschlichen Körper gar nicht vorkommen, und die doch die stärksten Gefühle erwecken. Es gibt gewisse Orchideen, die zu dem Entsetzlichsten gehören, das man denken kann, die uns direkt Furcht einflößen.

Formen und Farben lösen in uns ohne Vermittlung, wie alles andere, das uns zu Bewußtsein kommt, eine bestimmte Gefühlswirkung aus. Wir müssen nur lernen, sie uns auch wirklich zu Bewußtsein kommen zu lassen. Wer das nicht tut, soll nicht mitreden. Es gibt ja Leute genug, zumal Ästhetiker vom Fach, die in einem gegebenen Falle einfach erklären: «Ich wüßte nicht, wie hier eine Wirkung entstehen sollte.» Aber es ist eine eigentümliche Methode, eine Tatsache zu leugnen. weil man sie

1901-1918: Berlin

Wilhelm II. hält anläßlich der Eröffnung der Siegesallee in Berlin am 18.12.1901 eine programmatische Rede zur kaiserlichen Kulturpolitik: «Eine Kunst, die sich über die von Mir bezeichneten Grenzen und Schranken hinwegsetzt, ist keine Kunst mehr, sie ist Fabrikarbeit, ist Gewerbe, und das darf die Kunst nie werden. Mit dem viel mißbrauchten Wort »Freiheit« und unter seiner Flagge verfällt man gar oft in Grenzenlosigkeit, Schrankenlosigkeit, Selbstüberhebung.»[1] Endell nimmt zu der sogenannten *Rinnsteinrede* des Kaisers in der Zeitschrift *Die Zukunft* Stellung und verteidigt die Moderne gegen die erhobenen Vorwürfe.

Endell übernimmt dann 1905 z.T. die Redaktion »Kunst« in *Die Neue Gesellschaft. Sozialistische Wochenschrift*, die das Ehepaar Heinrich und Lily Braun herausgibt.

Endell pflegt regen Kontakt zu dem Malerehepaar Reinhold und Sabine Lepsius. Das Haus Lepsius ist ein Treffpunkt des Berliner George-Kreises. Sabine Lepsius zeichnet ein sokratisches Bild von Endell: «Auch zwischen Endell, der nicht nur als Baumeister, sondern auch als Mensch bedeutend war, entstand eine Freundschaft mit uns. Er schleuderte Paradoxen in das Gespräch, lockerte die Begriffe auf und, indem er Vorurteile über Bord warf, weckte er seinen Gesprächspartner zu guten Einfällen, die jedoch meist von ihm selbst stammten.»[2] In seinen Tagebuchblättern erinnert sich Kurt Breysig an Gespräche mit Stefan George: «Wir sprechen über August Endell; George nennt ihn lieblos, meint, er negiere immer. Dies seien die gefährlichsten Menschen, sie zerstören auch bei Anderen alle Begeisterung.»[3]

1 Zitiert nach: Werner Doede, Berlin. Kunst und Künstler seit 1870. Anfänge und Entwicklungen, Recklinghausen 1961, S. 82.
2 Sabine Lepsius, Stefan George. Geschichte einer Freundschaft, Berlin 1935, S. 75.
3 Kurt Breysig, Stefan George, Gespräche, Dokumente, Amsterdam 1960, S. 17., Eintrag vom 22.10.1905.

nicht erklären kann. Wer Tatsachen nicht sehen will, mit dem ist nicht zu rechten. Auf die Erklärungen dieser Erscheinungen kommt es hier gar nicht an, das ist ein psychologisches Problem. Uns genügt die Tatsache, von der sich jeder überzeugen kann, der sehen will. Daß diese Tatsache keine allgemein anerkannte ist, tut nichts. Allgemein anerkannte Tatsachen sind eine Lächerlichkeit. Die Wirklichkeit hat sich noch nie um die Bestätigung durch die Massen gekümmert.

Wer es aber gelernt hat, sich seinen visuellen Eindrücken völlig ohne Assoziationen, ohne irgend welche Nebengedanken hinzugeben, wer nur einmal die Gefühlswirkung der Formen und Farben verspürt hat, der wird darin eine nie versiegende Quelle außerordentlichen und ungeahnten Genusses finden. Es ist in der Tat eine neue Welt, die sich da auftut. Und es sollte ein Ereignis in jedes Menschen Leben sein, wo zum ersten Mal das Verständnis für diese Dinge erwacht. Es ist wie ein Rausch, wie ein Wahnsinn, der uns da überkommt. Die Freude droht uns zu vernichten, die Überfülle an Schönheit uns zu ersticken. Wer das nicht durchgemacht hat, wird niemals bildende Kunst begreifen.

Wen niemals die köstlichen Biegungen der Grashalme, die wunderbare Unerbittlichkeit des Distelblattes, die herbe Jugendlichkeit sprießender Blattknospen in Entzücken versetzt haben, wen nie die wuchtige Gestaltung einer Baumwurzel, die unerschütterliche Kraft geborstner Rinde, die schlanke Geschmeidigkeit eines Birkenstamms, die große Ruhe weiter Blättermassen gepackt und bis in die Tiefen seiner Seele erregt haben, der weiß noch nichts von der Schönheit der Formen. Beim menschlichen Körper kann man immer an mancherlei Beziehungen denken, und die Freude darüber als ästhetischen Genuß ansprechen. Bei Pflanzenformen aber fehlt dergleichen. Und man kann geradezu behaupten, nur wer diese voll in ihrem Charakter und ihrer Schönheit gefühlt hat, begreift auch die Schönheit des menschlichen Körpers, und der begreift auch, warum anatomische Kenntnisse für ästhetische Beurteilung ohne Wert sind, und warum sogar direkt der Anatomie widersprechend gebildete Formen hohe Schönheit besitzen können; man denke an Michelangelos Nudi.

Also intensives unmittelbares Versenken in die Naturformen tut not. Man spreche sich aus darüber, und man wird bald sehen, daß die Gefühlswirkung

Endell findet bei verschiedenen Kritikern Beachtung. Ernst Schur: «Endell ist ein Suchender.»[1] Karl Scheffler über Endell: «Um aus Ornamenten Bauglieder zu entwickeln, dazu gehört freilich eine mühsame Erziehung des Willens; es müssen aus Empfindungen Erkenntnisse gemacht werden.»[2] Der bekannte Kritiker Max Osborn über Endells Beitrag zu der Ausstellung moderner Wohnräume 1902/03 im Warenhaus Wertheim, der durch seine spezifische Farbigkeit – violett, grün, blau, rot – hervorstach: «Ich habe mir diesen tollen Akkord immer wieder angesehen und mich in die malerische Seele Endell's hineinzuversetzen gesucht, aber ich muß es sagen: es geht nicht!»[3]

Endells körperliche Schwäche und eine psychische Krise zwingt ihn 1903 zu einer längerwährenden Schaffenspause; Aufenthalt in Ravello.

Endell führt seine 1904 neugegründete Formschule bis 1914 fort. Der Unterrichtsplan sieht ein einführendes Jahr vor, in dem vom einfachen Naturstudium ausgehend, die Formen verändert werden, um deren Bildungs- und Wirkungsgesetz zu erkennen. Anschließend wird in Gruppen unterrichtet: «Flächenkunst: Tapeten, Stoffe, Teppiche; räumliche Kunst: Gefässe, Beleuchtungskörper; Möbel. Einführung in die Techniken [...] Als vierte Gruppe werden sich später Vortragsreihen über Architektur anschließen.»[4] Endell verbindet in seinem pädagogischen Konzept Zeichnung, Theorie und handwerkliche Kenntnisse miteinander.

---

1 Ernst Schur, August Endell, in: Kunst 24, 1910/11, S. 276.
2 Karl Scheffler, Die Architektur der Großstadt, Berlin 1913, S. 187.
3 Max Osborn, Die modernen Wohn-Räume im Waren-Haus von A. Wertheim, in: DKD, Bd. 11, 1902/03, S. 267.
4 August Endell Kunstschulen, in: KuK 5, Heft 5, Januar 1907, S. 210.

auf alle Menschen dieselbe ist. Man muß nur immer genau wissen, was einen grade erregt. An einem Baum kann uns viel Verschiedenes erfreuen, und so lange wir nicht bestimmt angeben, was uns grade beschäftigt, werden wir uns nie mit anderen verständigen. Freilich setzt die Unzulänglichkeit der Sprache dem manche Hindernisse in den Weg. Aber bis zu einem gewissen Grade läßt sich das überwinden. Und dann ist es schließlich gleichgültig, ob wir unsere Gefühle durch Worte charakterisieren können oder nicht. Die Hauptsache ist, daß wir uns der sichtbaren Welt wirklich hingeben können, und auch wirklich alle die Gefühlsnuancen in uns erregt werden, die Form und Farbe zu erzeugen im Stande sind. Und das wird umsomehr der Fall sein, jemehr wir unsere Aufmerksamkeit auf diese Dinge richten.

Indem sich nun unsere Sensibilität steigert, werden wir allmählich gewahr, daß die Charaktere des Sichtbaren in gewissen Gegensätzen zu einander stehen: das Anmutige steht dem Gewaltigen, das Heitere dem Erhabenen gegenüber u.s.f. Starke Gegensätze, dicht nebeneinander gestellt, werden unerträglich. Was an sich liebenswürdig erschien, scheint kindisch, wenn es neben Erhabenem oder Kolossalem auftritt. Andererseits ist eine gewisse Gegensätzlichkeit wichtig für die Heraushebung und Betonung der Charaktere. Je schärfer sich unsere Sensibilität herausbildet, desto empfindlicher werden wir auch für die Wirkung der Gegensätze. Wir haben ein feines Gefühl für ihre Zulässigkeit und ihren Wert.

An sich ist keine Linie und keine Farbe häßlich, wohl aber im Zusammenhang mit anderen. Wir erkennen bald, daß, so reich die Natur an einzelnen Schönheiten ist, sie selten Schönheit im Ganzen gibt. Fast immer stören sich die Farben und Formen untereinander, nur hier und da überrascht ein Bild von wirklich voller und reiner Wirkung.

Ist es nun allgemein das Streben der Menschen, was die Natur wahllos verstreut und zufällig bietet, absichtlich und ohne störende Beimengung zu erzeugen, so können wir nunmehr über die Aufgabe des bildenden Künstlers nicht unklar sein. Wie alle Rohproduktion auf die Erzeugung bestimmter Stoffe hinausläuft, und alle Technik den Nutzen, den sie gewähren, durch Verarbeitung reiner und stärker zur Geltung zu bringen sucht, wie alle Wissenschaft unsere zufällige zusammenhanglose Erfahrung

1909 heiratet August Endell Anna Meyn, eine Industriellen-Tochter, die mit Oskar Moll und dem Pariser Matisse-Kreis bekannt war.

Endell tritt auf sanftes Drängen von Karl Ernst Osthaus (1874-1921) hin 1912 dem Deutschen Werkbund bei. Er nimmt auch an der Ausstellung und Debatte des Werkbundes in Köln 1914 teil. Henry van de Velde erinnert sich an die Werkbunddebatte in Köln: «Nach einem Gedankenaustausch beschloß unsere Gruppe, energisch gegen die Annahme der zehn Leitsätze von Muthesius zu protestieren. [...] Am Abend nach der Eröffnungssitzung trafen sich meine Freunde Obrist, Endell, Osthaus, Breuer, Taut und ich in der Halle des Hotels *Excelsior* [...] Wir hatten nur eine Nacht zur Verfügung, um zehn Gegenleitsätze zu formulieren [...]»[1] August Endell wird in den Vorstand gewählt, als der Vorsitz des Werkbundes 1916 von Muthesius auf Poelzig wechselt.[2] 1914 zur Kölner Werkbundausstellung war Endell noch in keinem Ausschuß vertreten.

Karl Ernst Osthaus' Projekt des *Deutschen Museums für Kunst in Handel und Gewerbe* berücksichtigt Endell neben anderen führenden Künstlern der modernen Kunstbewegung. Darüber hinaus versucht er, Endell mehrere Projekte in Hagen zuzuschanzen, von denen jedoch kein größeres ausgeführt wurde. Für Osthausens Projekt *Hohenhagen* entwickelt Endell 1915 das interessante Modell eines wachsenden Hauses: «Grundgedanke ist, Häuser zu bauen, die bei den unausbleiblichen Familienvergrößerungen ohne große Schwierigkeiten erweitert werden können, ohne daß das Äußere leidet.»[3] Osthaus plant eine Monographie über Endell, die dieser skeptisch beurteilt: «Ich kenne das Verlagswesen ziemlich genau und sehe für die Monographie keinen guten Erfolg voraus. ... Dazu kommen persönliche Bedenken. Ich bin zu jung, zu unbekannt und zu wenig erfolgreich, um ein größeres Publikum zu interessieren.»[4]

1 Henry van de Velde, Geschichte meines Lebens, München 1962, S. 362.
2 Klaus Reichel, Vom Jugendstil zur Sachlichkeit...
3 Karl Ernst Osthaus, Leben und Werk, Recklinghausen 1971, S. 448.
4 Ibid., S. 449.

lückenlos zu gestalten strebt: so muß der Künstler, der die Natur nachbildet, darauf hinarbeiten, den Genuß, die Form und Farbe uns bieten, zu einem ungestörten und starken zu machen.

Da aber jedes Bildwerk zeitlos ist, und sein Schöpfer dem Betrachter nicht vorschreiben kann, in welcher Reihenfolge er es betrachten soll, – und wir können niemals ein Bild oder eine Statue mit einem Blick völlig erfassen – so müssen alle starken Kontraste vermieden werden, das Ganze einen Hauptcharakter, eine Hauptstimmung erhalten, und alle Gegensätze dürfen nur dazu dienen, diese Stimmung zu heben, zu ihr hinzuführen. Je stärker die Gefühle sind, die das einzelne zu erregen vermag, und je besser und kräftiger sie sich alle zu einem Gesamtgefühl vereinen, desto höher der Genuß, desto wertvoller das Kunstwerk. Das wird aber nur der Fall sein, wenn alle Teile, auch die geringfügigsten, charaktervoll sind, und alle diese Nuancen sich gegenseitig heben und alle ohne Störung in die Hauptstimmung münden.

Will man das in einem Satze in einer Definition zusammenfassen, so könnte man etwa sagen:

> Bildende Kunst ist die Verarbeitung von visuellen Naturmotiven zur Erzeugung eines starken und gleichartigen Lustgefühls.

Es ist also kein Stück Natur, gesehen durch ein Temperament, es ist überhaupt nicht Natur, sondern etwas total anderes. Es gibt keinen größeren Irrtum als den Glauben, die sorgfältige Abbildung der Natur sei Kunst. Die Natur ist kein Vorlagealbum für phantasielose Maler.

Es ist ein wertvolles Können, Naturformen sicher und treu wiederzugeben, aber es ist noch keine Kunst. Dazu gehört in erster Linie ein scharfes Auge für das Charakteristische. Wirkliche Begabung verrät sich immer darin, daß ihr nicht das Nachbilden überhaupt, sondern das Nachbilden des eigenartig und individuell Schönen Freude macht. Es ist nicht zu leugnen, daß auch das Malen eines Bierglases technisch lehrreich ist, aber die Schönheiten der Natur sind so unerschöpflich und dabei so wenig gekannt, daß niemand in Verlegenheit um Studienmotive geraten kann. Wer Künstler werden will, darf aber keine Gelegenheit vorübergehen lassen, seine Sensibilität zu schärfen, er darf keine Zeit mit gleichgültigen Gegenständen verlieren. Sein Leben

Van de Veldes Nachfolge als Leiter der Weimarer Kunstgewerbeschule wird durch den Krieg verzögert: Obrist, Gropius und Endell sind im Gespräch.

Endell: «Ich möchte bauen oder Architektur und Kunstgewerbe lehren. Das kann ich und kann's besser als die meisten, die das tun. Eine solche Stelle möchte ich erreichen: Stadtbaurat oder Lehrer an einer Technischen Hochschule. Und bald müßte es kommen. Sonst sind meine Kräfte am Ende. Natürlich hoffe ich noch auf lange Jahre. Aber mit solchem Körpermanko muß man vorsichtig sein. Und ich brauche nach diesen langen Jahren des Nichterfolgs endlich gesicherte Verhältnisse, wo ich in Frieden arbeiten könnte und jeden Funken Kraft auf meine Idee und meine Arbeit verwenden könnte, nicht aber wie heute viele Kräfte unnütz auf die Überwindung von Widerständen verbrauchen muß. – Wenn ich nur einen ganz großen Bau machen könnte, nur in einer großen Arbeit alles das geben könnte, was ich gelernt habe. Von dem, was ich kann, ist ja so gut wie nichts zu sehen.»[1]

---

1 Karl Ernst Osthaus, Leben und Werk..., S. 450.

muß eine unaufhörliche Jagd nach dem Charakteristischen sein. Nichts darf ihm entgehen. Für alles muß er offenen und empfänglichen Sinn haben, je weniger einseitig desto besser.

Je feiner und schärfer aber sich seine Empfindlichkeit ausbildet, um so eher wird er dazu gelangen, beim Nachbilden der Natur – zunächst ganz unbewußt – das Störende fortzulassen, oder so umzumodeln, daß es in den Rhythmus des Ganzen paßt, womöglich die Wirkung des Ganzen noch erhöht. Und je mehr er charakteristische Formen, Farben und Beleuchtungen gesehen und je sicherer er gelernt hat sie wiederzugeben, desto eher wird er imstande sein, diesen Umwandlungsprozeß zu vollziehen. Und er wird ihn bewußt vollziehen. Irgend ein Motiv regt ihn an durch seine Schönheit, vielleicht der Ausdruck eines Kopfes, oder ein Baum, oder eine Wolke, er vertieft sich darin, und aus dem Schatze seiner Erinnerung tauchen gefühlsgleiche Motive auf, er sucht sie zu einen, sucht Bindeglieder zwischen ihnen, probiert, verwirft und versucht von neuem, bis alles harmonisch zusammengeht.

Welcher Art das dabei entstehende Gebilde im übrigen ist, hat für seinen künstlerischen Wert keine Bedeutung. Ob es sich im Raum oder auf einer Fläche erstreckt, ob es auf der Erde oder im Himmel zu denken ist, ob es ein Stück modernes Straßenleben, oder eine vollkommen phantastische Szene, ob es Menschen oder Mondbewohner oder sonstige fabelhafte Wesen darstellt, ob es in der Natur vorkommen könnte, oder ob es darin völlig undenkbar ist, ob seine Beleuchtung eine uns bekannte oder völlig unbekannte, das ist alles absolut gleichgültig. Wir haben nur zu fragen, welche Gefühle löst es in uns aus, wenn wir uns ihm völlig hingeben, und all unser Wissen beiseite lassen. Erregt es starke Gefühle, die sich gegenseitig heben und in eine Gesamtstimmung münden, so ist es gut, sonst aber wertlos. Je stärker und eigenartiger die erregten Gefühle sind, und je feiner und seltsamer die Übergänge zwischen den Gegensätzen, desto lebhafter werden wir erregt, desto höher werden wir es schätzen. Aber neu und eigenartig muß die Gefühlsreihe sein. Nachahmung ist Betrug und schlimmer als Stümperei. Es soll keiner behaupten, daß er seinem Vorbild so verwandt sei, daß er nicht anders malen könne. Kein Mensch ist dem andern gleich, bei jedem Menschen herrschen andere Gefühlsnuancen vor, und jeder, der wirklich seine ganze

1918-1925: Breslau

Aus dem Gerangel um Hans Poelzigs Nachfolge als Direktor der Breslauer Akademie für Kunst und Kunstgewerbe geht 1918 überraschend – noch von Wilhelm II. berufen – Endell als Sieger hervor. Endell schreibt anläßlich seiner Ernennung an Osthaus: «Ich bin noch ganz betäubt von jenem Glückswechsel. Endlich das tun zu können, was ich soviel Jahre nur ersehnt habe. Endlich für meine Kunst und meine Ziele ein reicheres Feld, endlich auch eine sichere Stellung und das alles jetzt im Kriege, wo ich schon beinahe verzweifelte wieder in die Höhe zu kommen. Vorläufig lebe ich noch im Traum und habe noch keinen Boden unter den Füßen. ... Am Ziele bin ich nun.»[1] Walter Gropius bemüht sich vor seiner Berufung nach Weimar um eine Anstellung bei Endell in Breslau.[2] Endell kann jedoch in der Zeit seines Direktorates der Akademie keine entscheidenden Impulse geben. Bekannt sind seine Lichtbildervorträge, in denen er Kunstwerke verschiedener Zeiten und Völker mit Aufnahmen aus Natur und Technik verbindet.

Ein ehemaliger Schüler der Breslauer Akademie erinnert sich an Endells Unterricht für die Architekturschüler: «Wie von einer Dämonie getrieben, begleiteten beschwörende Gesten seine Worte, die Hände formten sich zum Kelch, als wollten sie das Wunder des Kosmos einfangen. Der Körper sogar wurde zu einem Gefäß, als könnte er damit den Reichtum der Schöpfung einsaugen, um den fröstelnden Leib an der Sonnenglut des Ewiggebärenden zu wärmen. Das war Professor Endell, der damals (1918-1925) als Direktor der Breslauer Kunstakademie wirkte.»[3]

1 Karl Ernst Osthaus, Leben und Werk..., S. 450.
2 Poelzig, Endell, Moll und die Breslauer Kunstakademie 1911-1932, Ausst.-Kat. Berlin 1965, S. 8.
3 F. Wiedermann, Die Natur bleibt die ewige Lehrmeisterin, in: Breslauer Nachrichten vom 25.11.1965, o.S.

Seele, sein ganzes Gefühlsleben gibt, wird Neues und Anderes produzieren. Wer aber nachahmt, der hat kein eigenes Fühlen, und darum stiehlt er die Seele des andern. Ein feines Auge wird sich dadurch nicht täuschen lassen. Es wird erkennen, daß die eigene Seele fehlt. Es ist der höchste, der feinste, der erregendste Genuß den Kunst uns bietet, daß wir in den Gefühlsnuancen und -Schwankungen eines Bildwerkes das Leben und Empfinden seines Schöpfers wiedererkennen.

Leider wissen nur wenige um diese höchsten Freuden, nur wenige wissen mit den Farben und Formen zu leben, die meisten bleiben der Kunst fremd. Sie schämen sich dessen und suchen es zu verbergen durch sichere Reden und hartes Urteil. Das muß aufhören. Wir müssen uns erziehen zur Empfänglichkeit für die Schönheit des Sichtbaren. Und wer nur einmal davon gekostet hat, der wird nie müde werden, sein Fühlen zu verfeinern und zu erweitern. Und wer das ehrlich tut, der wird auch Verständnis finden für unsere junge Kunst, die noch nicht Ganzes zu geben weiß, aber doch köstliche Keime.

Von dieser werdenden Kunst will ich nun sprechen, um diese allgemeinen Ausführungen an Beispielen zu ergänzen und klarer zu machen. Ich beschränke mich dabei auf die Bilder der beiden Münchener Ausstellungen dieses Jahres, weil sie am frischesten und unmittelbarsten auf den Beschauer wirken, weil die Meinungen über sie noch in der Bildung begriffen sind, und weil es klüger und instruktiver ist, über Sammlungen zu reden, die mehrere Monate beisammen bleiben und von vielen gesehen werden, als über moderne Kunst überhaupt, die in alle Winde verstreut ist und von der die wenigsten ein halbwegs vollständiges Bild gewinnen können.

Es liegt mir natürlich nicht daran, ein abschließendes Urteil zu geben. Ich habe sicher so manches übersehen, und vieles zu oberflächlich, um es gerecht würdigen zu können. Auf Vollständigkeit kommt es mir aber nicht an. Ich greife nur das heraus, das mir für die Hauptströmungen typisch und charakteristisch erschien, und vor allem das, wo ich wertvolle, entwicklungsfähige Keime zu entdecken glaubte. Zudem ist es besser, über einige Bilder sorgfältig und eingehend zu sprechen, als über viele in allgemeine Phrasen sich zu ergehen. Es liegt mir auch viel mehr daran, zum Urteilen anzuregen, als selbst Urteile zu geben.

Endell: «Andere als die kleinsten Aufgaben, die ich mein Leben lang bearbeitet habe, werden mir ja nicht mehr zufallen. Das einzige, was ich noch kann ist unterrichten. Vielleicht darf ich da noch einiges erhoffen. Man muß sehen, irgendwie weiter zu machen, wenigstens etwas tun, dann kann man auch das Kommende, das ich für schlimmer halte als den ganzen Krieg, ertragen und überwinden.»[1]

Mit den jungen Expressionisten verbindet Endell wenig. An Osthaus: «Was vom Werkbund übrig bleibt, was überhaupt noch erhaltenswert ist, kann heute niemand sagen. Was die *Jungen* eigentlich wollen, kann ich nicht herausbekommen. Neue Gedanken kann ich nicht erkennen und einen Ansatz zu sachlicher Arbeit auch nicht.»[2]

Endells gesundheitlicher Zustand verschlechtert sich in den Nachkriegsjahren rapide.[3] Am 15. April 1925 verstirbt August Endell in Berlin.

«August Endell ist als Direktor der Kunstakademie in Breslau im 55. Lebensjahr gestorben. Er ist einer derjenigen Architekten, deren Namen hauptsächlich durch schriftstellerische Tätigkeit bekannt geworden ist. Sein Buch von der »Schönheit der großen Stadt« hatte seinerzeit in den ästhetischen Kreisen eine ähnlich aufrüttelnde Wirkung, wie Sudermanns »Ehre« es für die öffentliche Moral bedeutete. Endell gehörte zu den Vorläufern der formalen Erneuerung der Baukunst. Das von ihm gebaute Haus am Steinplatz in Berlin zeugt dafür. Jene Periode ist ohne nachhaltigen Erfolg geblieben, da sie eine rein individuell-ästhetische Einstellung hatte. So hat die Zeit Endell überlebt, und es war mehr seine impulsive Persönlichkeit als sein Schaffen, was ihn uns heute noch nahe brachte.»[4]

1 Karl Ernst Osthaus, Leben und Werk..., S. 452.
2 Ibid., S. 452.
3 Klaus Reichel, Vom Jugendstil zur Sachlichkeit...
4 Redaktioneller Nekrolog, in: Kunstchronik und Kunstmarkt, 59. Jg., Heft 6, 9.5.1925, S. 99.

Die ärgsten Zeiten des Experimentierens mit unerhörten Malweisen sind zum Glück vorüber. Die Violettkrankheit so ziemlich überstanden. Man gibt sich im allgemeinen Mühe, die Farben so wiederzugeben, wie sie jeder Mensch sieht. Es ist ein Aberglaube, daß man Farben individuell sehen könne. Die tatsächlichen Unterschiede und Schwankungen im Sehen sind so gering, daß sie für die Kunst gar keine Bedeutung haben. Leider ist die Achtung vor dem Handwerk, das Streben nach exakter Wiedergabe in Form und Farbe noch immer nicht groß genug. Man strebt nach weicher, flüssiger Malweise und vernachlässigt darüber die Form. Bei *Strützel* (Am Bach) gehen alle charakteristischen Unterschiede des Laubes verloren, alles wird ein gleichförmiger Brei. *Fehrenberg* (Abend) gibt den Vordergrund genau so verschwommen wie die Ferne. *Hummels* «Abend» ist so unklar, daß überhaupt keine Perspektive zu Stande kommt, und gerade hier wäre eine gute, räumliche Wirkung von außerordentlichem Werte, sie würde die trostlose Stimmung vorzüglich steigern.

Es gibt keine Malerei, bei der man die Form ungestraft vernachlässigen könnte. Es ist der allererste Anfang und die Grundvoraussetzung, daß man alles charakteristisch in seinen Linien wiedergibt. Felsen, wie sie *Roche* malt (Nessie) sind lächerlich, das können ebenso gut aufgeblasene Bettücher sein. *G. Thomas* gibt überhaupt nur Flecken, in denen man mit einiger Phantasie allerlei schöne Dinge erblicken kann. *Henderson* ist ein wenig klarer, aber er hat gar kein Gefühl für Charakter, die herrlichsten Bäume werden matt und langweilig unter seinen Händen.

Gefährlich ist auch die Technik der breiten Striche, die unvermittelt nebeneinandergesetzt, erst für große Entfernung verschmelzen. Es ist nicht zu leugnen, daß ein Bild wie *Baers* «Föhnstimmung» Wucht und Kraft besitzt. Aber schärferes Detail würde diese Wirkung nur erhöhen, und würde vor allem eine nähere Betrachtung ermöglichen. Bilder, die erst aus 10 m Entfernung zu genießen sind, lassen sich selten günstig aufhängen. Wird solche Malerei Manier, so führt sie zur Oberflächlichkeit. Nur zu leicht verbirgt sich Mangel an Beobachtung dahinter. Zudem stehen solche Bilder immer sorgfältiger ausgeführten an Reichtum der Wirkung nach. Diese Art zu Malen stellt eine überflüssige und kapriziöse Beschränkung der künstlerischen Mittel dar. Sie wird niemals reinen, vollen Genuß gewähren.

Auch *Liebermann* krankt daran. Wozu die Unklarheit auf dem Dünenbild. Das Dünengras hat etwas so wunderbar Hartes, Unerbittliches, der weiße Sand etwas so grausam Kaltes, wie vorzüglich paßte das zu der gebückten Gestalt des Mannes. Es ist beim besten Willen nicht zu begreifen, warum uns der Künstler mit diesem grünlich grauen, formlosen Schmutz abspeist. Vielleicht einer Technik zu lieb, einer theoretischen Schrulle?

Alle solche Absonderlichkeiten haben nicht den mindesten Wert. Je einfacher, harmloser und sicherer Form und Farbe gegeben werden, desto besser. Die Aufgaben des Künstlers sind so große, daß er keine Zeit mit Künsteleien zu verlieren hat.

Leider wissen die wenigsten von diesen Aufgaben, es kann einen geradezu toll machen, was alles gemalt wird. Immer wieder dieselben Motive. Eins langweiliger als das Andere. Was sollen solche Stilleben, wie sie *Hell* bringt oder dieses öde, nichtssagende Stück Natur, «Motiv bei Schwabing», das *Anderson-Lundby* mit soviel Fleiß und so wunderbarer Technik gemalt hat, oder *Nys* Gemüsegarten mit dem abscheulichen Faß, oder *Tholms* Holzsägen. Das eintönige Geräusch der Säge in einem stillen Wald hat ja sicher poetischen Reiz, aber darum ist das betreffende Stück Wald doch noch nicht malerisch wertvoll.

Man soll nicht alles malen, was einem in die Augen fällt. In der Wahl der Motive zeigt sich ein gut Stück Begabung und künstlerischer Sinn. Vorzüglich gefunden ist *Le Suires* «Tauwetter»: eine Straße, die nach hinten talab führt, man sieht aus dem Tal einen Wald aufragen, und darüber auf der anderen Seite freies Feld. Aber es ist kein Bild daraus geworden. Der Vordergrund ist zu wichtig behandelt, das reizvollste Stück kommt nicht zur Geltung. Auch ist die Ausführung mangelhaft genug. Viel besser durchgearbeitet ist *Ditscheiners* Bild: eine Fernsicht über Felsen hinweg, ein gar reizvoller Kontrast. Weitaus das köstlichste Motiv bringt *Dill* in seinem Aquarell aus dem Dachauer Moos. Wunderbar diese Abgeschlossenheit des braunen Hanges mit den üppigen Blumen am Grunde, den kräftigen Birken davor, und oben das weite Feld, in der Ferne ein Wald. Das ist wirklich ein ganz einziger Fund. Wir haben noch eine ganze Reihe tüchtiger Landschafter, aber in der Eigenart ihrer Motive können sie es nicht mit *Dill* aufnehmen. *Keller-Reutlin-*

gen, Bürgel, Willroider, Eichfeld de Bock, Thedy, Heimes, v. d. Weyden, Pötzelberger, Schultze-Naumburg und noch so mancher andere wäre hier zu nennen. Sie alle haben Eigenart, sie wissen die Natur gut und treu nachzubilden, wissen auch hübsche Motive zu finden und sie charaktervoll zu gestalten. Aber ihr Temperament reißt sie nicht fort das Außerordentliche zu suchen und die Natur ihrem Willen zu beugen.

In dieser Hinsicht ist ihnen v. *Kalkreuth* entschieden überlegen, so wenig er sich auch vielleicht an Abrundung und klarer Sicherheit mit ihnen messen kann. Sein Bild «Regenbogen» ist ein kecker Griff. Die starken frischen Farben des Erdreichs und der Pflanzen unmittelbar nach dem Gewitter beim Schein später Sonnenstrahlen sind vorzüglich gegeben. Die Beete mit den jungen steifen Tulpen machen sich vortrefflich. Aber damit sind die Vorzüge erschöpft, weder das Haus mit dem blühenden Obstbäumchen davor, noch der starke Stamm vorn, und am allerwenigsten die Frau mit dem Kind wollen in diese Stimmung passen. Es hätte alles steif und hart sein müssen. So kommt keine einheitliche Wirkung zu Stande.

Denselben Vorwurf muß man John *Reids* «Blindem Geiger» und *Schmauss* «Winterlandschaft» machen. Beide bringen vortreffliche Baummotive. *Reid* einen weidenartigen Baum mit prächtig harten kahlen Zweigen und *Schmauss* famose hohe Pappeln im Schnee. Aber Beide ruinieren sich die volle Wirkung, der Engländer durch die genrehafte störende Gruppe des blinden Geigers, der Deutsche durch allerlei überflüssige Zutaten, Pferde, die gesattelt werden und wirre Schneespuren; warum sind diese nicht benutzt, den Charakter des Ganzen zu erhöhen, warum nicht ein scharfes, tiefes Geleise, wozu diese sinnlosen Linien, die nur die Wirkung der Schneefläche zernichten? Daß es vor einem Wirtshaus meist so aussehen wird, interessiert uns gar nicht. Schade um das prächtige Motiv.

Reifere Kunst gibt *Palmié*, seine «Mondnacht» ist köstlich. Zumal wunderbar der langsam steigende Baum zur Linken. Die Bewegung der Linien des Laubes verkörpert die Stimmung des Ganzen meisterhaft. Wundervoll weich und träumend, wie seine Frauenköpfe, ist *F. Khnopffs* «Stilles Wasser». Mild und sehnend *Stevensons* «Abendsang». Von traumhafter Schönheit das Steigen des Waldes den Hügel hinauf von rechts und die Gegenbewegung der Birken vorn von links. Es ist alles ganz verwaschen in der Farbe, aber wie köstlich drückt sich das Sehnen in den Linien der Stämme und des Laubes aus!

Paterson ist der gerade Gegensatz dazu. Er liebt die Kraft, die frischen Töne der Regentage und die Wucht großer Wolkenmassen. Sein «Cunninghame» ist des Zeugnis.

Hart und unerbittlich ist *Segantini*. Eine rücksichtslose Strenge spricht aus diesen unvergleichlich sicher gemalten Bildern. Alles ist charaktervoll, alles sorgfältig beobachtet bis in den kleinsten Winkel. Gewaltig das «Pflügen», eine große harte Klarheit. Machtvoll das Abendbild «Trübe Stunde», vor allem vortrefflich die brüllende Kuh mit der charakteristischen Rückenlinie, die sich so ausgezeichnet den müden Linien der Berge einfügt. Das dritte Bild «Glaubenstrost» will weniger besagen. *Segantini* fängt leider an zu denken, und das wird nicht selten verhängnisvoll. Er möchte allerlei sagen mit seinen Bildern – er weiß nicht, wie viel uns seine Werke tatsächlich geben – und so verfällt er auf mystische Ideen, die einem Maler immer schaden. Das macht sich auf diesem Bilde geltend. Die malerische Wirkung ist viel geringer, nur das Stückchen Sonne hinter dem Eisengitter ist köstlich.

Eine Gruppe für sich bilden einige Künstler, die mehr oder weniger durch *Thoma* und *Böcklin* beeinflußt sind. Die direkten Nachahmer gehen uns hier natürlich nichts an. Sowenig sich Thoma mit Böcklin messen kann, sein Einfluß ist entschieden ein günstigerer gewesen. Seine außerordentliche Sorgfalt im Zeichnen des Laubes und der Zweige und der Sinn für intime Naturschönheit – man sehe die Bilder und Skizzen im Glaspalast – konnte nicht auf Abwege führen.

Zwei vortreffliche Künstler dürfen wir als seine Schüler betrachten, *Lugo* und *Haider*. Jener bringt eine Naturstudie mit starken, reich bewegten Wolkenmassen und Wald einen Hügel hinauf in Gegenbewegung, der andere zwei Waldlandschaften von außerordentlichem Reize. Er weiß um die Schönheit der Wiesen, die talab unter Tannen sich verlieren, und von der rührenden Anmut junger Bäume, die vereinzelt auf grünen Hügeln ihre Zweige breiten. Nur schade, daß all diese fein gesehenen Dinge manieriert gemalt sind, in einer Technik, die kindlich naiv sein soll und es nicht entfernt ist. Das stört den Genuß empfindlich.

Über *Böcklin* heute ein ruhiges Wort zu sagen, ist gefährlich. Einer maßlosen Verachtung ist maßlose Bewunderung gefolgt. Solche Massenbewunderung nimmt es immer in Bausch und Bogen. Und da sie selten auf Verständnis und wirklichem Gefühl aufbaut, ist es schwer, dagegen anzukämpfen. *Böcklin* hat in erster Linie das außerordentliche Verdienst, zur künstlerischen, von der Natur unabhängigen Landschaft geführt zu haben. Er wollte bewußt ein bestimmtes Gefühl hervorrufen. Aber leider sind seine Kompositionen zum Teil – natürlich die bestbewunderten, wie die Toteninsel – mehr poetisch, mehr gedanklich kombiniert, als malerisch gefunden. Die Einführung der Nymphen, Faune und sonstiger klassischer Fabelwesen war auch kein Glück für eine künstlerisch unklare Zeit. Weit schlimmer aber war es, daß *Böcklin* immer mehr den Nuancenreichtum in der Farbe, der seine früheren Jahre auszeichnete, verlor und sich darin gefiel, grelle Töne gegeneinander zu setzen, ohne Vermittlung. Eine farbenblinde Generation mußte das in Raserei versetzen. Und die Farbenorgien begannen. Das Ärgste ist nun glücklich vorüber. Aber noch immer finden Böckliniaden schlimmer Art Zutritt zu den Ausstellungen; so heuer die Bilder von *Hetze* und *Sandreuter*, und derselbe *Sandreuter* bringt eine recht hübsche, eigenartige Landschaft.

Wer eigene Gedanken hat, sollte sich doppelt schämen, andere zu kopieren.

Die ich nun nennen will, haben alle von *Böcklin* gelernt, ohne ihn nachzuahmen. *Riemerschmied* ist dieser Einfluß verhängnisvoll geworden. Während das Bild «Sonntag» liebenswürdige Feinheit und frische Heiterkeit aufweist, ist die große Landschaft in der Wirkung ganz gestört durch brutale Effekte. Es sind schöne Motive da, dunkelgrünes Laub vor herbstlich roten Bäumen wirkt wunderbar, aber warum das so roh geben? Rohheit ist niemals Kraft. Derartige Kontraste fallen wohl jedem ins Auge, aber jeder wird sich darüber ärgern. *Modersohn* ist vielleicht noch abhängiger von *Böcklin*. Er hat sich durch den Erfolg des vorigen Jahres verleiten lassen, nicht weniger als 11 Bilder zu schicken. Aber niemand kümmert sich um sie. Mit Recht. Sie sind gar zu billig hergestellt. Oberflächlichkeit ruiniert alles. Auch sind sie eintönig und viel zu wenig auf einen bestimmten Charakter durchgearbeitet. Es sind manche gute Keime da, aber nichts Ganzes. Vor allem bemerkenswert ist das Bild «Mondaufgang im Moor». Die Bewegung der Baumstämme rechts auf der Höhe ist vorzüglich, von wilder, unheimlicher Gewalt. Aber das übrige ist herzlich unbedeutend. Wenn *Modersohn* sorgfältiger arbeitete, könnte er überwältigend wirken.

Becker ist jetzt nach langem Experimentieren bei einem mattgrünen Tone angelangt. Bei dem Bild «Prozession» macht sich das ganz gut. Warum soll aber nun dasselbe Grün für alle Stimmungen ausreichen? Das famose Motiv auf dem Bild «Abend» wird einfach dadurch ruiniert. Diese kräftig unheimlichen Stämme verlangen andere Farben.

Hubers Felsschlucht ist vortrefflich, sie verlöre nichts, wenn der Katalog uns nicht an Dante und Acheron erinnerte.

Auch *Ungers* «Frühlingssturm» ist bemerkenswert durch die Kraft des Motivs. Nur würde man wünschen, daß auch die Kronen der Birken zu sehen wären. Dann würde die Bewegung der Stämme eine Steigerung und Endigung in der des Laubes erhalten. Die Gewalt des Sturmes käme überzeugender zum Ausdruck. Auf dem Bild wirken die kleinen Bäume viel prägnanter als die großen Stämme.

Weit bedeutender als alle diese aber und meiner Überzeugung nach die einzigen in dieser Gruppe, die der wirklich künstlerischen Landschaft am nächsten kommen, sind *Kaiser* und *Zwintscher*. Beide sind noch jung und in der Entwicklung begriffen, beide noch nicht reif, beide werden an technischem Können von so manchem anderen übertroffen, sie leisten aber schon jetzt mehr als alle anderen in der bewußten Umgestaltung, in der Vereinfachung der Natur zu großen einheitlichen Wirkungen.

Kaisers «Wolkenschatten» ist ein wirklich groß gesehenes Bild. Die Baummassen links von gewaltiger eigenartiger Wirkung, die Wolken diesen prächtig angepaßt. Es fehlt freilich noch an Sicherheit, zumal in der Behandlung des Himmels, aber das darf nicht abhalten, die starke individuelle Begabung bedingungslos anzuerkennen.

Vielleicht noch reichere Gaben verrät *Zwintschers* «Sommertag». Prachtvoll heiter starke Farben. Vorzüglich zusammengestimmt das matte und das dunkle Grün auf dem tiefen Blau, vortrefflich der rötliche Stein und das Gesträuch vorne.

Die Ebene ein klein wenig zu matt, der Horizont gar zu niedrig. Aber sonst auch formal ausgezeichnet, zumal köstlich die Wiederaufnahme des Umrißcharakters des dunklen Baumes bei der hellen Wolke. Das ist nahezu reife Kunst.

Noch weiter in der Vereinfachung der Natur geht *Leistikow*, seine Bilder «Mit Wind und Wellen gegen fremden Strand» und «corvi noctis» sind fast ornamentale Landschaften zu nennen. Besonders das letzte ist vorzüglich in der Kraft und der Energie der Linien und der harten starken Einfachheit der Farben. Leider ist die Meeresfläche etwas verunglückt, sie biegt sich. Davon abgesehen ist es ein Werk von glücklichster Wirkung. Hier ist auch *Strathmann* zu erwähnen. Seine ornamentale Begabung ist nahezu unerschöpflich. Er bringt unaufhörlich neue Formen. Aber leider spielt er: es macht ihm Vergnügen, immer Neues hinzuzufügen und so verdirbt er sich jeden Effekt. Man lacht über ihn; man täte besser, ihn eingehend zu studieren: wer für formale Schönheit empfänglich ist, findet reiche Anregung. Vor allem ist er immer neu in seinen Motiven, was man von *Rösl* nicht behaupten kann. *Erler* und *Berlepsch* sind origineller in ihren keramischen und Stickerei-Entwürfen. Sie haben nur vergessen, daß beim Kunsthandwerk alle Schwierigkeit und alle Kunst in der richtigen Verwendung des Materials liegt und daß Entwürfe ohne praktische Versuche wertlos sind.

Gestattet Landschaft und Ornament weitgehendste Freiheit in der Form, so ist der Künstler in der Figurenmalerei und Plastik von vornherein formal gebunden. Einen Baum, einen Zweig kann man beliebig verändern, ohne daß er darum Baum und Zweigcharakter verliert. Der menschliche und tierische Körper weist gewisse Grundverhältnisse auf, die unter allen Umständen bewahrt bleiben müssen. Plastik und Figurenmalerei sind darum gebundene Künste. Es liegt ein eigener Reiz in solcher Fessel. Und es ist nicht umsonst, wenn neuere Dichter gern die eigenen Gedanken bergen in den fremden Gewändern vergangener Zeit. Dort finden sie die eigene Seele wieder und tragen doch Anderes hinein. Die neue Falte in dem alten Kleid, die feine Bewegung, die sich dem Alten eint und doch ihm fremd ist, die leise Änderung, die der Masse unkenntlich, dem Kenner so ausdrucksvoll ist, die außerordentliche Zartheit und Komplexität der entstehenden Gefühlsreihe, das ist es, was dem Wissenden diese Dichter so wert macht, und das ist es auch, was uns Plastik und Figurenmalerei so hoch schätzen läßt.

Vielleicht am meisten das Porträt. Es gibt keine Kunst, die gebundener wäre, als die Bildnismalerei, und nur wenige wissen um ihr Geheimnis.

Zwei vollständig verschiedene Motivreihen bietet ein Mensch dem Maler. Einmal das Unveränderliche in ihm, seine Kopfform, seine Gestalt, sein Körperbau; dann seine Bewegungen, Stellungen und Mienen. Diese Reihen zu einen, ihre verschiedenen Charaktere ineinander überzuführen, aus den vielen Motiven die harmonischen zu suchen, die Überleitung von einem zum andern frei eigenartig und doch nur aus dem Gegebenen, ohne fremde Zusätze zu gestalten, das ist die Kunst des Porträtisten. Es liegt in der Eigentümlichkeit dieser Aufgabe begründet, daß die Seele des Künstlers sich nirgends so seltsam verschleiert und doch so kenntlich, so fein und unmerklich zart und doch so ergreifend ausspricht als gerade hier, freilich auch nirgends so selten, freilich auch nirgends so oft mißkannt.

Dem Publikum liegt zunächst an der Ähnlichkeit. Dies Bedürfnis kann ein Stümper befriedigen, je weniger er Künstler ist, desto eher wird er dieses Ziel erreichen. Aber die meisten Maler wissen, daß damit noch nichts getan ist. Sie quälen sich ab, eine einheitliche Wirkung zu erzielen und geraten dabei auf die wunderlichsten Abwege. Sie malen nicht ein Porträt, sondern ein Interieur mit einem Menschen darin, das stimmt man fertig zusammen, und das Problem ist gelöst, d.h. es ist umgangen. Man sehe das Bild von *Zorn*. Der Kopf grell von der Seite beleuchtet, Malerkittel, Palette und ein oberflächlich angedeuteter Hintergrund. Der Kopf ist nicht ohne Kraft, aber was soll diese brutale Beleuchtung, und was hat das übrige mit diesem Kopf zu tun? Gar nichts. Das sind alles vollständig überflüssige störende Zutaten.

Daß Bewegungen und Linien Charakter haben, scheint vergessen zu sein, man sucht nicht nach Stellungen, die durch den Fluß ihrer Linien bedeutsam wären, und dadurch zur Charakteristik beitrügen. Man liebt vielmehr zufällige Posen, die durch irgend eine Handlung bedingt sind. Man läßt die Leute rauchen, Bücher lesen, nervös an einem Bande nesteln, oder man malt sich selbst, wie man, die Palette in der Hand, ein Objekt fixiert. Als ob solche Stellungen den geringsten malerischen Wert hätten. Auf dem Theater haben derartige Gesten ihren guten Sinn. Dort folgen viele Bewegungen rasch aufeinander. Und der Rhythmus ihrer Folge ist uns ein Zeichen innerer

Erregung. Dort sind wir eben nur zum kleinsten Teile visuell beschäftigt. Bei der Malerei bleiben wir bei unseren Gesichtsbildern, wir müssen es schon deshalb, weil ein Bild unsere Assoziationen gar nicht so bestimmt regeln kann, als die Mimik des Schauspielers. Überdies haben solche Gesten, deren Bedeutung wir erst erfahren müssen, selten als Linien gleichen oder auch nur ähnlichen Charakter. Sie sind auf einem Bilde immer unerträglich, und regelmäßig ein Bewies, daß der betreffende Maler von der Schönheit der Linien nichts weiß.

Stövings «Max Klinger», ist ein schlagendes Beispiel dafür. Er stellt den Radierer, der alle Welt in Aufregung und Entzücken versetzt, dar, wie er eine Kupferplatte prüft! Sehr sorgfältig gemalt, alles fein von grau durch lichtbraun bis gelbrot getönt. Aber das ist auch alles. Nirgends bedeutungsvolle Charakteristik. Dies Bild könnte jeden beliebigen Handwerker darstellen. Keine Tiefe, keine Größe, kein Geheimnis. Die Haltung ist so gewählt, daß wir das Wesenvollste nicht sehen. Sollten wirklich nicht in Klingers Augen Träume schlummern und seltne Leidenschaften seinen Mund umspielen? Sollte es sich wirklich nicht lohnen, diese Lider und diese Lippen zu malen und sie vor allem?

Zum Glück sind solche Verirrungen nicht die Regel und es gibt Künstler genug, die wirkliche Kunst erstreben, und nicht wenige, die reizvolles zu geben wissen. Einen schönen zarten Kopf in feinen Farben bringt *Büchmann*; zwei Bilder voll müder Traurigkeit *v. Kurowski*, etwas kränklich und nicht exakt genug in Kleidung und Beiwerk; ein sehr sorgfältiges Porträt Gräfin *Kalkreuth*, Melancholie ohne Sentimentalität. Lauter tüchtige Arbeiten, wenn auch ohne starkes Temperament. Bedeutender das Porträt von *Seroff*, ein junges Mädchen in weiß, außerordentlich fein im Ausdruck des Gesichts, Jugendfrische gedämpft durch Ängstlichkeit und leise Trauer, prächtig dazu gestimmt die unmerklich schlaffe Haltung, die losen Falten des Kleides und die unsichere kraftlose Bewegung der Hände. Nur der Hintergrund ist etwas mißraten. Der Blumenstrauß wirkt vortrefflich, aber dies unglückselige Bücherbrett hinter dem Kopf ist unmöglich, es paßt absolut nicht zum Ganzen.

Noch feiner und eigenartiger in der Bewegung ist Albert *Kellers* «Moderne Dame». Schade, daß der Ausdruck des Gesichts etwas Mystisch-

Sentimentales bekommen hat, und die Farbe so krank ist. Die Hauptbewegung der Formen gehört zu dem Trefflichsten, was die Ausstellungen heuer bieten.

Es wäre ein schweres Unrecht, *Lenbach* nach seinen jetzigen Leistungen zu beurteilen. Man muß aber dagegen Front machen, daß seine neuen Porträts jahraus, jahrein als Wunderwerke der Bildnismalerei hingestellt werden. Das verführt nur zu oberflächlichem Urteilen. Wer diese Bilder für Meisterstücke erklärt, tut niemand mehr Unrecht, als Lenbach selbst. Massenfabrikation bedeutet immer Ruin der Kunst. Auch *Lenbach* ist daran gescheitert. Seine Bilder haben an Feinheit der Farbe – daß diese Akkorde aus historischen Quellen geschöpft sind, davon ganz abgesehen – an Sorgfalt in der Zeichnung und vor allem an psychologischer Vertiefung wesentlich verloren. Wer in diesen Porträts von Levy, Heyse, Döllinger Charakter und seelische Tiefe zu erblicken vermag, macht seine Urteilsfähigkeit in hohem Grade verdächtig. Es ist ein schweres Unrecht gegen die jüngere Generation, den berühmten und vielgefeierten Mann in herkömmlichen Phrasen zu loben. Es ist allerdings auch sehr bequem.

Samberger ist von *Lenbach* in seiner Farbengebung abhängig, also ein Enkelschüler von Velasquez und Tizian, leider fehlt ihm die Gabe exakten Zeichnens und seine Köpfe sind mit den landläufigen Anschauungen der Anatomie schwer zu vereinen. Diesen Mangel ersetzt er reichlich durch den dämonischen Blick, den er gerne harmlosen Leuten jeden Alters und Geschlechts verleiht; wer sich dagegen sträubt, muß sich ohne Ausdruck behelfen. Nichtsdestoweniger oder vielleicht gerade deswegen ist *Samberger* sehr beliebt und wird es auch wohl noch eine Weile bleiben.

Wirklich gute Porträtkunst haben diesmal die Engländer gebracht. Mlle. Plume Rouge von *T.A. Brown* ist allerdings eine Ausnahme. Der kecke Titel ist fast das Beste daran, Kleid und Beiwerk sind chic und flott gemalt, fast zu sehr, aber das unbedeutende langweilige Köpfchen enttäuscht sehr. Man erwartet boshafte Mundwinkel und spöttische Augen. Viel besseres bringt John *W. Alexander*, nicht sehr tief, aber ausgezeichnet in Falte und Bewegung. Vorzüglich einfach ernst und herb ist das Porträt der Mrs. *Sauter*. Sehr hübsch der Knabe von *J. Guthrie*, reizend in der Mischung von Frische und Scheuheit, welch' ein Abstand von *Hierl-Deroncos* Bild mit seiner unkindlichen Pose und seiner gesuchten Beleuchtung. Vielleicht das Beste gibt John *Lavery*

«Dame in schwarz». Unübertrefflich der Ausdruck des Auges: Vornehmheit und Härte bis zur Grausamkeit. Und wie vortrefflich prägt sich dieser Charakter im Spiel der Arme aus. Man sehe den stützenden Arm: die Unerbittlichkeit dieser Linie, und die Finger des andern Arms, wie sie in das Kissen greifen! Das ist volle Kunst, man vergleiche damit das *Exter*sche Porträt unmittelbar in der Nähe: diese eckigen zwecklosen Bewegungen der Arme, die zu der weichen Träumerei der Augen nicht passen, und die ungesunde, freudlose, uncharakteristische Farbe.

Gandara kann diesmal nicht gegen *Lavery* aufkommen. *Picards* Mädchen ist sehr hübsch und fein im Ausdruck, zumal reizend die Bewegung der Hand im Haar. Vollendetes gibt *E. Carièrre*, seine verblasene Manier wird manchem mißfallen, und sofern sie Manier ist, wird man nichts zu ihrer Verteidigung sagen können. Für diese Frau paßt sie vortrefflich, für diese zurückhaltende Energie, diese unaufdringliche Vornehmheit und Kraft ist sie durchaus am Platze. Vor allem verhüllt sie keine technischen Mängel. Absolut sicheres Können spricht aus jedem Pinselstrich.

Alle, Ausländer und Einheimische überragt diesmal *Stuck* in seinem Pastell. Sprühende Freude, lachende Bosheit, Stolz und Laune, Keckheit und Hohn sprechen daraus. Das ist so sicher und so wunderbar zart gegeben, diese leichte Bewegung nach rückwärts, die Linie des Pelzes, die Wendung des Kopfes, die feine Schärfe des Mundes, der strahlende Glanz der Augen. Man wird nicht müde, es zu bestaunen, und niemals werden Worte all seine Reize sagen können.

Bewahrte bei Landschaft und Porträt das Studium früherer Leistungen vor den ärgsten Verirrungen, so führt es bei der Figuren-Komposition nur zu Mißverständnissen und Fehlgriffen. Man könnte beinahe behaupten: es gibt bis jetzt noch kein wirklich freies Figurenbild. Von jeher hat man es zu allerlei Nebenzwecken gemißbraucht. Es sollte Kultus-, Historienbild, Allegorie sein, niemals war es frei. Und heute, wo weder Kirche noch Staat, noch fürstliche Gönner den Ton angeben, und bestimmte Aufgaben stellen, wo die Komposition wirklich frei sein könnte, ist sie es weniger denn je. Man weiß die Freiheit nicht zu nutzen, und malt wie früher Historie, biblische Geschichte, Allegorie, Genrebild. Dabei können sich wohl künstlerische Qualitäten zeigen, aber volle Kunst kommt auf diese Weise nicht zustande. Vor allem muß man einsehen: Szenen, die sich irgendwo abgespielt haben, im bürgerlichen oder öffentlichen Leben, seien sie so anregend und interessant, seien sie so bedeutsam und historisch oder kulturell so wichtig, als sie nur immer mögen, ihr malerischer Wert wird dadurch nicht bestimmt. Er ist meist gleich null. Solche Szenen gehören auf die Bühne, nicht auf ein Bild. Die einzig mögliche Aufgabe der Figurenmalerei ist: schöne Menschen in schönen Bewegungen zu geben, ein starker, charaktervoller Grundton, auf den alles hinzielt. Alles Übrige ist total belanglos. Ob es solche Menschen und solches Milieu gibt, was sie tun, und was sie sind, das ist Nebensache. Wir haben nur zu fragen: sind diese Bewegungen, diese Linien, dieser Ausdruck charakteristisch, wie sind sie ineinander übergeführt, stören sie sich oder heben sie sich gegenseitig, resultiert ein starkes Lustgefühl.

Der Künstler kann also von den Szenen des Lebens nur unendlich wenig brauchen, und auch das nur als Motiv. Nirgends ist der Umwandlungsprozeß notwendiger als hier, und nirgends sind die technischen Schwierigkeiten bedeutender. Figurenkomposition erfordert die absolute Beherrschung der Linien, Stellungen und Bewegungen des menschlichen Körpers, und den feinsten Sinn für Formcharakter. Daher blüht auf diesem Gebiet die Stümperei herrlicher als anderswo.

Man wird es begreiflich finden, wenn ich auf die Nachtreter von *Feuerbach* und *Böcklin* nicht eingehe, wenn ich die Historienbilder als nicht vorhanden betrachte und wenn ich die ziemlich banalen Allegorien: vom Glück, von der Eitelkeit des Lebens, die Mysterien *Brandenburgs* und die ziemlich mißglückten Sentimentalitäten *Dettmanns* und *Höckers* nicht im einzelnen bespreche.

Die wirkliche Kunst beginnt bei *E. Kirchner*. Wer wissen will, was Humor der Form ist, soll seine Kreidezeichnung eingehend studieren. Haltung und Ausdruck des Fauns ist einfach unübertrefflich.

Herterichs Motiv «Abendstunde» ist vorzüglich: zwei Menschen, nebeneinander in trübem Abend, beide unsicher und gedrückt in der Haltung, außerordentlich einfach und außerordentlich reich an Wirkungsmöglichkeiten. Aber leider ist wenig daraus geworden. Der Kopf des Mädchens ist gar zu unbedeutend, die Haltung des jungen Mannes nur ungenügend charakterisiert, der Mantel entschieden störend. Der Hintergrund gar zu billig hergestellt, und dazu diese kränkliche unangenehme verschwommene Farbe. Es ist kein erfreulicher Anblick.

Erlers «Lotos» hat den Vorzug, daß niemand weiß – außer den Gelehrten – was es darstellt. Es sind gute Sachen darin, aber auch arge Mißgriffe und technische Mängel. Die Wellen lassen viel zu wünschen übrig, und das Weib mit dem schweren Körper und dem gebogenen Zeigefinger ist brutal und komisch zugleich. Sehr hübsch in der Bewegung dagegen das wandelnde Paar im Hintergrunde rechts. Was die Farbflecken ganz rechts bedeuten sollen, habe ich nicht entdecken können, auf einer Vase wären sie vortrefflich. *L. v. Hofmann* ist diesmal sehr schlecht vertreten. Es ist besser, nicht von ihm zu reden.

Die unerhörtesten Anstrengungen hat *Exter* gemacht. Seine Kreuzigung gehört zu dem Unglücklichsten, das uns die letzten Jahre gebracht haben. Zunächst ist eine Kreuzigung überhaupt kein malerischer Vorwurf, am wenigsten, wenn man noch Zuschauer auf das Bild bringt. *Stuck* brachte allerdings eine halbwegs glückliche Lösung zustande. Er ließ uns die trauernden und entsetzten Mienen nicht sehen, ein schwarzer Mantel dominierte. Das war ein malerischer Gedanke ersten Ranges, wenn er auch das Ganze nicht zu retten vermochte. *Exter* aber ließ *Stucks* Ruhm nicht schlafen, er mußte es schlechter machen. Eine Kreuzigung ist eine widerwärtige, gräßliche Marter, und durch die unruhigen verzweifelten Bewegungen der Opfer absolut unmalerisch. Erst der tote Gekreuzigte hat malerischen Wert. Aber wer Außerordentliches anstrebt, verfällt gewöhnlich in den Fehler, das Fürchterliche für erhaben zu halten. Harmlose Menschen werden zu blutdürstigen Hyänen. *Exter*, der farbenfreudige Mann, mit dem Sinn für zarte frohe Nuancen, schwelgt in Blut und Gräßlichkeiten. Die beiden Schächer auf seinem Bild sind abscheulich in jeder Beziehung, übertrieben bis zur Verrücktheit, scheußlich ohne allen formalen Sinn. Es ist ein theoretischer Irrtum schlimmster Art, zu glauben, daß durch solche Brutalität die Ruhe und der Adel des Christus gehoben werde. Im Gegenteil, sie wird gestört. Auf einem Bilde sind derartige Kontraste unmöglich, ganz abgesehen davon, daß Figuren wie die Schächer allein genommen, stets abstoßend wirken. Man kann auch nicht sagen, daß *Exter* in seinem Christus uns Neues und Bedeutendes zu geben weiß. Auch die übrigen Gestalten vermögen den Eindruck nicht zu bessern. Die Gruppe der Maria ist mehr theatralisch als tief, die trauernde Gestalt rechts füllt den Raum zwischen den Kreuzen so schlecht als möglich, alles übrige ist ohne Sorgfalt und ohne Interesse.

Viel reifer, ruhiger und bedeutender ist *Stucks* «Böses Gewissen». Die Allegorie liegt nur im Titel. Das Motiv, ein Mann von Furien verfolgt, ist vortrefflich und so malerisch als nur irgend eines. Leider ist die Ausführung nicht durchweg glücklich. Der laufende Mann, mit geballten Fäusten, Kraft und wildes Entsetzen im Blick, ist tadellos, der überschwemmte Boden, die öde Landschaft ausgezeichnet. Aber die Frauenkörper sind mißraten in der Bewegung. Sie sind zu schwer, nicht stark genug bewegt, sie greifen nicht, verfolgen nicht, auch scheinen sie nicht leicht genug, und zu nahe beieinander, als daß die Gewalt und die Energie ihres Fluges der Beschauer deutlich zu Bewußtsein käme, am meisten mißraten die Furie rechts, die sich herunterbiegt, diese Stellung erweckt alles andere nur nicht die Vorstellung eines rasenden Jagens nach vorn. Von Ausländern kommen nur Engländer in Betracht, und von ihnen eigentlich nur *Fowler*, dessen weichliche Farben schließlich langweilen, dessen Sinn für Falte und Bewegung aber immer neu das Interesse anfacht. *Crane* ist schlecht vertreten, seine Lebensbrücke ist überladen, unklar, eine ziemlich überflüssige Allegorie.

Unendlich interessanteres wissen zwei junge Deutsche zu sagen: *Slevogt* und *Corinth*.

Slevogt verheißt viel, so abschreckend seine Bilder jetzt noch auf die meisten Menschen wirken mögen. Es ist wahr, sie sind unreif, unklar, roh und unsicher in der Farbe. Aber ein außerordentlicher Sinn für Bewegung spricht aus allem. Man sehe das kämpfende Paar auf dem Bild «Ritter Blaubart» und das Weib auf dem «Totentanz». Welch ungeheure kraftvolle Ausgelassenheit. Welche Keckheit in der Stellung, dies tolle Vornüberwerfen, der ziehende Arm, das Festhalten der fallenden Kleider, und die wilde Lust im Gesicht, das in Verkürzung gegeben ist. So etwas aufgreifen, solche Motive sehen und geben, das kann nur ein wirklicher Künstler. Wenn *Slevogt* erst sein Können in der Gewalt hat, seine Farben kraftvoll ohne unklare Brutalität geworden sind, wird er alle zur Bewunderung fortreißen.

Vielleicht nicht so stark, aber vielverheißend und nuancenreicher, stiller und feiner ist *Lovis Corinth*. Er hat viel experimentiert und harte Urteile über sich ergehen lassen müssen. Er ist auch jetzt noch nicht fertig, nicht reif, Aber ich stehe nicht an, ihn für den sensibelsten Künstler zu erklären, von allen, die wir auf diesen Ausstellungen zu Gesicht bekommen. Sein Venusbild ist im Ganzen sicher mißglückt. Es ist leicht die schnödesten Witze darüber zu machen. Es bleibt unklar, was die schwarzen Männer unten eigentlich machen, ob sie schwimmen, oder stehen, und zumal die Pose des Linken ist über alle Maßen lächerlich. Daran zeigt sich so recht, wie wenig malerisch alle konventionellen Gesten sind. Auch die begleitenden Genien in der Luft sind nicht zu loben, sie sind viel zu groß und aufdringlich. Köstlich aber ist der Körper der Venus. Welch feine Idee, ihn von zwei Seiten zu beleuchten, um seine Zartheit zu erhöhen. Man vergleiche ihn nur mit der Eva auf *Hartmanns* Bild im selben Saale gerade gegenüber. Wie lieblich und anmutig ist *Corinth*. Wie köstlich ist die Bewegung der Arme und Hände, die Wendung des Kopfes. Nur die Beine sind schlecht, tot, ohne Leben und Charakter.

Viel bedeutender ist der «Frühling». Die räumliche Verteilung ist nicht ganz gelungen, die drei vordersten Figuren aber wunderbar. Man hat wohl getadelt, daß sich keine laute Fröhlichkeit auf ihren Gesichtern malt. Aber Frühling ist überhaupt nicht helle ausgelassene Lustigkeit. Und jedenfalls ist das, was *Corinth* gibt, unendlich anziehender. Reizend dieses Mädchen mit den scheuen Augen und der schüchternen Bewegung der Arme, köstlich wie sie zaghaft das Kleid hält. Sprießende, keimende Freude! erwachende Frohheit! Erwachen aus Winter und Traum, aus dem dumpfen Schlaf der Kindheit. Es liegt etwas unendlich Rührendes in dem ernsten Gesichte des Mädchens, das sich noch nicht freuen kann, und nicht mehr lachen kann mit dem seelenlosen Lachen der ersten Jugend. Wer das sehen kann, der weiß vom Leben und seinen herben Geheimnissen, und wer uns das sagen kann mit einem Bilde, so anspruchslos, so unaufdringlich wie *Corinth*, in dem ist Künstlertum in größtem Sinne.

Plastik und Figurenmalerei haben dasselbe Ziel, Vereinfachung, Auswahl der Formen zur Erzielung eines einheitlichen Gefühls. Für den Maler erleichtert sich diese Vereinfachung dadurch, daß er die Form nicht unmittelbar gibt, sondern nur ein zweidimensionales Symbol, daß er den Standpunkt und die Beleuchtung willkürlich wählen kann. Der Bildhauer gibt die Form unmittelbar, man besieht ein Werk von allen Seiten, er kann nichts verdecken und nichts durch Schatten verschleiern.

Man hat dies zu Zeiten für einen Mangel der Plastik gehalten und versucht, durch skizzenhafte Formbehandlung malerische Effekte zu erreichen. Das ist ein Irrtum. Die Büste *Rodins* ist ein Beispiel dafür. Sie ist nicht ohne Charakter und Energie, aber die unklaren Flächen wirken unruhig und zerstören alle Wirkung. Exakte Form ist nicht zu umgehen.

Mit bloßer Naturtreue ist natürlich nichts gewonnen. Die Arbeiten *Maisons* lehren das in eindringlicher Weise. Es gibt vielleicht niemand, der sich an technische Sorgfalt mit ihm vergleichen könnte. Alles bis in das kleinste Detail ausgeführt, stets sauber und sicher, aber niemals künstlerisch. *Maison* sagen die Formen gar nichts. Er macht Genreszenen, einen Neger, der von einem Leoparden überfallen wird, durchgehende Pferde die aus einem Tor daherrasen, Herolde zu Pferd in ganzer Rüstung. Sein Fleiß ist fabelhaft. Man kann nur staunen darüber. Aber man muß es auch beklagen, daß solch ein technisches Talent so zwecklos vergeudet wird. Denn alles ist langweilig, ohne Empfindung für Linie und Charakter, nüchtern ohne Geist, ohne Frische, ohne Temperament. Das sind die Folgen, wenn man die Natur zur Führerin wählt. Natur und Kunst sind zwei total verschiedene Dinge. Je weniger man der Natur folgt, je mehr man sie unterjocht, sie verarbeitet, desto eher wird Kunst entstehen.

Vereinfachung der Natur, Unterdrückung des Wertlosen in ihr, aber nicht, wie *Hildebrand* in seinem «Problem der Form» ausführt, um uns die Auffassung der räumlichen Form zu erleichtern, – das gibt freudlose starre Masken, wie sie *Volkmann* und jetzt auch *Hildebrand* bringen – sondern zur Erzeugung eines starken Gefühls.

Bei den Büsten findet sich heuer manch guter Ansatz dazu. Herbe Energie spricht aus *Götz* Frauenkopf; mürrische, dumpfe entschlossene Kraft gibt *Kowarzik*, Sinnlichkeit, Unentschlossenheit und Verträumtheit eint sich in *Obrists* Büste zu einem seltsamen rätselvollen Komplex. *Meuniers* «Frau aus dem Volke» ist herbe Größe, Bitterkeit und Erinnerung an viele Leiden; ein wunderbares Beispiel für Vereinfachung und künstlerische Verarbeitung gegebener Formen.

Größere plastische Gruppen gehören zu den schwierigsten Problemen, je umfangreicher, desto schwieriger, desto unmöglicher wird es, einheitliche Wirkung zu erzielen. *Jordans* «Allegorie» ist ein Beleg dafür, sie wirkt auf die Lachmuskeln.

Barock und aufdringlich ist *E. Fuchs* «Mutterliebe», ohne Tiefe – Theaterleidenschaft, dabei süßlich und glatt in der Technik. Viel ernstere Arbeit ist *Gasteigers* Ringergruppe, sorgfältig und ohne Kleinlichkeit. Aber sie leidet an einem schweren Fehler. Die Darstellung eines kraftentwickelnden Menschen erweckt nicht das Gefühl der Kraft, nur kräftige Formen vermögen das. Die zeigen sich aber keineswegs immer bei Kraftanstrengung. Im Gegenteil die höchste Anspannung der Muskeln gibt den Linien etwas Kleinliches, Unruhiges. Der Dichter entzückt uns, wenn er erzählt, wie Herakles den Antäus packte und in die Luft schleuderte. Je größer die Leistung, desto höher unsere Freude, denn wir folgen dem Dichter nicht mit Gesichtsbildern, sondern Bewegungsvorstellungen unseres eigenen Körpers und haben natürlich die höchste Freude an der höchsten Leistung. Aber der Plastiker darf sich dadurch nicht verleiten lassen. Wir ahmen die Bewegungen seiner Figuren nicht innerlich nach, sondern betrachten sie und nur der Verlauf der Linien versetzt uns in Erregung. Zwei Ringer bilden aber immer einen wirren Knäuel von Linien, jede stört die andere, nichts kommt zu klarer Entfaltung, und die krampfhafte Spannung der Gesichtsmuskeln wirkt widerwärtig.

Auch *Ungerers* «Brunnengruppe» kann man nicht als ganz gelungen bezeichnen. Wer Fabelwesen erfindet, muß für den Charakter, die Kraft und die Funktionen der Glieder ein feines Auge haben. Die Umwandlung der Vorderhufen des Pferdes in Flossen ist vortrefflich, aber was soll das Tier mit diesen endlosen Schlangen- und Fischleibern, die seine Hinterextremitäten bilden, und wie entsetzlich ist die Bewegung des Meermannes, dessen Fischleib erst unter dem Knie beginnt. Es sieht aus, als ob er jeden Augenblick fallen müßte.

Wie durchaus tadellos sind dagegen *Auberts* phantastische Tiere. Welche außerordentliche Kenntnis des Tierkörpers spricht da aus jedem Stück, welcher Sinn für Charakter, für Bewegung, wie diese Flammen züngeln, wie die Klauen greifen, wie das Ganze vorwärtsstrebt, das ist wirklich gekonnt und verstanden. Leider hat den Künstler die Freude am Ausdrucksvollen zu weit geführt, er gibt zu viel und verliert die Gesamtwirkung aus den Augen. Die Gruppe wird unklar und unruhig. Viel besser in dieser Beziehung, kräftig und sicher, vorzüglich in der Behandlung des Fells ist *Auberts* Stier, der den von *Tuaillon* weit hinter sich läßt.

Zarter und zierlicher, aber auch manierierter ist *Vallgren*. Besonders anziehend die kleine Bronzebüste, die Blumenkelche und die Trauerurne. Sein Reichtum an Motiven ist nicht groß. Der überschmale weibliche Akt kehrt immer wieder. Aber *Vallgren* weiß ihn reizvoll zu verwenden, er hat ein fein ausgeprägtes Gefühl für Linie. Seinen kunstgewerblichen Arbeiten fehlt, wie fast allen derartigen Erzeugnissen der Franzosen, die künstlerische Logik. In einem Henkel muß sich die Funktion des Greifens und Festhaltens aussprechen. Es ist daher sinnlos ihn als eine aufgesetzte Figur zu gestalten. Das nebenbei.

Weit bedeutender als *Vallgren* ist *Onslow Ford*. Sein «Echo» ist entschieden das Beste, was die Ausstellungen an Plastik bieten. Es ist nicht frei von Mängeln, Hände und Kopf etwas zu grob, das aufgelöste Haar plastisch entschieden verfehlt. Aber, welch ein Körper, welche namenlose, müde Zartheit, dies leise Zusammensinken, diese traumhaft köstlichen Linien. Jammerschade, daß die Hände so schwer in der Bewegung sind, und der Kopf nicht zierlich genug. Es wäre ein Werk das dem größten aller Zeiten sich zur Seite stellen dürfte.

Man sieht, es fehlt nicht an Können, an vortrefflichen Ansätzen, es ist manches da, was auch verwöhnte Augen befriedigt, aber es fehlt an Klarheit der Ziele. Noch immer nehmen törichte Historienbilder, Genreszenen, banale Allegorien, zwecklose Farbkünsteleien einen breiten Platz ein. Die Unsicherheit über den richtigen Weg kann dadurch nur vermehrt werden, zumal das Publikum gerade für solche Dinge das meiste Verständnis und leider auch am ersten Geld hat. Von selbst werden diese Verhältnisse nicht anders. Helfen kann nur eine klare Einsicht in das Wesen der Kunst. Dies theoretische Verstehen macht freilich noch niemand zum Künstler, aber es hütet ihn vor Abwegen, vor Zeitverlust. Er gelangt rascherer, sicherer zum Ziel, soweit sein Temperament und seine Anlagen ihn überhaupt dazu befähigen. Es ist eine beliebte Philisterrede, das wahre Talent bricht sich immer Bahn. Das ist nicht der Fall. Viele Begabungen gehen zu Grunde, weil sie nicht wissen, worauf es ankommt, und weil falsche Beispiele und falsche Lehren sie irregeführt haben. Die Zeit der Kraft, der Fähigkeit zu lernen, ist kurz, sie darf nicht nutzlos vergeudet werden. Es bedarf einer langen und intensiven Schulung, um die Feinfühligkeit zu erreichen, die für den Künstler unumgänglich ist.

Aber auch der vorzüglichste Künstler geht zu Grunde, wenn seine Werke kein Publikum finden. Breite Schichten interessieren sich für moderne Kunst, man gibt viel Geld dafür aus und verwendet viel Zeit auf den Besuch der Galerien und Ausstellungen. Aber wirkliches intensives Verständnis ist selten. Und das wirkt hemmend und zerstörend auf die ganze Entwicklung.

Wir brauchen eine Erziehung zur Kunst zum Kunstgenuß. Man muß lernen zu sehen, die Freude rein an Form und Farbe muß geweckt werden. Es ist das eine eigene Seite unserer Psyche, sie bedarf der Ausbildung so gut wie alle anderen. Wo sie nicht gepflegt wird, verkümmert sie. Solche Menschen sind Krüppel. Und leider sind ihrer so viele.

Die blinden Augen zu öffnen, sollen diese Seiten in erster Linie dienen. Es liegt mir nichts daran, ob man meine Urteile für richtig hält. Es täte mir leid, wenn man sie nachsprechen wollte. Denn es sind keine ganzen Urteile, nur Ausschnitte, nur Bemerkungen, die auf das Merkwürdigste aufmerksam und auf die Wunder der Formen neugierig machen sollen, die anlocken sollen zu einem unverfälschten Sehen.

Urteilend und theoretisch entwickelnd zum Urteilen anzuregen war mein Zweck. Es lag mir weder theoretisch noch kritisch an Vollständigkeit. Ausgeführte Theorien sind selten befruchtend, ausführliche Urteile langweilig. Ich wäre stolz, wenn meine Worte das Schauen lehren könnten, und meine Urteile einigen Künstlern nützten.

Fassade des Hof-Ateliers Elvira, Aufnahme ca. 1898

ARCHITEKTONISCHE ERSTLINGE   Die Kluft zwischen Sehnen und Können, zwischen Gewolltem und Erreichtem ist bei architektonischen und kunstgewerblichen Arbeiten immer sehr groß. Die Rücksicht auf die Kosten, das Anschmiegen an Technik und Material, die meist knapp bemessene Herstellungszeit, all das erschwert und beschränkt das Entwerfen von vornherein; und ist es auch gelungen, dieser Schwierigkeit einigermaßen Herr zu werden, so wird bei der Herstellung durch Ungeschicklichkeit und Ungeübtheit der Arbeiter so manches bis zur Unkenntlichkeit entstellt. Solcher Mißerfolg wird den Anfänger und den, der Neues zu bringen sucht, in erhöhtem Maße betreffen und von ihm doppelt schmerzlich empfunden werden, da der Fernstehende das Mißlungene leicht für Erstrebtes nimmt und nicht nur die einzelne Arbeit, sondern mit ihr die ganze Richtung tadelt und verwirft. Unter diesen Umständen sei es mir gestattet, meinen beifolgenden Arbeiten einige Worte anzufügen und durch Kritik des Schlechten und Mißlungenen wenn auch nicht den Tadel abzuwenden, so doch dem Wollen, das ihm zu Grunde lag, Beachtung zu verschaffen.

Zu dem Bau des Hofateliers Elvira in München lag der Grundriß bereits vor, ich hatte nur für die Ausgestaltung der Fassade und der Haupträume Sorge zu tragen. Ich suchte die Fassade dem Innern streng anzupassen. Das untere Geschoß enthält von links nach rechts Durchgang, Vorzimmer, Empfangssalon, Privatzimmer. Die Öffnungen in der Front entsprechen der Größe der Räume. Da der Fußboden sehr nieder über der Straße liegt, mußte die Fensterteilung derart eingerichtet werden, daß die Hauptöffnungen die oberen Teile bilden. So ist es möglich, zu lüften, ohne daß man von draußen hineinsehen kann. Das Obergeschoß enthält das Atelier und sollte kein Fenster nach der Frontseite (Süden) haben. Da mit Rücksicht auf die sehr ungleichen Öffnungen des Erdgeschoßes eine Auflösung in Achsen unmöglich war, Blendfenster den architektonischen Zielen widersprachen, so wurde über dem Eingang ein leichtes Ornament angeordnet, das das Wappen umschließen sollte; über dem großen Fenster als Hauptschattenmasse aber ein schweres, einheitliches Ornament, das den unregelmäßigen freien Raum füllt. Um die bewegte Form desselben der Fassade einzuordnen, mußte darüber als Abschluß ein ruhiges, stetigen Schatten gebendes Gesims angebracht werden. Ich war überzeugt, daß sich das Ornament trotz seiner Größe den dunklen

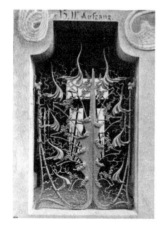

Das Hof-Atelier Elvira. August Endell entwarf 1898 im Auftrag von Anita Augspurg und Sophia Goudstikker – zwei engagierten Frauenrechtlerinnen – das Fotoatelier Elvira in der Von-der-Tann-Straße 15 in München.[1] Das Leben in dem exzentrischen Gebäude war bunt und abwechslungsreich wie seine Fassade. Mitglieder der königlichen Familie und illustre Persönlichkeiten der Münchner Bohème brachten den Gesprächsstoff und Endell die Farbe. Auf meergrünem Untergrund schwebte das cyclamrote *Überornament*; die Ornamente über der Tür waren türkisgrün und die Flamboyantfenster verschiedenartig bunt.[2] Die Fassade wurde gerahmt von der Straße, den Nachbarhäusern und einer mächtigen Hohlkehle als Abschlußgesims. Auf einer festgelegten Fläche ereignete sich ein Form- und Farbspektakel, das jede Vorstellung von herkömmlicher Fassade sprengt. Mit den traditionellen Elementen von Fassade – Wandöffnung und Ornament – zerstört Endell die historisch überlieferte Fassadenordnung. Endell verweigert sich Tektonik und Hierarchie, statt dessen gestaltet er die Fassade als Fläche. Das große Ornament – formal zwischen Seeungeheuer und der Venus von Botticelli – fliegt gefangen zwischen Fenstern und dem Abschlußgesims und versucht, sich durch die s-förmige Körperspannung zu befreien. Die unteren Fenster – die einen Raum dahinter nur erahnen lassen – sind schulterbogige Flächen und verhalten sich gleichberechtigt zur Wandfläche. Hier wird ein Wechselspiel von Wand und schulterbogigen Fenstern möglich, das eine Negativform zuläßt: Die Wandflächen zwischen den Fenstern springen in der Silhouette von ionischen Säulen hervor. Die Fassade von Elvira ist der Abgesang auf die bürgerliche Repräsentationsarchitektur. 1937 fiel das Ornament den politischen und topographischen Gegebenheiten zum Opfer und wurde abgeschlagen: Elvira war dem *Haus der deutschen Kunst* zu nahe getreten. 1944 wurde das Haus gänzlich zerstört.

1 Hof-Atelier Elvira 1887-1928. Ästheten, Emanzen, Aristokraten, hrsg. von Rudolf Herz und Brigitte Bruns, Ausstellung des Fotomuseums im Münchner Stadtmuseum 1985/86. August Endell. Der Architekt des Photoateliers Elvira, Ausstellung Villa Stuck, München 1977.
2 Nikolaus Schaffer, Architektur als Bild. Das «Atelier Elvira» von August Endell, Diss. Salzburg 1981.

Schmiedeeisernes Eingangsgitter des Hof-Ateliers Elvira, ausgeführt von Reinhold Kirsch

Massen der Fenster und des Gesimses unterordnen würde, war mir aber des Wagnisses wohl bewußt. Leider wurde nun während des Baues vom Bauherrn die Forderung gestellt, im Obergeschoß der Front ein Fenster anzuordnen, sowie dasselbe um 1,50 Meter zu erhöhen, dabei sollte aber das System der Fassade, sowie die schon fertiggestellten Fenster beibehalten bleiben. Ich wußte, daß damit das Ganze zerstört war, konnte aber aus äußeren Gründen den Bau nicht aufgeben. Das große Ornament verlor seine gestreckte Lage, es mußte aufgerichtet werden, Gesims und Fenster wurden auseinandergerissen, die ganze Fassade durch das Ornament gesprengt. Die Gesamtwirkung ist dadurch sinnlos, unharmonisch und quälend geworden. Und wenn ich die Fassade hier zeige, so geschieht es lediglich, weil ich sowohl die Fensterlösungen, wie das große Ornament an sich der Beachtung für wert halte, das kleinere konnte ich nicht persönlich ausführen, es ist in dem Detail etwas nüchtern und leblos geraten. Obendrein ist auch die Farbe der Fassade nicht ohne meine Schuld allzu aufdringlich geworden.

In den Innenräumen wurde versucht, durch wechselnde Verteilung der Ornamente und Mannigfaltigkeit der Formen möglichst verschiedenartige Raumwirkungen zu erzielen. Die Ornamente wurden fast durchweg von Bildhauern aufgetragen, denen meine Art gänzlich fremd, vielleicht auch sinnlos erschien, und so läßt das Detail oft zu wünschen übrig: so die Ausstrahlungen an den Gebilden im Treppenraum, die viel zu weich und kraftlos ausgefallen sind. Das Hauptornament im Salon, aus dem die Beleuchtungskörper hervorgehen, ist leider mißglückt. Es wirkt zu schwer, eine reichere Behandlung des Kopfes hätte eine günstigere Wirkung ergeben. Eine Reihe besser gelungener Stukkaturen konnte nicht veröffentlicht werden, da die Raumverhältnisse ein Photographieren nicht gestatteten. Das Treppengeländer ist im Detail zu schlaff, allerdings war die Herstellung einigermaßen schwierig. Wirklich tadellos gearbeitet sind nur die Türen, die Beschläge, und vor allem das meisterhaft ausgeführte Eingangsgitter. Die Türbeschläge sind lang an der Kante hinabgezogen, um ein Abgreifen des Holzes zu hindern.

Das Wohnhaus, das zu dem Atelier gehört, liegt auf einem sehr beengten Platz im Garten. Die Grundrisse waren auch hier schon vorhanden. Eine Durchbildung des Daches war bei dem beschränkten Raume unmöglich. Der vorsprin-

Treppenraum im Hof-Atelier Elvira

gende Teil mußte während des Baues um 0,50 m erniedrigt werden. Das machte die Anordnung der schmalen konkaven Dachfläche notwendig, auch mußte die in Stein geplante Brüstung durch eine eiserne ersetzt werden. Dadurch bekommt das erste Obergeschoß etwas Gedrücktes und harmoniert nicht mehr mit dem steil steigenden Erker. Verzierung durch Ornamente war bei den kleinen Verhältnissen nicht angezeigt. Den einzigen Schmuck bildet der aus Rabitz erstellte Erker, die eisernen Geländer, deren Ausführung zu wünschen läßt, und die Fensterbildungen. Bei dem Schlafzimmer-Fenster ist der untere Flügel um eine horizontale Achse drehbar. Das Querholz liegt so, daß man beim Sitzen durch den unteren, im Stehen durch den oberen Teil hinaussieht. Diese Anordnung gewährt leichte Benutzbarkeit des unteren Flügels und damit Lüftung ohne Zugluft des Nachts. Da ferner die oberen Flügel sich bequem vom Stand aus öffnen lassen und höher hinaufreichen, als bei der üblichen Anordnung, so ist die Lüftung ausgiebiger und energischer. Auch kann man am Fenster sitzen, ohne direkt vom Wind getroffen zu werden. In Kinderstuben dürfte sich diese Fensterart empfehlen, da die Gefahr des Herausfallens aufgehoben ist. Dazu kommt, daß eine solche Teilung das Zimmer von innen geschlossener und darum behaglicher erscheinen läßt. Im ersten Stock ist statt eines Fensters auf speziellen Wunsch des Bauherrn eine Türe hinter einem Geländer angebracht, um zur Sommerszeit im Zimmer wie in einer Loggia sitzen zu können. Leider ist die zierende Teilung in der Türe nicht nach dem ursprünglichen Entwurfe ausgeführt worden.

Die Ausführung dieses Baues leitete Architekt *Lehmann* (*Liebergesell & Lehmann*, München), den des Atelierbaues Architekt *Dietrich* (*Dietrich & Voigt*, München). Ich bin beiden Herren zu grossem Danke verpflichtet für das liebenswürdige Entgegenkommen, das sie mir zu teil werden ließen.

Zu dem Sanatorium auf Föhr habe ich die gesamten Pläne entworfen. Dieselben wurden im Büro von *Dietrich & Voigt* technisch durchgearbeitet. Die Bauausführung lag in den Händen des Maurermeisters *Dabelstein* in Wyk a. F. Die ausgeführten Bauten sollten den Anfang einer ausgedehnten, unmittelbar am Meere liegenden Anlage von etwa 10 bis 12 Gebäuden bilden, die, durch Gänge verbunden, windgeschützte Gärten abteilen sollten. Das Haupthaus enthält in den Obergeschoßen

Das Sanatorium in Wyk auf Föhr. August Endell erhielt den Auftrag für den Sanatoriumsbau am Boldixumer Südstrand 1898 von Dr. Carl Gmelin. Endells Haupthaus und Küchenhaus gaben die Form vor, der sich die späteren Gebäude des Sanatoriums unterordneten. Ab 1900 legte der Gärtner Wilhelm Bülow einen Park an, der die einzelnen Gebäude auch landschaftlich miteinander verband. Inwieweit sich der Auftraggeber Dr. Gmelin von Endells Formkunst auch therapeutische Wirkung versprach, muß der Spekulation überlassen bleiben.

Das Sanatorium in Wyk auf Föhr spiegelt das traurige Schicksal vieler Bauten Endells: Klaus Reichel bestätigte dem Sanatorium zwar noch 1974 in seiner Dissertation *Vom Jugendstil zur Sachlichkeit. August Endell (1871-1925), Bochum* einen «sehr guten Zustand», doch haben weder Denkmalpflege noch gutgemeinte Zeitungsappele noch die Stellungnahmen und Gutachten von Hochschullehrern und Architekten den Abriß des seit 1978 unter Denkmalschutz stehenden Gebäudekomplexes aufhalten können.[1] Trotz großem Engagement hat das Denkmalpflegeamt nur die Ornamente und einige Möbel von Endell retten können. Endells Bauten führen nicht selten nur in Abbildungen und Schriften noch ein dokumentarisches Leben. Das wenige, was er gebaut hat, ist oftmals zerstört oder zerstückelt.

1 Peter Schafft, Nordsee-Sanatorium Wyk, Nr. 4 aus der Reihe Baudenkmale in Gefahr, hrsg. vom Landesamt für Denkmalpflege Schleswig-Holstein, Kiel 1981.

Sanatorium in Wyk auf Föhr, Nordostansicht, Aufnahme vor 1900

Schlafzimmer für je 3–6 Kinder, Wärterin und Lehrer, im Erdgeschoß Werkstätten, Eßzimmer und Schulstube – das Küchenhaus, die Zentralheizungsanlage, Wirtschaftsräume, sowie die provisorischen Baderäume. Vor die Westseite beider Häuser legt sich ein Verbindungsbau, der am Haupthause eine große Halle zum Aufenthalte bei schlechtem Wetter, weiterhin Garderobe, einen großen Raum für die mit Küchenarbeiten beschäftigten Kinder, und im ersten Stock die Lufthütten, sowie das Winterluftbad enthält. Die die Lufthütten abschließende Westwand hat zugleich den Zweck, den Blick vom Haupthause in die großen, mit Rethwand umgebenen Luftbäder zu verhindern. Es wurde versucht, die beiden Häuser ihrem verschiedenen Charakter als Wohn- und Wirtschaftsgebäude entsprechend durch Anordnung stark kontrastierender Dächer in wirksamen Gegensatz zu bringen. Vor den Luftbädern nach Süden liegt das kleine Motorhaus, das den Brunnen umschließt, aus dem das Trinkwasser in die Reservoire unter dem Küchenhausdache gepumpt wird. Die Fenster wurden durchweg dem speziellen Zwecke angepaßt. Da die Bestimmung des Hauses später völlig geändert und das Sanatorium in erster Linie für Erwachsene bestimmt wurde, so ist von den ursprünglichen Absichten wenig mehr zu spüren. Die Räume sind durchweg in kräftigen Farben ausgemalt, der untere Teil der Wand dunkler, darüber ein einfarbiger Schablonenfries, das Holzwerk in tiefen Tönen.

Die Möbel für das Sanatorium wurden von den Dresdner Werkstätten für Handwerkskunst (*Schmidt & Müller*), ausgeführt, die auch das alleinige Vervielfältigungsrecht haben. Da Billigkeit Grundbedingung war, wurde auf jedes Ornament verzichtet. Durch die Fortführung eines Rahmenstückes über den Rahmen hinaus, durch Schweifung freistehender Kanten, durch Vorrücken der Türen vor den Schrankboden, durch Schrägstellen etc. wurden Möglichkeiten zu freierer Bewegung geschaffen, und das Ziel, billige Möbel in neuen Formen herzustellen, einigermaßen erreicht. Es kosten z.B. in weichem Holz farbig gebeizt die Waschtische 40–50, die Spiegelschränke etwa 70–95, die Bettladen 30 Mark.

Die reicher ausgestatteten Möbel sind durchweg vortrefflich gearbeitet und geben, von Kleinigkeiten abgesehen (das Vorderbein des Schreibtischstuhles ist arg mißglückt), genau das, was mir vorschwebte.

Es sei gestattet, einige Worte über das erstrebte Ziel anzufügen. Jedes Möbel, jedes Haus sollte als Gesamtmasse einheitlichen Charakter, einheitliche Wirkung, einheitliche Bewegung der Formen haben. Es sollten niemals Teile zusammenhanglos bestehen, sondern jeder Teil zur Wirkung des Ganzen beitragen und zu den benachbarten in Beziehung stehen. Dabei ist natürlich nicht an einen direkten Zusammenhang durch Linien zu denken. Es können in einer Fassade die Fenster nur als dunkle Massen frei nebeneinander schweben und doch zusammen einen Rhythmus ergeben, der sich den Hauptlinien: der Begrenzung der Wände und des Daches harmonisch einfügt – z.B. trotz unregelmäßiger Anordnung symmetrisch ausbalanciert ist, wenn die Hauptform symmetrisch ist (Elvirafassade), und asymmetrisch, wenn die Hauptform asymmetrisch wirkt (Gartengebäude). Reichen die Fenster dazu nicht aus, so sind Ornamente eingefügt (Sanatorium von Nord-Ost). Diese sind überhaupt dazu da, den Blick aufzuhalten, ihn zu beschäftigen und auf diese Weise Ruhepunkte, Knoten und Hauptachsen für das Auge zu schaffen. Natürlich müßten die Flachornamente sich der Bewegung ihrer Grundfläche anschließen und sie nuancieren (Ornamente am Schreibtische). Die plastischen Ornamente bilden aber selbständige Elemente der Hauptbewegung. So läuft in den Knäufen am Buffet das Aufwärtssteigen des Unterteils aus und setzt die neue Aufwärtsbewegung des oberen ein, die in den Eckbildungen oben aufgehalten wird, um schließlich in den blattartigen Eckspitzen zu verklingen. Niemals sollte das Ornament als locker Angefügtes wirken, jede Linie, jede Fläche an ihm sollte als Notwendiges erscheinen. (Daß auf Zweckmäßigkeit und Konstruktion äußerste Sorgfalt verwandt wurde, ist selbstverständlich, spielt aber bei der Formulierung des künstlerischen Zieles keine Rolle. Anm. d. Verf.)

Jede Anlehnung an andere Ornamente sollte ausgeschlossen sein, freie Formfügung ohne jede Rücksicht auf Naturgebilde war das Hauptziel. Kein Ornament ist aus Naturstudien entstanden, selbstverständlich lassen sich Anklänge an Naturgebilde bei dem Formenreichtum der Natur nicht vermeiden; niemals aber war Naturwiedergabe das Ziel, sondern einzig charakteristische Wirkung durch frei erfundene, allein auf diese Wirkung hin ersonnene Formen. Stets war die erste Idee die Vorstellung der Hauptmassen und ihrer Bewegung, ganz flüchtig skizziert, dann verwandelte sich durch viele Zwischenstufen diese nebelhafte Grundidee allmählich in klare Linien, in denen durch Nebenbewegung aller Art die Grundbewegung nuanciert, erhöht und bereichert zum Ausdruck kommt. Niemals darf etwas Überflüssiges oder gar Störendes geduldet werden, weil zufällig in der Natur irgendwo solcher Zusammenhang vorkommt. Der Zweck ist eben ästhetische Wirkung, nicht Erzählung oder Belehrung über Pflanzen und Tiere. Natürlich ist nicht annähernd erreicht, was sich in dieser Art erreichen ließe. Immerhin ist einiges wohl soweit gelungen, daß die Möglichkeit solcher Ornamentik, ihr Prinzip und ihre Wirksamkeit einigermaßen an ihm erkannt werden kann. So das große Ornament am Atelier Elvira, das Außenornament am Sanatorium, die Türklinken, das Gittertor am Atelier Elvira, die Schnitzereien und der Beschlag am Buffet. Dieses, meine letzte Arbeit, stellt wohl das beste dar, das ich heute überhaupt zu leisten fähig bin. Vielleicht bemerkt der Betrachter, wie allmählich das Groteske und Bizarre, das sich bei solchen Ornamenten zuerst leicht einstellt, sich verliert und ein Streben nach reinerer, ruhigerer Wirkung sich geltend macht.

Es ist natürlich, daß alle diese Dinge, als aus einem neuen, fremdartigen Prinzip hervorgegangen, durchweg den Charakter des Seltsamen, ja des Sensationellen an sich haben. Das erschwert die Betrachtung und ist eine mir ungünstige Nebenwirkung, denn so erscheint alles gleichartig. Man hat mir direkt den Vorwurf der Eintönigkeit gemacht. Doch denke ich, dieser Eindruck schwindet, wenn man sich nicht begnügt, die Fremdartigkeit festzustellen, sondern den Einzelheiten der Formen genauer nachgeht. Man wird dann erkennen, daß kein Ornament wie das andere, daß immer wieder nach neuer Wirkung gestrebt wurde. Natürlich herrschen gewisse Nuancen vor, wie bei jedem Künstler. Auch das ist begreiflicherweise geeignet, das Prinzipielle dieser Ornamentkunst zu verschleiern. So mag manches, das nur persönlicher Vorliebe und Neigung entspringt, als wesentlich erscheinen und wird darum den, dem zufällig gerade diese Lieblingsnuancen unsympathisch sind, von einer näheren Betrachtung abhalten. Nichts könnte mir hier erwünschter sein, als wenn bald andere diese Prinzipien aufgriffen und i h r e r Eigenart entsprechend derartige Ornamente schüfen. Dann würde auch dem flüchtigeren Betrachter das Ziel dieser Ornamentik deutlicher werden, und man würde gewahr, welchen Reichtums diese Formkunst fähig ist.

Alfred Messel (1853-1909) ist heute hauptsächlich für seine typologisch bedeutsamen Warenhausbauten für Wertheim (1896-1905) bekannt. Seine Landhausbauten und seine Tätigkeit für den Berliner Spar- und Bauverein als Architekt und im Aufsichtsrat werden weniger beachtet, obwohl sie die jüngere, zeitgenössische Architektengeneration außerordentlich beeinflußten[1] und obwohl seine Mietshausbauten Maßstäbe für den sozialen Wohnungsbau gesetzt haben.[2] Als Wilhelm Bode 1906 Alfred Messel zu seinem Museumsarchitekten bestellen wollte, nannte der Kaiser diesen abschätzig – und dabei erstaunlich weitsichtig – einen *Hypermodernen*.[3]

Endell verfasste nach dem Tode Messels zwei hymnische Nachrufe, in die er aber auch immer sein eigenes ästhetisches Credo einflocht. Die Kritik hatte bis dahin versucht – mit Messel als Verbindungsglied – ein Traditionskontinuum herzustellen, das die moderne Kunstbewegung mit Schinkel verbindet. Messel wurde auf diese Weise historisiert;[4] Endell hingegen will die Bedeutung Messels in und für die Gegenwart bestimmen. Aus der Ambivalenz von Distanz und Nähe zu Messels Architektur soll produktiv Nutzen gezogen werden. «Man feierte ihn [den Wertheimbau] als den endlich gefundenen Typus des Warenhauses, der durchaus aus Zweck und Bedürfnis erwachsen, das Innere vollkommen im Außen zur Geltung bringt. Aber das sind doktrinäre Phrasen, die den eigentlichen Wert in keiner Weise treffen. [...] denn die Bedeutung liegt lediglich im Künstlerischen, in der glänzenden Erfindung, in der Kühnheit ein ganzes Haus von riesenhaften Dimensionen mit so einfachen Mitteln zu bewältigen. Niemand vor Messel hatte ähnliches gewagt, niemand die Kraft gehabt ein fünfstöckiges Haus in eine so straffe, alles beherrschende Form zu zwingen.»[5]

1 Tilmann Buddensieg, Mies und Messel, in: Kunst um 1800 und die Folgen (Festschrift Werner Hofmann), hrsg. von Christian Beutler, Peter-Klaus Schuster und Martin Warnke, München 1988, S. 346-351. Ders., Ein Berlin Besuch des jungen Bruno Taut. Ein Brief an seinen Bruder Max Taut vom 2.3. 1902, in: Festschrift für Martin Sperlich zum 60. Geburtstag 1979. Schlösser, Gärten, Berlin, hrsg. von Detlef Heikamp, Tübingen 1980, S. 161-178..
2 A.R. (Adolf Rosenberg?), Arbeitermietshäuser in Berlin, in: BAW II., 1900, S. 315-325.
3 Wilhelm von Bode, Das war mein Leben, Bd.2, Berlin 1930, S. 182.
4 Einige zeitgenössische Kommentare zu Messel: Fritz Stahl, Wertheims Warenhaus zu Berlin, in: DKD 2, 1898, S. 241-259; Paul Göhre, Das Warenhaus, Frankfurt a.M. 1907; Karl Scheffler, Alfred Messel, in: KuK IX, 1911, S. 73-84; Walter Curt Behrendt, Alfred Messel, Berlin 1911.
5 August Endell, Alfred Messel, in: Neue Revue und Morgen, 1909, Heft 14, S. 493-495.

Alfred Messel: Warenhaus Wertheim, Front zur Voßstraße, Berlin, 1904/05

ZU ALFRED MESSELS GEDÄCHTNIS   Nur die Danksagung Eines, der viel von ihm gelernt, der von seinen Werken tiefe Eindrücke, tausendfältige Belehrung und fruchtbare Anregung empfangen. Zu einer «Würdigung», zu vorsichtigem Abwägen der Leistung ist noch nicht die Zeit. Und wenn jetzt kleine Leute eilen, das Werk des Verstorbenen mit klugen Worten vorsichtig herabzusetzen, so wird es doppelt Pflicht, den lebendigen Eindruck festzuhalten, den die Jüngeren vor seinen Bauten erlebten.

Was ich von der Architektur erhoffe, geht weit hinaus über Das, was Messel ersehnte und schuf. Ich glaube an eine Architektur, frei von allem Eklektizismus, frei von jeder Anlehnung; an eine Architektur, deren Formen vom Kleinsten bis zum Größten frei aus unseren Bedürfnissen, aus unserem Empfinden geboren sind. Und doch stehe ich nicht an, Messel für den größten Architekten zu erklären, den wir in unserer Zeit kennen. Er ist auch ein Moderner gewesen und hat im Wertheim-Bau eine Bahn betreten, deren Ende und Ergebnisse nicht abzusehen sind. Aber seine einzige Bedeutung liegt doch nicht darin. Seine Hauptarbeit lag auf einem anderen Gebiet, wo er wahrhaft erlösend wirkte. Er ist der Vollender des Eklektizismus. Er ist der erste in Deutschland, der alte Formen nicht als Phrasen, als Füllsel, als Rezepte verwandt, sondern ihnen Leben zu geben gewußt hat, wie sie es in alten Zeiten besessen haben. Und das bedeutete für unser Architektursuchen etwas Ungeheures.

Wer die Bauten der siebziger und achtziger Jahre mit erlebt hat, den packte eine dumpfe Verzweiflung. Eine ungeheure Bautätigkeit, große verlokkende Aufgaben – und ein trostloses Ergebnis. Man sah viele gescheite, geschmackvolle, kenntnisreiche Männer sich abmühen im Sinne der Alten zu schaffen, man zeichnete, maß und photographierte alte Bauten, und doch blieb tot, was neu entstand. Das Leben der alten Formen zerrann den Bauleuten unter den Händen. Es war direkt unbegreiflich, daß im neunzehnten Jahrhundert nicht erreichbar sein sollte, was im achtzehnten kleine Handwerker in den entlegensten Orten gekonnt hatten: lebendige, klingende Formen zu bilden. Wohl gelang es hier und da den Eindruck des Alten vorzutäuschen, wenn man genau kopierte, aber wo moderne Maße in Frage kamen, brachte man es nicht einmal so weit. Weder Wallot, noch Schmitz, noch Schäfer konnten es. Auch die Münchener konnten es nicht; wo sie nicht direkt kopierten und durch künstliche Patina die Blößen

Die Pension Müller. Das auch unter dem Namen Sanatorium Westend bekannte Gebäude aus dem Jahre 1908 steht hier stellvertretend für eine Reihe von Bauten, die August Endell im Berliner Westend zwischen 1908 und 1914 ausgeführt hat, und die heute noch existieren. Das Westend lag damals vor den Toren Berlins, woraus wahrscheinlich die baupolizeiliche Vorschrift landhausmäßiger Bebauung resultierte.

Ein übergroßes, zur Traufe hin leicht geknicktes Walmdach hält den mächtigen Gebäudekubus der Pension Müller zusammen.[1] Kräftige Doppellisenen rahmen die Wandfläche und betonen die Ecken; die Joche zwischen ihnen sind mit großformatigen Fenstern gefüllt. Alle anderen Fenster sind in die Wandfläche eingeschnitten. Nach oben hin schießen fachwerkartig dekorierte Zwerchgiebel in enger Nachbarschaft aus dem Dach und streben in die Höhe. Gleichzeitig schaffen sie den Eindruck schmaler, hoher Einzelhäuser und lockern den Gebäudekubus durch ihre scheinbare Individualität auf. Der Fassade angehägt wirken Balkone und der gotisierende seitliche Anbau. Es ensteht durch sie jedoch ein feines Relief, das die Architektur in den Außenraum trägt. An die Stelle der Ausdruckswerte der Formensprache tritt die Wirkung der Proportionierung, die des Raumes. Endell baut hier kein konstruktives Musterhaus, sondern versucht innerhalb der Ausdrucksmittel der Architektur den Raum im Fluß zu halten, zwischen Außen und Innen zu verbinden. Es entsteht gestalteter, ländlicher Wohnraum, der den Bewohnern die Möglichkeit des Kontaktes zur Außenwelt freihält. Die Architektur der Pension Müller will keinen Status repräsentieren und in den umliegenden Raum autoritär einwirken, sondern sie spiegelt ihre eigenen Möglichkeiten als nutzbarer, belebbarer Raum. Trotz aller angestrebter Raumtransparenz bleibt Endell mit der Pension Müller dem Raumkörper als Masse verpflichtet.

1 Walter Curt Behrendt, Berliner Architekturberichte, in: KuK IX, 1911, S. 158-159.

deckten, wurde ihre Ohnmacht offenbar. Auch Messel konnte es anfangs nicht. Allmählich aber kam in seinen Bauten immer deutlicher eine bis dahin nicht gesehene Lebendigkeit der Formen zum Vorschein. Seine Profile klangen, sein Relief hatte einen eindringlichen Sinn, seine Massen sprachen. Es war gar nichts Unerhörtes in diesen Bauten, keine selbständige Form; aber die erborgten Formen waren nicht mehr stumm. Sie waren so fein und genau gebildet, so sorgfältig vom Gefühl abgewogen, daß sie eben nicht mehr Phrase, sondern Klang geworden waren.

«Liebevolle Kleinarbeit», lächeln die Weisen, «nichts von tieferer Bedeutung, Detail!» Die alte törichte Phrase von der großzügigen Phantasie, der das Ganze wichtiger ist, als das Stück. Als ob in der Architektur Detail und Ganzes sich verhielten wie Unwesentliches und Wesentliches, als ob nicht jede Gesamtform erst Bedeutung und Maßstab bekäme durch das Detail. Durch sich allein ist keine Form bestimmt, erst der Kontrast der Glieder gibt ihr ein eigentümliches Leben. Eine Wand hat einen ganz anderen Charakter, wenn das abschließende Gesims hell als wenn es schattend ist. Die kleinen Glieder geben den Massen das Maß. Dieselbe Wand, die gegen ein grobes, schweres Band dürftig aussieht, wird groß und stattlich, wenn ein schmales, fein modelliertes Glied sie begrenzt. Alle Baukunst besteht letzten Endes im Abwägen und Beherrschen solcher Kontraste. Baukunst ist Proportionierkunst, ist Maßkunst. Und nur das fein empfindliche, durch lange Erfahrung geübte Abfühlen der Proportionen macht in Wahrheit den Architekten. Wir empfinden in einem schönen Gesicht minimale, kaum meßbare Änderungen als häßlich, als schönheitvernichtend, und so empfinden wir auch an einem Bauwerk winzige Proportionsverschiebungen als über den Eindruck entscheidend. Empfindung ist alles in der Kunst und gilt für Alles, für Großes und Kleines. Wer im kleinen nicht proportionieren kann, kann es im großen erst recht nicht.

Messel war der erste, der diese Zusammenhänge empfand, der die zentrale Wichtigkeit der Proportionen begriff und dem es gelang, den Alten dieses Geheimnis abzulernen. Die Eklektiker vor ihm hatten geglaubt, daß es genüge, die einzelnen Stücke von den Alten zu übernehmen, daß die Formung des Zusammenhangs keine Schwierigkeit machen könne, daß ein beliebiges Größer oder Kleiner nichts

Pension Müller, Berlin-Westend, Kastanienallee 32, 1908

ausmache; und gerade daran waren sie gescheitert. Die willkürliche, verständnislose Proportionierung brachte sie um jeden Erfolg. Es gibt kaum etwas trauriger Machendes als die Kaiser-Wilhelm-Gedächtniskirche, wenn man von Gelnhausen, Limburg, Köln dorthin kommt, und die wohlbekannten Kapitäle so wunderlich verzerrt, geschminkt, ihres Sinnes beraubt wiedersieht. Messels Arbeiten kann man sehen, auch wenn man von alten Meisterwerken kommt. Seine Proportionen sind empfunden und darum stimmen sie auch dort, wo er kein altes Vorbild hatte, wo die neue Zeit ihm nie erprobte Größenverhältnisse aufzwang. Damit hat er den Bann gebrochen, der so lange über unserm Architekturschaffen lag. Er ist uns Befreier und Erlöser geworden. Die Hoffnung auf eine eigene lebendige Architektur ist wiedergekehrt. Das danken wir Alfred Messel.

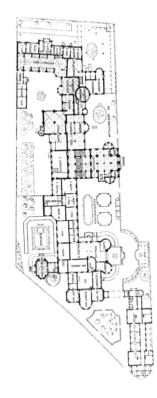

Das Bayerische Nationalmuseum. Auf Vorschlag des damaligen Direktors des Bayerischen Nationalmuseums Wilhelm Heinrich Riehl wurde 1892 von der bayerischen Landesregierung ein Museumsneubau an der Prinzregentenstraße beschlossen. Den Wettbewerb entschied Gabriel von Seidl (1848-1913) im folgenden Jahr für sich. Von 1894-1900 entstand ein Museumsgebäude in München, das sich nicht in das monarchische *Isar Athen* von König Ludwig I. und Leo von Klenze einreihen wollte. Dennoch sollte in München kein Gebäude entstehen, welches rückhaltlos der modernen Kunstbewegung verpflichtet wäre. Vielmehr fiel die Wahl eben wegen seiner Kenntnis der historischen Stilformen auf Seidl. Dem Grundriß des Museums lag die Idee zugrunde, man könne einen Spaziergang durch die Jahrhunderte machen.[1] Deshalb erschienen Riehl und Seidl die lineare Raumabfolge und die historisierenden Raumausgestaltungen – die Rudolf von Seitz (1842-1910) ausführte – konzeptuell notwendig. «Das neue Museum ist einer der vornehmsten Repräsentanten des deutschen National-Bewusstseins, des aus der Unmündigkeit zur Erkennung seiner vollen Kraft erwachten Volksbewusstseins.»[2] Es entstand ein Museum zur Stiftung und zur Pflege nationaler Identität, das durch dargestellte historische Eindeutigkeit Gemeinsamkeit beschwört. Die Verpflichtung zu historisierenden Stilarten in der Architektur vermeidet den Bruch mit der Vergangenheit und fügt sich in ein Traditionskontinuum. Hierin erblickt die konservative Fachpresse die Zukunft der Architektur: «Das Bleibende im Wechsel ist aber das Erbe der Vergangenheit [...] Und in diese Erkenntnis fällt die Eröffnung des neuen Gebäudes des National-Museums, welche die Krönung aller jener Bestrebungen bedeutet, die, ausgehend von der Väter Werke, in den Errungenschaften vergangener Jahrhunderte jenes sichere Fundament erblicken, auf welchem die errichtet werden konnten, die eine Dauer über den Eintag hinaus fordern.»[3]

1 Kunst und Kunsthandwerk. Meisterwerke im Bayerischen Nationalmuseum München. Festschrift zum hundertjährigen Bestehen des Museums, München 1955.
2 Albert Hofmann, Neuere Kunst- und Gewerbe-Museen. IV. Das neue Gebäude des Bayerischen National-Museums in München, in: Deutsche Bauzeitung, 34. Jg., 1900, S. 537.
3 Ibid., S. 490.

Gabriel von Seidl: Bayerisches Nationalmuseum, Grundriß Erdgeschoß, 1894-1900

DAS BAYERISCHE NATIONALMUSEUM   I. Als ich neulich im Nationalmuseum, einen Bekannten zu treffen, die Zimmer der üblichen Richtung entgegen durchschreiten wollte, wurde ich vom Saaldiener angehalten mit dem Bedeuten, jeder müsse mit dem prähistorischen Zimmer anfangen. Ich hielt das erst für einen schlechten Scherz. Als aber näheres Befragen in der Tat das Vorhandensein einer derartigen Bestimmung ergab, versprach ich dem Diener Beschwerde einzureichen; und dies Versprechen möchte ich hier erfüllen, öffentlich, eine persönliche Beschwerde hätte gar keinen Erfolg.

Man könnte ja über diese unsinnige Verordnung lachen, wenn sie eine zufällige Entgleisung der Museumsverwaltung wäre. Aber leider ist das nicht der Fall. Im Gegenteil. Diese über alles Maß törichte Bestimmung ist nur die natürliche Folge des Prinzips, auf das die Ausstellung und leider auch die Architektur des ganzen Museums sich gründet: Des Prinzips der streng historischen Führung des Publikums. Die Säle bilden eine einzige lange Reihe, es ist unmöglich in einen Saal zu gelangen, ohne alle vorhergehenden zu durchwandern. Jeder ist gezwungen die ausgestellten Sachen in streng historischer Folge zu betrachten. Diese Anordnung ist mit so einstimmigem Jubel begrüßt worden, und schien jedermann eine derart ideale Lösung des Museumproblems, daß es fast Hochverrat scheint, sich dagegen aufzulehnen. Aber wie so oft ist auch hier das unmittelbar Einleuchtende in Wirklichkeit eine Torheit, und das möchte ich hier ausführlicher zeigen.

Zunächst hat dieses schöne Prinzip rein äußerlich eine Reihe Schönheitsfehler. Die Besucher können sich nicht recht verteilen. Unmittelbar nach der Eröffnung drängt sich die ganze Masse in die ersten Säle, wo ein schreckliches Gedränge entsteht, das jeden am Sehen und Genießen auf lange Zeit verhindert. Sodann muß jeder, ob er will oder nicht, volle 48 Säle durchlaufen, denn eher kommt er einfach nicht heraus. Daß das kein vernünftiger Mensch ohne Übermüdung aushält, ist gleichgültig. Welch ein Unglück, wenn jemand aus dem gotischen Saale direkt auf die Straße käme. Der Sprung über fünf Jahrhunderte würde ihn wahrscheinlich das Leben kosten! Vollständigkeit, eine abgeschlossene Bildung ist die Hauptsache, und wir bringen in zwei Stunden jedem die gesamte Kunstgeschichte bei. Das Museum als Nürnberger Trichter, oder Kunstgeschichte für Auswanderer ohne Lehrer! Ein hehres Ziel. Eine Prämie auf die

Kunstwissenschaft. Die gegen Ende des 19. Jahrhunderts aufkommende empirisch arbeitende Psychologie wurde von Künstlern wie von Wissenschaftlern rege zur Kenntnis genommen. Die Unmöglichkeit der Wiederholung von Geschichte machte andere Methoden zur Annäherung an die Kunst als die rein historische notwendig. Psychologen und Kunsthistoriker betraten von ihrer jeweiligen Disziplin aus gemeinsam das weite Feld der Ästhetik. August Schmarsow: «Nur von diesem Standpunkt aus, der die Gesamtheit der Menschenkunst als Einheit überschaut, glaubten wir die Auffindung psychologischer Gesetze möglich, die den Gang der künstlerischen Auseinandersetzung zwischen Innenwelt und Außenwelt erklären helfen – und glauben es noch [...]»[1] Begriffe und Titel wie: «Stilpsychologie», «Psychologie des Schönen und der Kunst» und «Prolegomena zu einer Psychologie der Architektur» prägten die avancierte Kunstliteratur der Jahrhundertwende.[2] Den Wechsel des Ausgangspunktes für die Kunst, von der Erscheinungswelt des Objektes zur subjektiven Tat, hat Alois Riegl mit seinem Gegensatzpaar »mechanisch-materieller Nachahmungstrieb« und »frei schöpferisches Kunstwollen«[3] schon 1893 konstatiert. Er wollte von den künstlerischen Erscheinungsformen der Vergangenheit auf die jeweilige Geistesstruktur rückschließen. Die *Sehform*, die Wahrnehmungsweise, wird zum wichtigen Schlüssel der Erkenntnis einer seelischen Grunddisposition, da sie als Schwelle von Innen- zu Außenwelt faßbar scheint.[4] Die Psychologie sollte der Kunstwissenschaft durch die Objektivierung des Subjektes wieder den notwendigen wissenschaftlichen Rückhalt bieten, wie es z.B. auch die Einfühlungstheorie versuchte.[5]

1 August Schmarsow, Beiträge zur Aesthetik der bildenden Künste, Bd.3, Leipzig 1899, S. 4.
2 In der Reihenfolge wie oben: Wilhelm Worringer, Abstraktion und Einfühlung, München 1918 (1908); Theodor Lipps, Ästhetik, Hamburg & Leipzig 1903; Heinrich Wölfflin, Diss. 1886.
3 Alois Riegl, Stilfragen. Grundlegung zu einer Geschichte der Ornamentik, Hildesheim & New York 1975 (1893), S. VII.
4 Z.B. bei Heinrich Wölfflin, in: Kunstgeschichtliche Grundbegriffe. Das Problem der Stilentwicklung in der neueren Kunst, München 1921 (1915).
5 Theodor Lipps, Ästhetik, Bd.1., Hamburg & Leipzig 1903, S. 486: «Es ist die Objektivierung meiner selbst.»

Oberflächlichkeit, den Stumpfsinn! Wehe dem, der etwas genauer ansehen will, der gar an einem Saal für Stunden genug hat, fortwährend rauscht das wilde Heer an ihm vorbei, gepeitscht von dem Gedanken: 48 Säle! Auch darf er nicht daran denken, die knappe Besuchszeit wirklich auszunutzen, denn er kann ja nicht direkt hinaus, sondern muß, seine Sinne ganz erfüllt von einer Zeit, in langer Wanderung den ganzen Spuk der folgenden Jahrhunderte durcheilen. Und wer nun gar vergleichen will, dem bleibt nichts übrig als entweder mit List und Diebskniffen an den Dienern heimlich zurückzuschleichen, oder für jede Vergleichung die ganze Runde – nach einer milden Schätzung ca. $\frac{1}{2}$ km – abzulaufen. Kunstgeschichte mit Marschtraining. Sehr gesund! Oder sollte man etwa meinen, daß Vergleichen historisch weit auseinander liegender Epochen habe gar keinen Sinn?

Vielleicht gibt man alle diese Mißstände zu, wird mir aber entgegenhalten, daß trotzdem die Anlage unschätzbar sei, denn sie lehre die Entwicklung und damit jede einzelne Kunst in ihren Werdebedingungen verstehen, nur aus der Zeit heraus könne Kunst wirklich begriffen werden, verständlich werde das einzelne Stück nur, wenn man es in dem dazugehörigen Milieu betrachten könne u.s.f. Diese Gedanken sind uns ja bis zum Überdruß angepriesen worden, ohne darum besser zu werden. Und so wunderbar klar sie scheinen mögen, in Wirklichkeit sind es ziemlich wertlose Phrasen, aber gefährlich, weil sie den Blick vom Wesentlichen ablenken.

Die historische Zusammenordnung hat zweifellos große Vorzüge gegenüber der Ausstellung nach Techniken, weil auf diese Weise Abwechslung geschaffen wird, und die Stücke sich nicht gegenseitig totschlagen. Hundert Vasen beisammen sind eine Qual, weil man schließlich keine sieht, an jede mit schon ermüdetem Auge herankommt. Steht aber eine Monstranz auf einem alten Stoff auf einem alten Möbel, so beschäftigt jedes Stück mich in anderer Weise, und die Eindrucksfähigkeit bleibt erhalten. Darum ist eine historische Zusammenstellung ganz vernünftig, aber ihre Vorteile werden nicht dadurch gemindert, daß ich beliebig von Renaissance zu Empire oder Romanischem gehen kann; und dann soll man vor allen Dingen nicht glauben, daß das Historische als solches irgend welchen guten Einfluß auf die Kunstbetrachtung ausübt. Kunst aus der Zeit verstehen, wunderschön gesagt,

Theodor Lipps (1851-1914) war seit 1894 Professor der Philosophie in München. Seine psychologischen Forschungen in den Bereichen Ethik und Ästhetik ließen ihn zum Hauptvertreter der Einfühlungstheorie werden. Seine Studien verbinden die ästhetischen Objekte mit den daraus resultierenden psychischen Reaktionen des betrachtenden Subjektes. Schönheit ist für Lipps keine dem Kunstwerk immanente und somit formal kanonisierbare Kategorie mehr, sondern besteht in der Fähigkeit des Objektes, im Subjekt eine Wirkung hervorzurufen. Das Kunstwerk wird seiner Historizität entrissen und zum erneuerbaren Erlebnis in der Gegenwart. Lipps: «Es ist eine Grundthatsache aller Psychologie und erst recht aller Aesthetik, daß ein ‹sinnlich gegebenes Objekt›, genau genommen ein Unding ist, Etwas, das es nicht giebt und nicht geben kann. Gewiß ist das Objekt – ich rede hier immer von Objekten, die für mich existieren – ein sinnlich gegebenes. Es ist aber auch immer etwas von meiner Thätigkeit Durchdrungenes.»[1] Die Existenz der Dinge wird von Lipps um einen Faktor erweitert: Neben das materielle, physische Vorhandensein tritt die Erfahrung des Dinges durch ein einfühlendes Subjekt. Das Objekt bedarf der menschlichen Beseelung durch Beachtung. Der Akt der Einfühlung ist das Bindeglied zwischen den Dingen und dem Individuum, das beide in der Art eines mythischen Aktes für den Zeitraum des Erlebens vereint. Die Tätigkeit des Selbst, die Einfühlung, führt im Subjekt zu einem Gefühl von *Lust* oder *Unlust*; das Ergebnis des Einfühlungsprozesses ist eine psychische Reaktion, eine Erregung der Seele. Die Auflösung der zeitlichen Kontinuität durch die völlige Zuwendung auf das gegenwärtige Sein und Wahrnehmen führt zu einer temporären Einheit des Inviduums mit seiner Umwelt. Die Entfremdung des Menschen von seiner dinglichen Umwelt soll von der durch die Einfühlung zurückgewonnenen Naivität überwunden werden. Ein Projekt, das die Moderne nach Lipps widerlegt hat.

1 Theodor Lipps, Einfühlung und ästhetischer Genuß, in: Die Zukunft, Bd. 54, 20.1.1906, S. 106.

aber leider kennen wir die vergangenen Zeiten herzlich wenig. Unsere Vorstellungen von der Vergangenheit sind noch immer recht dürftig, und wenn man genauer zusieht, sind sie besser und klarer erst geworden, wie man angefangen hat, die sichtbaren Reste der Vergangenheit bei der historischen Betrachtung zu verwerten. Aus überlieferten Daten ist die Kunst nicht zu begreifen, wohl aber spricht sich in jedem Kunstwerk die Zeit so deutlich und unmittelbar klar aus, daß wir allein an den Kunstwerken eine sehr lebendige Anschauung der vergangenen Zeiten gewinnen können, freilich nicht, wie der und jener geheißen, und wo sie Schlachten geschlagen haben, wohl aber, wie man damals gefühlt und gelitten hat, welcher Art das Lebensgefühl war, ob heiter ob groß, ob böse ob geziert. Das Lebensergebnis, die Gesamtbilanz alles Tuns, das Tempo, die Gefühlsrichtung, die Sehnsucht, die Leidenschaft, die Luft und die Artung des Begehrens, all das spiegelt sich deutlich im Kunstwerke und man kann direkt behaupten, wir werden keine Geschichte haben, ehe nicht diese Spiegelungen verstanden und gelesen werden. Gilt dies für den gelehrten Kenner der Vergangenheit, so gilt das natürlich tausendfach für den Laien. Die Jahreszahl an einem Schrank sagt ihm in Wirklichkeit nichts, hat man ihn aber gelehrt, den Schrank wirklich mit aufgeschlossenen Sinnen zu sehen, so lehrt ihn der Schrank sehr viel für die Jahreszahl, die ihm damit zu einem Symbol lebendigen Fühlens wird. Oder wollte jemand bezweifeln, daß eine echte griechische Statue mehr über Griechenland lehrt, als alles was darüber geschrieben! Haben wir es denn nicht schaudernd gesehen, was eine literarisch intellektuell für die Antike begeisterte Zeit unter Griechentum verstand, jene Zeit, die allen Ernstes Canova und Thorwaldsen den Griechen ebenbürtig glaubte!

Darum, man zeige dem Volke Kunstwerke so günstig und so bequem als möglich, aber lasse alle historischen Belehrungen bei Seite. Sie führen nur vom Kunstwerk fort. Aber, hört man erwidern, die Kunstformen sind doch geworden, und können nur verstanden werden, wenn man ihre allmähliche Entwicklung kennt. Auch das ist falsch. Erstens kennen wir diese allmähliche Entwicklung zum großen Teile nicht, dazu sind die erhaltenen Reste zu spärlich, und dann geht solche Entwicklung zum großen Teile in Skizzen und nie ausgeführten Entwürfen vor sich. Und glaubt man wirklich, daß im Nationalmuseum die Entwicklung auch nur des Romanischen aus dem Römischen klar

Alois Riegl: «Alles Wollen des Menschen ist auf die befriedigende Gestaltung seines Verhältnisses zu der Welt [...] gerichtet. Das bildende Kunstwollen regelt das Verhältnis des Menschen zur sinnlich wahrnehmbaren Erscheinung der Dinge: es gelangt darin die Art und Weise zum Ausdruck, wie der Mensch jeweilig die Dinge gestaltet oder gefärbt sehen will [...]»[1]

Theodor Lipps: «Ich genieße mich selbst in einem von mir unterschiedenen sinnlichen Gegenstand. Dieser Art ist der ästhetische Genuß. Er ist objektivierter Selbstgenuß. Daß ich nun mich in einem sinnlichen Gegenstand genieße, Dies setzt voraus, daß ich mich in ihm habe, finde oder fühle. Damit stoßen wir auf den Grundbegriff der heutigen Aesthetik, auf den Begriff der Einfühlung.»[2]

1 Spätrömische Kunstindustrie, Wien 1927 (1901), S. 401.
2 Einfühlung und ästhetischer Genuß, in: Die Zukunft, Bd. 54, 20.1.1906, S. 100.

wird? Dann müßte man lange Reihen von Abgüssen aller Art haben. In Wirklichkeit folgen sich die Epochen im Museum ziemlich unvermittelt auf einander. Aber selbst wenn sich eine lückenlose Reihe herstellen ließe, irgend einen Wert für die Kunsterziehung hätte das nicht. Diese schöne Idee ist eben wie so viele andere nur ein Schleichweg um der Erörterung des verwünschten Wortes «Schönheit» aus dem Wege zu gehen. Da es sich absolut nicht greifen lassen will, und mit seiner scheinbaren Subjektivität so wenig zu ernster Wissenschaft paßt, auch alle Versuche, Kunstgeschichte reinlich von Schönheit zu scheiden, immer fehlschlagen, so versucht man es auf alle Weise zu ersetzen, es umzudeuten, um den lästigen Störenfried unschädlich zu machen. Und zu solchen Umdeutungen gehört auch die Lehre von der historischen Entwicklung. Zur Sache ist damit gar nichts gesagt, wohl aber die Aufmerksamkeit abgelenkt. Aber diese Ablenkung hält auf die Dauer nicht vor. Wie schon Wölfflin in der Vorrede zu seiner klassischen Kunst bemerkt, immer wieder regt sich der Wunsch, der Schönheit direkt beizukommen. Daß es Schönheit gibt und wir sie begehren, läßt sich eben nicht wegleugnen, bloß weil es uns vorläufig an einer brauchbaren Theorie des Schönen gebricht. Und darum muß man sich entschieden wahren gegen alle Versuche, die Frage nach der Schönheit durch konfuse Reden über Entwicklung und Zeitbedingtheit zu verwirren. Jede ästhetische Theorie, sei sie so töricht wie sie wolle, ist besser als der Aberglaube, durch äußerliche, historische, intellektuelle Mittel dem Schönen beikommen zu können. Es gibt nur ein Mittel, Schönheit zu begreifen und das ist: Sehen mit ganzer Seele, genau, aufmerksam, liebevoll, ungeteilt, so daß kein Gedanke, kein Begriff mehr in unserer Seele ist, sondern nur das Kunstwerk. Ein Kunstwerk verstehen heißt, selbst das Kunstwerk werden, vollständig mit allen Gedanken sterben, um nur im Schauen zu leben. Wer das einmal erlebt hat, kann es nie wieder verlieren, und er hat damit einen Schatz gewonnen, den der Blinde gar nicht zu sehen vermag. Zu diesem Sehen gehören aber gar keine Kenntnisse, sondern nur Übung eben dieses Sehens. Im Gegenteil, Kenntnisse und intellektuale Erörterungen können nur schaden, da sie von einem Schauen – nur mit den Sinnen allein – ablenken zu Gedanken. Wer sehen kann in diesem Sinne, der sieht Schönheit überall, sie stamme aus welchem Milieu und aus welcher Zeit sie wolle. Wer Kunst historisch «begreift», ist vor jeder neuen oder historisch noch nicht untergebrachten

Wilhelm Worringer: «Als diesen Gegenpol betrachten wir eine Aesthetik, die anstatt vom Einfühlungsdrange des Menschen auszugehen, vom Abstraktionsdrange des Menschen ausgeht. Wie der Einfühlungsdrang als Voraussetzung des ästhetischen Erlebens seine Befriedigung in der Schönheit des Organischen findet, so findet der Abstraktionsdrang seine Schönheit im lebenverneinenden Anorganischen, im Kristallinischen oder allgemein gesprochen in aller abstrakten Gesetzmässigkeit und Notwendigkeit.

[und weiter unten:]

Während der Einfühlungsdrang ein glückliches pantheistisches Vertraulichkeitsverhältnis zwischen dem Menschen und den Aussenwelterscheinungen zur Bedingung hat, ist der Abstraktionsdrang die Folge einer grossen inneren Beunruhigung des Menschen durch die Erscheinungen der Aussenwelt und korrespondiert in religiöser Beziehung mit einer stark transzendentalen Färbung aller Vorstellungen. Diesen Zustand möchten wir eine ungeheure geistige Raumscheu nennen.»[1]

1 Abstraktion und Einfühlung. Ein Beitrag zur Stilpsychologie, München 1918 (1908), S. 3/4 und S. 19/20.

Erscheinung einfach verloren. Die Hilflosigkeit der großen Mehrzahl unserer Historiker vor japanischer und moderner Kunst hat das schlagend erwiesen.

Nicht Geschichte, Schauen lehren ist die Aufgabe aller Kunsterziehung, und darum die erste Aufgabe jedes Museums. Die läßt sich aber nur erfüllen, wenn man durch die Anordnung die Besucher zur intensiven Einzelbetrachtung anlockt, nicht aber sie durch unübersichtliche Massen von Gegenständen verwirrt, sie fortwährend von einem zum andern treibt oder gar durch Kuriositäten und Histörchen ablenkt. Darum sollte jedes Museum – falls für ständige Führung und Anleitung keine Mittel vorhanden sind – einen großen Saal besitzen, der eine jeden Monat wechselnde Ausstellung besonders hervorragender Stücke ermöglicht, die nach irgend einem künstlerischen eventuell auch technischen Gesichtspunkt zusammengestellt sind. Ein tolles Kunterbunt an Stilen schadet gar nicht, im Gegenteil, durch den Wechsel wird Müdigkeit verhindert, jeder Gegenstand wirkt frischer und unmittelbarer, weil er das Auge unvorbereitet trifft. Man kann das bei Antiquitätenhändlern sehen. Dort lernt man oft an geringwertigen Stücken in einer halben Stunde mehr als in einem Museum an den seltensten in einem Monat. Eben weil die Stücke nicht zu einander gehören, wirkt jedes lebendig und stark, und weil auf diese Weise immer nur weniges auf einmal zu sehen ist, hat der Beschauer Zeit, sich in jedes Stück wirklich zu versenken. Das übrige Material mag technisch oder historisch angeordnet sein, man mag es dem allgemeinen Besuch frei geben oder es magazinieren, das ist eine Frage der Kosten und lokaler Verhältnisse. Das Wichtigste ist die stets wechselnde und schon darum stets aufs neue die Schaulust reizende Ausstellung. Man wende nicht ein, daß die Stücke dadurch schneller zu Grunde gehen. Erstens ist das nicht so schlimm, und dann ist es besser, es geht etwas zu Grunde, indem es viele befruchtet, als daß es Jahrhunderte untätig überdauert.

Daß auf diese Weise der Besucher niemals ein vollständiges Bild der Vergangenheit hat, ist ebenfalls kein Fehler. Vollständigkeit ist überhaupt ein unsinniges kulturfeindliches Ideal. Das Absolute ist im besten Fall eine letzte Grenze, für gewöhnlich aber der Todfeind alles Lebendigen. Lieber eine Zeit genau und eingehend kennen, als eine leere oberflächliche Kenntnis der ganzen Entwicklung. Das Leben ist ja doch lang genug, warum immer schnell mit etwas zu Ende kommen, und sich so um die

August Endell: «Es muß und es wird gelingen, die verwirrende Vielfältigkeit der Gefühle zu ordnen, auf ein Prinzip zurückzuführen. Es muß gelingen, weil ohne das Geschichte als Wissenschaft gar nicht möglich ist. Denn das Gefühl ist die große und einzige Triebfeder im Leben der Menschen, es ist nicht [...] ein schwärmerischer Schein, sondern vielmehr etwas absolut Klares und Bestimmtes, das Allerrealste, das Tatsächlichste, das es überhaupt gibt. Erst das Gefühl wertet alle Dinge, gibt ihnen Bedeutung und damit Wesen; alles was wir tun, tun wir nicht um der Dinge an sich willen, sondern um des Wertes willen, den sie durch unsere Gefühle bekommen. So lange wir das Wesen des Gefühls nicht wissenschaftlich begreifen, ist weder exakte Nationalökonomie, weder Staats- noch Religionswissenschaft, weder politische noch kulturelle, weder wirtschaftliche noch künstlerische Geschichtsschreibung überhaupt vollendbar.»[1]

1 Kunsterziehung: Geschichte oder Psychologie, in: FS, Nr. 47, 1904, S. 941.

heutigen und obendrein die zukünftigen Freuden bringen! Was wir heute dringend brauchen, ist Qualität, nicht Quantität, ist Vertiefung, Aufrichtigkeit, Ehrlichkeit, Selbständigkeit, selber schauen können, seiner sicher sein im Gefühl, ohne ängstliche Seitenblicke auf den Nachbar, auf die Zeitung, oder auf Bücher, begeistert sein, weil man nicht anders kann, weil der ganze Mensch von Freude fortgerissen wird, nicht weil Mode-Professoren und Kritiker es wünschen, und weil man fürchtet ungebildeter zu scheinen als die andern. Darum meide man die Literatur und Musikgeschichten und lasse den Text der Kunstgeschichten beiseite. Je weniger man weiß, und je mehr man unbefangen und ernstlich betrachtet, um so mehr wird einem die Kunst geben.

Und darum ist es nicht gleichgültig, sondern ein großes wirkliches Unglück, daß im Nationalmuseum das historische Prinzip zum einzig ausschlaggebenden gemacht ist, daß es hier bis zur Tollheit konsequent durchgeführt worden ist. Schlimm genug, daß die historische Sammlung für den Laien unübersehbar ist, ungeheuerlich ist es, daß sie überhaupt nur in historischer Folge betrachtet werden kann. Aber das ist noch nicht das ärgste. Leider ist das Gebäude ganz und gar aus dem unglückseligen Prinzip der Geschichtlichkeit herauskonstruiert, sodaß Abhilfe und Änderung nur in sehr beschränktem Maße möglich ist. Unnütz ist ein Riesenplatz, sind Riesensummen vertan, und keine noch so große Ausgabe vermag den Fehler wieder gut zu machen. Das will ich im Folgenden des Näheren beweisen.

II. Ich schloß neulich mit der Behauptung: ein Riesenplatz und Riesensummen seien unnütz vertan. Man wir das übertrieben schelten, eine leichtfertige durch nichts zu rechtfertigende Beschuldigung. Aber leider ist sie nur allzuwahr. Und je genauer man zusieht, um so mehr erschrickt man über die nahezu unbegreifliche Verblendung derer, die das Museum so planen und ausführen konnten. Da die Säle einen einzigen Gang bilden sollten und man Innenhöfe für überflüssig hielt, so wurde das Gebäude durchweg nur 2 Säle tief angelegt, ein langes schmales Band, das durch viele außerordentlich geschickt angeordnete Knickungen einen reichen Umriß bekam. Aber damit war der ganze riesige Platz von mehr als 200 auf 75 m vollständig verbaut. Eine Unmenge nicht bebauter Außenhöfe sind entstanden, die niemals ausgenützt werden können, und eine nennenswerte Erweiterung ist so gut wie unmöglich, es sei denn, man nehme noch einen Bauplatz in Anspruch. Und doch wäre es ein leichtes gewesen auf dem vorhandenen Platz einen Bau zu errichten, der doppelt und dreifach soviel Räume enthielt als der ausgeführte. Es war das natürlichste und zweckmäßigste, um große Innenhöfe die Säle zu gruppieren, die Höfe teilweise oder ganz mit Glas zu decken. Dann wäre eine gesunde Weiterentwicklung möglich gewesen. Statt dessen hat man sich auf den heutigen Bestand festgelegt, bedeutende Neuerwerbungen sind gar nicht möglich, weil sie sich nicht an die entsprechende Stelle in die historische Reihe einschieben lassen, die ganze Sammlung ist architektonisch gebunden und damit für alle Zeiten unverrückbar. Und doch sind sehr wichtige Epochen in der Sammlung ungenügend oder gar nicht vertreten. Die ganze Entwicklung des bürgerlichen Möbels seit der Renaissance ist kaum berücksichtigt. In der Fachsammlung stehen zufällig ein paar Barockschränke, das ist alles. Es ist direkt eine der ersten Aufgaben des Museums, diese Lücke zu füllen. Die großen Prunksäle sind gewiß sehr schön, wichtiger aber ist die bürgerliche Kunst des Barock-, des Rococo-, des Empire- und des Biedermeierstiles. Und das um so mehr, als die alte Residenz Schleißheim und Nymphenburg die fürstliche Kunst ohnehin zur Genüge und in vortrefflicher Erhaltung zeigen. Eine Sammlung japanischer, chinesischer, persischer, arabischer Kunst sollte eigentlich auch eine Stätte finden, nachdem man sich doch nicht ausschließlich auf bayrische Kunst beschränkt hat, und es immer besser ist, Nationalmuseum bedeutet Museum für die Nation, als Museum der nationalen Arbeit mit einem kleinen chauvinistischen Beigeschmack. Vielleicht könnte man auch der modernen Kunst ein Plätzchen gönnen. Jedenfalls aber wäre die Besichtigung einer Gipsabgußsammlung unbedingt nötig, um die fehlenden Zwischenglieder, hervorragende Stücke aus Bayern und dem Ausland in bequem zugänglicher Übersicht zu zeigen. Denn so reich unsere Sammlung auch ist, sie gibt doch wie jede Originalsammlung nur einen verhältnismäßig kleinen Ausschnitt.

An all das hätte man denken sollen, und den Bau von vornherein auf solche umfassende Erweiterung einrichten sollen, es konnte ja zunächst nur ein Teil ausgeführt werden. Der Platz war da, man brauchte nur statt des «malerischen» Winkelwerkes ein ganz einfaches aber großzügiges Bauwerk zu errichten. Gleichmäßig große, nur helle Säle, in die man nach Belieben und Bedarf kleinere Räume hätte einbauen und wieder entfernen können. Statt dessen haben wir einen Wirrwar nur in einer Art verwendbarer Säle und Zimmer, teilweise recht schlecht beleuchtet, namentlich der gotische Saal (15) und die darüber liegende Stoffsammlung (61, 62) sind sehr ungünstig angelegt. Dazu ist in den meisten gotischen Zimmern – aus Altertümelei – das Fenster viel zu tief gelegt, so daß es unmöglich ist, in der Richtung auf das Fenster etwas genau zu sehen. Die Unterkante der Fenster sollte im Museum mindestens 2 m über dem Fußboden liegen, damit man niemals beim Umhergehen das blendende Licht von unten in die Augen bekommt. Das so viel bewunderte und mit vielem Raffinement durchgeführte Prinzip, dem Eintretenden gegenüber nie ein Fenster anzubringen ist in Wirklichkeit recht kurzsichtig, die Fürsorge für den Durchläufer recht überflüssig. Wichtiger ist es, den Aufmerksamen, der von allen Seiten und Richtungen betrachtet, unter keinen Umständen zu blenden.

Ein großer Saal fehlt ganz, nicht einmal die riesige Dachauer Decke hat dazu zwingen können. Man hat sie geteilt, und den einen Teil obendrein im Treppenhaus viel zu nah dem Beschauer im ersten Stock angebracht. Dabei ist diese Monumentaltreppe recht überflüssig groß, ebenso das Vestibül, das noch dazu durch die Pfeiler, die den ganz und gar unnützen Rathausturm tragen, für die Aufstellung größerer Stücke verdorben ist. Natürlich hat die ganze höchst komplizierte Anlage viel mehr Geld verschlungen, als ein großliniger Bau mit klarem einfachem Grundriß und ohne malerische Scherze erfordert hätte.

All das ist betrübend genug, aber leider ist es nicht das Ärgste. Das unglückselige historische Prinzip hat nicht nur den Grundriß verdorben, sondern noch viel größeres Unheil angerichtet dadurch, daß man prinzipiell jeden Raum im Stil der in ihm enthaltenen Kunstwerke ausgestattet hat. Und erstaunlicherweise wird fast von allen Fachmännern diese Torheit als Wunderwerk in den Himmel erhoben. Wenn ein Museum irgend einen Zweck haben soll, so muß es absolut rein von Fälschungen sein, es soll jedoch zeigen, wie man früher arbeitete; tausendfache Erfahrung hat gelehrt, daß jede Ergänzung mißlingt und mißlingen muß. Ein Archäologe, der es wagen wollte, eine Statue zu ergänzen, würde ohne weiteres abgesetzt, sein wissenschaftlicher Ruf wäre für immer dahin. Und trotz alledem hat man das Nationalmuseum am Ende des

19. Jahrhunderts mit gefälschter Architektur versehen. Angeblich wollte man dadurch eine einheitliche Stimmung erzielen, gotische Möbel sollten in einem gotischen Raum stehen, denn erst da könnten sie richtig wirken. Wieder diese unglückselige Vorstellung von dem Gesamtkunstwerk, die wie ein ruheloses Gespenst immer aufs neue die Geister verwirrt. Gewiß ist es erfreulich, wenn man eine gotische Stube noch im ganzen hat, aber dann muß sie auch durchaus echt sein, sonst ist es nicht besser als eine Fälschung. Gewiß, auch die Stube als Ganzes ist ein Kunstwerk, aber wenn ich sie eben nicht mehr habe, dann werden die erhaltenen Einzelstücke nicht besser, daß ich sie heute ergänze so gut oder vielmehr so schlecht es geht. Stimmung hat ein kleiner Schrank in sich, und um mich an ihm zu freuen, brauche ich keine falschen Zutaten, im Gegenteil, die können nur stören. Man nehme doch nur einmal eine der schönen Empiretassen – im Nationalmuseum sind leider keine – in die Hand, betrachte genau die feine Linie der eigentümlich hohen Kelchform, die zierlich als Schwanenhälse modellierten Henkel, die vorzügliche Vergoldung, fühlt man da die damalige Zeit nicht ganz und gar ohne alle künstlichen Hilfen? Also wozu der unechte Aufwand?

Und leider sind diese Ergänzungen und imitierten Architekturen sehr geschickt gemacht, denn *Seidl* und *Seitz* sind sehr geschickte Künstler und haben eine große Zahl nicht minder gewandter Schüler. Aber das ist eben das Unglück, daß man in München jahrzehntelang systematisch nicht nur Eklektiker – das geschieht auch anders wo – sondern direkt Nachahmer in Architektur und Kunstgewerbe großgezogen hat, die alte Stücke täuschend nachzuahmen verstehen. Man hat bei *Lenbachs* Tode von allem möglichen gesprochen, nur nicht von dem unsäglich unheilvollen Einfluß, den er auf die Münchener Architekten ausgeübt hat. Die Maler folgten ihm nicht, zu seinem großen Ärger. Alles was lebendig war, ging seine eigenen Wege, aber die Architekten hat er umgarnt. Er, dem es keinen Unterschied machte, heute spanisch und morgen venetianisch zu kommen, der Malerfürst frei nach Tizian lehrte die Münchener Architekten die schwarze Kunst des Fälschens, lehrte wie man Gesimse direkt nach alten Bruchstücken zieht, wie man aus Rips und Goldbronze Brokate macht, wie man Karyatiden nach alten Elfenbeinfigürchen durch Vergrößern verfertigt, wie man frischgestrichene Decken schimmlig und alt erscheinen läßt, und was dergleichen Künste mehr sind. Und man kann nicht leugnen, die Ergebnisse sind manchmal geradezu berückend. Die St. Annakirche Seidls ist in ihrer Art direkt ein Meisterwerk. Staunenswert die Sorgfalt und das phänomenale Anpassungsvermögen, mit dem hier eine vergangene Zeit bis ins Detail nachempfunden ist. Und es ist gar nicht zu leugnen, daß auch Seidls spätere Arbeiten reizvolles Detail in Menge enthalten, überraschend feine Gliederungen, sogar bei aller Imitation einen Schimmer Persönlichkeit, ja daß sie im großen und ganzen bestechender sind, als die meisten Leistungen anderer, von den unbeholfenen modernen Versuchen ganz zu schweigen. Überall konnte man diese hübschen Sachen gelten lassen, nur nicht im Nationalmuseum. Was anderswo ein hübsches Spiel ist, wird im Museum zur gefährlichen Täuschung, es verwirrt den Betrachter und entwertet damit die ganze kostbare Sammlung. Wie komisch wirkt der römische Saal auf den, der nur einmal echte römische Architektur sah, wie lächerlich dürftig das «pompejanische» Rot, wie kahl, wie durch und durch unantik die Proportionen und die trübe Farblosigkeit der Wände. Der romantische Rundsaal ist nicht besser, nicht ein Hauch der alten Zeit darin, der Aufsatz auf der Rundsäule eine abscheuliche Zusammenstoppelei aus Abgüssen, aber Säule und Wände mit hoher Kunst auf alt bemalt, verblichene Farbreste mit Meisterschaft angebracht. Abscheulich die verschiedenen gotischen Gewölbe, jedes nach echten «Motiven», und jedes alles echten Geistes bar, mit nie irrender Sicherheit in den Proportionen vergriffen, schnöde Karikaturen einer glänzenden Vergangenheit. Es ist natürlich kein Kunststück, das System eines alten Gewölbes nachzuahmen, womöglich unter Benutzung der alten Steine; aber wenn man nicht sklavisch kopiert, wird es nie gelingen, den Geist, die Lebendigkeit dieser Formen heraufzubeschwören. Und da die alten Dimensionen fast nie zu brauchen sind, wird ein bißchen geschoben, diese länger und jenes dünner, auf Kleinigkeiten kommt es ja nicht an, und der wunderbare Reiz ist dahin. Man ändere die Linien des Menschen um Millimeter und was schön war, ist häßlich. Das leuchtet jedem ein, aber Architekturwerke zu verrenken scheint noch immer zulässig. Und doch haben wir in der Feldherrnhalle eine Karikatur der Loggia dei Lanci, und doch hat der Ulmer Dombaumeister durch solche kleinen unschuldigen Manipulationen den überaus herrlichen Turmentwurf *Ensingers* in schändlichster Weise verdorben und verstümmelt. Wann endlich wird man einsehen, daß jedes Nachahmen Fälschung und Diebstahl ist! – Der Laie kann nicht wissen, daß diese gotischen Gewölbe unecht sind, er lernt aus seinem Katalog, das ist gotisch, und da das Zeug natürlich keinen Eindruck macht, so verbindet sich Langeweile mit Gotisch in seiner Seele, und bekommt er einmal ein wirklich gutes Gewölbe zu sehen, so sieht er kaum oder gar nicht hin, denn der Reiz der Neuheit, der sonst zu genauerer Betrachtung locken würde, ist durch die Nachahmung ja zerstört.

Ein Glück, daß wir diese Menge echter Holzdecken haben, wenn auch manche schwerlich in der Originalhöhe angebracht ist, und das Zusammentun der Decke in Saal 11 aus zwei alten eine abscheuliche Versündigung ist. Sehr böse ist der Einbau in Saal 24 «in der Art des Heidelberger Schlosses»! Über alle Begriffe schlecht die perspektivische Deckenmalerei in Saal 33, lahm, farblos, ohne jede Spur der Kühnheit des Pathos und der Leidenschaftlichkeit der barocken Maler. Eine jämmerliche Parodie. Die Farben in dem Prunksaal (37) (Orange mit Gold betupft) sind mir ziemlich verdächtig. Jedenfalls wäre es besser gewesen, die alten Stücke gesondert aufzustellen und nicht durch moderne Ergänzung ein Ganzes vorzutäuschen, zum mindesten sollten die echten Teile kenntlich gemacht werden, falls nicht auch sie überschmiert worden sind. Auffällig ist der ungeheure Unterschied des Rankenwerks an den Türleibungen und an den Wänden im Saal. Und hat man wirklich schon im 18. Jahrhundert die Vergoldung durchgerieben, um den Effekt des Rot sehen zu lassen? Oder ist auch das nur Fälschung, weil an den alten Stücken natürlich die Vergoldung an den erhabenen Stellen sich verloren hatte? Es sieht ja recht nett aus, aber kitschig ist es doch. Und so wäre noch eine ganze Menge von bösen Nachahmungen, Verballhornungen, Irreführungen des Publikums und der Studierenden zu erwähnen, doch ich will nicht ermüden; – jeder, der Augen hat, wird dergleichen eine Masse finden. Nur noch eins, dessen Abscheulichkeit zum Himmel schreit. Der Saal 53 hat eine Architektur aus schwarz gestrichenem Holz – das soll Ebenholz vorstellen – darauf ist bedrucktes Papier geklebt – Elfenbeinintarsien! –, die Felder sind mir Rips und Plüsch bespannt, der mit Goldbronze schabloniert ist – Seiden und Samtbrokat! – Kann man mehr tun, den Kunstsinn in Grund und Boden zu verderben! Aber dieser Fälschergeist dringt bis in die Sammlungen. Der romanische Saal (5) enthält unerhört schlechte Kopien nach romanischen Fresken. Überall stehen mitten unter den echten Sachen Gipsabgüsse, die künstliche Steinfarbe haben, oder gar bemalt sind, wie das große romanische Kruzifix. Weiß die Museumsverwaltung nicht, daß man am Gipsabguß gar keine Möglichkeit hat, die Erhaltung und Echtheit der einzelnen Teile zu studieren? Weiß sie nicht, daß solche Ausstellung dem Laien ein ganz falsches Bild gibt? Nirgends als gerade in Kunstgewerbe und Architektur ist es so schwer, wirklich echt erhaltene Stücke zu bekommen, weil die Gegenstände des täglichen Gebrauchs immer wieder aufgefrischt und ausgebessert werden. Und darum ist für die Kenntnis des Alten nichts so wichtig, als daß jede Unechtheit, jede Ausbesserung klar gelegt wird. Wichtiger noch als bei Malerei oder Plastik. Und doch gibt der Katalog hier und da ganz naiv an: Vergoldung teilweise ausgebessert! Und wie viel Stücke mögen ganz oder teilweise unecht sein. So ist die Zuckergußgotik auf dem Baldachin des Hausaltars No. 20 im Saal 8 schwerlich alt. Hier wäre eine durchgreifende Nachprüfung not, die alles unechte entfernte oder wenigstens deutlich als unecht kenntlich machte.

Alles in allem: echt und unecht ist derart in einander verflochten, daß nur der Kenner sich zurechtfindet, das große Publikum aber fortwährend verwirrt, abgelenkt und zerstreut wird. Aufstellung der Sammlung und die Architektur hindern gemeinsam eine sachliche intensive Betrachtung, sie drängen zur Oberflächlichkeit, zu sinnlosem Durchlaufen. Die wunderbare reiche Sammlung ist herabgedrückt zu einer Schau, einer Maskerade, zu einer Folge äußerlich theatralischer Effekte, die blendet und jede Vertiefung hindert.

Ein Museum soll lehren, und darum darf es nur echte vorzügliche Stücke darbieten, Fälschungen, Nachahmungen nur als Vergleiche, als böse Beispiele, wie man es nicht machen soll. Indem man echt und unecht durcheinandermischt, bestärkt man immer aufs Neue den Aberglauben, Kunst könne in der Nachahmung bestehen. Wer alte Kunst wirklich ernstlich kennt und liebt, weiß, daß das unmöglich ist, und daß man aus alten Stücken wohl Arbeitsernst, Form, Vertiefung, Ehrfurcht lernen kann, niemals aber Formen daraus stehlen. Es ist frivol, alte Arbeiten mit kitschiger Nachahmung zu verkleistern und zu überschmieren. Und wer es tut, soll sich dann nicht wundern, wenn nachher allenthalben Kitsch produziert wird. Man jammert ja ewig über Münchens Niedergang, den geringen Absatz des Kunstgewerbes, ja – mit Fälscherkunststückchen läßt sich auf die Dauer nichts erreichen, sondern nur durch eine ernste und sachgemäße Erziehung zu eigener Arbeit. Und dazu sollte das Nationalmuseum in erster Linie beitragen. In seiner jetzigen Gestalt tut es das gerade Gegenteil. An dem Bau läßt sich ja nichts ändern, das Geld ist hin und der Platz auch. Aber einiges ließe sich noch bessern. Man öffne alle Zwischentüren zu freiem Verkehr und breche noch ein paar große Verbindungstüren aus. Ideal wird damit die Zugänglichkeit der Räume auch nicht, aber doch erträglich. Man entferne alles unechte, alle Abgüsse – die Gründung eines Abgußmuseums ist doch nicht mehr lange zu umgehen –, man entferne wenigstens die bösesten Dekorationen, jedenfalls in Saal 33 und 53, und man lasse sobald als irgend möglich einen großen Saal in ganz einfachen Formen für Ausstellungszwecke, mit künstlicher Beleuchtung, damit es abends, wo arbeitende Menschen allein Zeit haben, zugänglich gemacht werden kann. Und wenn sich die Mittel erlangen lassen, veranstalte man Vorträge und vor allem ständige Führungen im Museum durch junge Kunsthistoriker. Wenn die gelegentlich etwas törichtes sagen, so ist das kein Unglück. Das Reden ist Nebensache, wichtig ist, daß auf diese Weise die Augen zu längerem und genauerem Betrachten gezwungen werden. In anderen Städten bestehen solche Einrichtungen seit Jahren.

      Ich mache mir keine Illusion, schwerlich wird man diesen Vorschlägen folgen. Man wird diese Ausführungen als freche umstürzlerische Nörgelei mit einem höhnischen Lächeln abtun. Allmählich wird man aber doch immer mehr einsehen, daß es sich um eine sehr ernste Angelegenheit handelt und diese Einsicht wird zu Reformen zwingen! Sie wird aber hoffentlich auch verhindern, daß ähnliche Torheiten noch einmal geschehen.

**Teil II
Gegenwart und Tradition**

Des Kaisers neue Kleider. Mit der anläßlich der Eröffnung der Siegesallee in Berlin am 18.12.1901 gehaltenen sogenannten *Rinnsteinrede* unternahm Wilhelm II. einen letzten Versuch, seine repräsentative Staatskunst gegen die moderne Kunstbewegung zu sichern. Die Moderne versuchte, mit Kunstgewerbe und Architektur die Kunst in den Alltag der Bevölkerung zu tragen. Wilhelm II. forderte hingegen eine an antiken Idealen geschulte Kunst, die dem Volke als Vorbild über die Unbilden des Alltages hinweghelfe. August Endell nahm am 8.2.1902 in Maximilian Hardens nicht eben kaisertreuen Zeitschrift *Die Zukunft* mit einem offenen Brief zu den kaiserlichen Vorwürfen Stellung: «Kunst ist der sichtbare Ausdruck der Kultur. Das *ewige Gesetz* der Aesthetik, das wir anerkennen, lautet: Schönheit ist Alles, was unserer Seele reiche Freude giebt. [...] Ist es aber wohl Sünde, dem armen Volk, das im Rinnstein sein Leben verbringt, zu zeigen, daß auch dort noch, in den entsetzlichen Winkeln der großen Städte, Schönheit zu finden ist, Schönheit, die Kraft geben kann, Elend und Qual zu überwinden?»[1] Endells sozial-ästhetisches Engagement holt sämtliche Idealität der Kunst auf die Erde zurück, bringt sie in das alltägliche Leben. Eine solche Profanisierung der Kunst wirkt autoritätszersetzend – sowohl im Hinblick auf die politischen Verhältnisse, als auch auf das Verhältnis der Gegenwart zur Tradition. Das Künstlerische erhält bei Endell einen autonomen Wert, der sich nicht mehr im Sinne des Kaisers als staatstragendes Element einsetzen läßt. Die in den Rinnstein gefallene Kunst sucht nach einem Platz im Leben, der nicht beschränkt ist auf die Beschaulichkeit einiger Stunden am Sonntagnachmittag.

[1] Brief über die Kunstpolitik des Kaisers und die Moderne, anläßlich der Rede Wilhelms II. vom 18.12.1901, in: Die Zukunft X., Bd. 38, S.259-261.

ORIGINALITÄT UND TRADITION   Bis zum Überdruß wird gegen die neueren Kunst-Bestrebungen der Vorwurf erhoben, daß ihre Vertreter alle Traditionen mißachten, daß sie unternähmen, ganz von vorn und ohne Vorbild zu beginnen, daß sie auf alle vergangene Kunst-Übung mit Verachtung herabblickten und aus Grundsatz verschmähten, aus früheren Erfahrungen Nutzen zu ziehen. Immer wieder wird von neuem gesagt, es habe doch auch *vor* unseren Zeiten Kunst und Können gegeben und es sei lächerliche Originalitäts-Sucht, Hochmut und grenzenlose Selbstüberhebung, sich prahlerisch über alle diese vergangene Kostbarkeit hinwegzusetzen. Nun, ganz so schlimm sind die bösen Modernen nicht, aber das eine läßt sich nicht wegleugnen, daß sie in der Tat den Ehrgeiz besitzen, die Formen, die sie verwenden, selber zu erfinden, nicht aber sie aus Büchern oder gar mit Hilfe von Photographien oder Abgüssen zusammenzustellen. Ist das nun wirklich etwas so Unerhörtes? Einen Dichter, einen Komponisten, einen Maler oder Bildhauer würde man ohne weiteres auslachen, besäße er die Naivität, vorhandene Kunst-Werke ganz oder stückweise zu kopieren und dann für seine eigenen Werke auszugeben. In der Architektur aber soll das nicht nur erlaubt, sondern die einzig mögliche Form der künstlerischen Arbeit sein. Es ist ja zuzugeben, daß architektonische und kunstgewerbliche Arbeit eher zur Benutzung fremder Formen führt, als das auf anderen Gebieten der Fall ist; denn einmal ist der Bedarf an solchen Arbeiten vergleichsweise unendlich groß und wirklich originale Künstler hier wie überall selten. Dazu kommt die technische Schwierigkeit und die großen Kosten der Ausführung, die ein Ausprobieren von Fall zu Fall stark beschränken oder fast unmöglich machen und es liegt nahe, daß wenn jemand einmal die künstlerische Lösung für die Überwindung einer technischen Schwierigkeit gefunden hat – beispielsweise für einen Türsturz oder ein Gewölbe – leicht andere denselben Weg gehen. Und so findet sich in der Tat eine größere Stabilität der Formen in der Architektur wie in anderen Künsten. Darum spricht man auch von Stilen im eigentlichen Sinne nur in Architektur und Kunstgewerbe. Aber schon eine eingehendere Betrachtung zeigt, daß diese Stabilität nur eine scheinbare ist, und daß in den Zeiten lebendigen Kunst-Geistes innerhalb des Stils unzählige Variationen angetroffen werden. So wissen wir, daß noch in der Mitte des 19. Jahrhunderts der einzelne Tischlermeister seinen Ehrgeiz daran setzte, für jeden neuen Besteller eine neue

Umwerter aller Werte. Mit dem Geheimen Baurat Johannes Otzen hatte Endell einen einflußreichen Architekten und Kulturfunktionär des Kaisers gegen sich aufgebracht.[1] Otzen wandte sich in mehreren Vorträgen gegen die Moderne und gezielt gegen Endell:[2] «Die moderne Baukunst liebt den übertriebenen Maasstab, sie hat Nietzsche mit Gewinn studirt, der Übermensch spukt in den Gebilden und verliert jede gesunde Beurtheilung der Wirklichkeit. Das so gebildete Übermensch-Ornament ist nicht mehr Ausdruck irgend einer baulichen Funktion, sondern etwas total Willkürliches, dem persönlichen Belieben Unterworfenes.» Und im weiteren Verlauf, während ein Lichtbild des Atelier Elvira projiziert wird: «Wenn dieses Haus in München steht, so hat kein Mensch etwas dagegen; wird das aber als Publikation aufgenommen, als Vorbild und Lehrmittel, so habe ich sehr viel dagegen und muss dagegen protestiren. Das ist keine ernstgemeinte Kunst, das sind stammelnde Laute eines Kindes.» Die Furcht des Architekten vor dem Niedergang seiner Zunft kommt hier als blankes Entsetzen zum Ausdruck. Tilmann Buddensieg hat in diesem Zusammenhang auf die besondere Stellung Endells in der Moderne hingewiesen. Endell als Umwerter aller Werte, als Architekt mit dem Hammer, der als einziger alle Grundfesten der Architektur wie Konstruktion, Materialgerechtigkeit und Zweckmäßigkeit übergeht und die Wirkung der Form der Notwendigkeit des Gebrauches überordnet. Endells Formkunst in den Bereichen der angewandten Kunst strebt in einem hohen Maße nach einem von der Verwendung autonomen Ausdruck, der bis dahin nur den freien Künsten zukam. Bei dem Bau des Ateliers Elvira hatte Endell sich eben aus rein kompositorischen Gründen weigern wollen, das ansonsten völlig im Dunkeln gelassene Treppenhaus durch ein weiteres Fenster zu beleuchten. Nach dem funkional notwendigen Einbau des Fensters hielt Endell die Fassade für mißlungen.

1 Tilmann Buddensieg, Zur Frühzeit von August Endell. Seine Münchener Briefe an Kurt Breysig, in: Festschrift für Eduard Trier zum 60. Geburtstag, hrsg. von Justus Müller Hofstede und Werner Spies, Berlin 1981, S. 223–250. ders., »Wehe allen Tischen und Wänden«, in: du, Heft Nr. 4, April 1995, S. 51-56.
2 Zitate aus: Johannes Otzen, Das Persönliche in Architektur und Kunstgewerbe, in: Deutsche Bauzeitung, 34. Jg., 1900, S. 143-148; siehe auch: ders., Die Moderne Kunst in der Architektur und deren Einfluß auf die Schulen, in: BAW III., 1901, S. 225-230.

Stuhl-Form zu geben. Das war eine durchaus gesunde Art des kunstgewerblichen Betriebes und gegen diese Art von Nachschaffen wird man niemals etwas ernstliches einwenden können, es liegt in der Natur der Sache. Aber nicht dagegen richtet sich die Polemik der Modernen, sondern gegen die abscheuliche «wissenschaftlich exakte» Nachahmung alter Stil-Formen. Denn einmal wird die Reproduktion selten genau werden und dem aufmerksamen Auge wird der Mangel an Liebe für das Geschaffene schwerlich entgehen. Es ist eben ein Unterschied, ob man Eigenes gibt oder Fremdes stiehlt. Das Stehlen ist keine mit Schaffensfreude verbundene Tätigkeit. Aber selbst wenn die Nachahmung exakt gelingt mit Hilfe «der vervollkommneten Mittel der Neuzeit», so bleibt immer noch die Inkongruenz zwischen dem Gestohlenen und dem Selbstentworfenen, denn bedauerlicherweise waren frühere Zeiten nicht so liebenswürdig, für die Bedürfnisse der Enkel Häuser und Schränke in Muster-Beispielen zu bauen. Und so bleibt uns schon nichts anderes übrig, als wenigstens die Form der Räume und ihre Aufeinanderfolge selber zu entwerfen. Schon unser äußeres Leben ist von dem früheren tausendfältig verschieden durch die andere Art unseres Verkehrs, des Geschäftslebens und nicht zum wenigsten unserer entwickelten Beleuchtung. Wichtiger sind: die gänzlich andere soziale Schichtung, das eigentümliche Tempo unseres Lebens und die grundverschiedene Art unserer Lebens-Bilanz und unseres Glückes. All das verlangt nach eigenem Ausdruck und es ist wahrlich besser, unbeholfen und ungeschickt dem eigenen Sehnen und Wünschen Ausdruck zu geben, als mit gestohlenen Formen Kunstfertigkeit vorzutäuschen, prahlerische Gebäude zu errichten, die durch ihre Verlogenheit nur von den traurigsten Eigenschaften unserer Zeit Kunde zu geben geeignet sind. Es hilft also nichts, wir brauchen wirklich neue Formen.

Früher antwortete man darauf, die Formen seien erschöpft, Neues zu schaffen sei schlechterdings unmöglich. Das wagt man heute nicht mehr. Aber die ehemaligen Anhänger dieser Ideen erklärten Einfachheit, vornehme Schmucklosigkeit für das einzig erstrebenswerte Ziel. Ornamente seien Nebensache, ja rohe Barbarei. Leider bringen die Verkünder dieser Lehre nicht viel Erfreuliches zustande, und das Wenige ist leider gestohlen, dem Biedermeier-Stil, den Engländern und Amerikanern. Natürlich verblüfft die glatte Eckigkeit dieser Formen im Verein mit dem kostbaren

Das Wolzogen-Theater in Berlin. Ernst von Wolzogen – ein bekannter Schriftsteller der Jahrhundertwende und Nietzscheaner – initiierte mit dem *Bunten Theater* ein künstlerisches Kabarett nach französischem Vorbild in Berlin. Dazu ließ er sich 1901 von August Endell in der Köpenikker Straße 67 ein schon vorhandenes Variété umbauen. Die Chansons von Bierbaum, Liliencron, Dehmel, Wedekind u.a. sollten auf Wolzogens *Überbrettl* dem gebildeten bürgerlichen Publikum vergnügliche Stunden bieten. Den Ausschlag zur Wahl des Architekten Endell dürfte – passend zur abendlichen Unterhaltung – dessen exzentrische Formsprache gegeben haben. Karl Scheffler kritisierte denn auch die bedenkliche Nähe der Ernsthaftigkeit von Endells Kunst und der ulkhaften Atmosphäre des Theaterbetriebes.[1] Endell selbst gab in seinem Artikel *Das Wolzogen-Theater in Berlin* über seine Entwurfsarbeit akribisch Rechenschaft ab. Wegen der vorgegebenen Räumlichkeiten und baupolizeilicher Hemmnisse konnte er den Raumeindruck allein durch Form und Farbe verändern. August Endell: «Um die Längsachse des Saals noch mehr unterzuordnen, wurden nur die Bühnenwand und die beiden Seitenwände als architektonisch einander zugehörig behandelt, hingegen die der Bühne gegenüberliegende Logenwand farbig und formal vollständig ausgeschieden, gewissermassen nachträglich als fremdes Element dem Saale eingefügt. Auf diese Weise wird erreicht, dass der Saal, auch von der Bühnenseite gesehen, für das Auge die Hauptachse behält.»[2] Die vorhandenen Räumlichkeiten verloren ihre Autonomie und mußten sich der gestalterischen Kraft der Endellschen Formen und Farben unterordnen: Die Formen waren den raumbegrenzenden Wänden nicht dekorativ angefügt, sondern bestimmten den Raum wesenhaft. Endells Ausgestaltung konnte Wolzogens *Buntes Theater* jedoch nicht vor der Pleite bewahren. Ein Brand zerstörte es nur wenige Jahre nach der Eröffnung.

1 Karl Scheffler, August Endell GmbH, in: Der Lotse. Hamburgische Wochenschrift für deutsche Kultur, Jg. II, 1902, S. 702-706. Ebenfalls zum Wolzogen – Theater: Georg Fuchs, Das Bunte Theater von August Endell, in: DKD IX, 1901/02, S. 275-289.
2 August Endell, Das Wolzogen-Theater in Berlin, in: BAW 4, 1902, S. 379.

Material. Doch empfindet man nach einiger Zeit diesen blasierten Skeptizismus, der im Grunde genommen zu feig zum leben und zum schaffen ist, als eine unfruchtbare Verirrung. Es ist eben gar nicht leicht, einfache Formen zu erfinden, und solche Formen können nicht Anfang, sondern nur Frucht langer und intensiver Bemühungen sein. Erst müssen wir lernen, durch komplizierte Gebilde zu wirken, bis wir sicher genug sind, auch mit einfachen Mitteln viel zu sagen. Natürlich machen die Anhänger jener Richtung den Neueren Effekthascherei und Aufdringlichkeit zum Vorwurf. Nun ist ganz klar, daß jedes Neue, das ohne Vorbilder und auf Grund bis dahin nicht befolgter Prinzipien entstanden ist, überraschend wirkt, von allem Künstlerischen ganz abgesehen. Das Ungewohnte fällt eben auf und dem Betrachter fehlen alle Voraussetzungen und Kriterien, mit deren Hilfe er die Folgerichtigkeit des Einzelnen zu beurteilen vermöchte, da eben prinzipiell ein Neues gewollt ist und dieses Prinzip weder erkannt noch anerkannt ist. Doch ist es eine ziemlich schnöde Taktik, diesen Umstand den Neueren als niedrige Gefallsucht auszulegen. Natürlich will jeder Künstler beachtet sein, aber man darf nicht vergessen, daß auch ein wenig Mut dazu gehört, ein fremdes Prinzip sich als Gesetz für das eigene Schaffen aufzuerlegen, trotzdem Niemand den Effekt im voraus beurteilen kann und alles dadurch in Frage gestellt wird, der künstlerische Ruf und auch – das materielle Auskommen. Im übrigen sollte man aber diese Frage von vornherein nicht immer gleich mit moralischen Erörterungen verquicken wollen.

Natürlich wird den Modernen vieles mißraten, sie der Spottsucht älterer Kollegen bloßstellen. Das liegt in den enormen Schwierigkeiten begründet, auf einem neuen Wege sein Heil zu versuchen. Es fehlt uns eben all und jede Hilfe und vor allem jede Tradition. Denn in Wirklichkeit liegt die Sache so: Nicht die Modernen haben die Tradition zerstört, sondern die Tradition war zerstört schon seit langer Zeit durch die bewußten Kopisten des 19. Jahrhunderts, durch die Hellenen- und Renaissance-Epigonen, die Gotiker und die anderen historischen Schulen. Denn Rezepte, wie man aus Zeichnungs-Vorlagen, Photographien und Abgüssen neue Bauten in endloser Variation zusammenstellt, haben mit künstlerischer Tradition wahrhaftig nichts gemein, es gibt nur eine Tradition für den Künstler und das ist die Tradition des *künstlerischen Schaffens*. Man muß durch persönliches Zusammensein gesehen haben, wie ein Künstler Probleme

Wolzogen-Theater, Bühnenwand und Logenhaus, 1901

und Hindernisse überwindet. Nur durch solche direkte Überlieferung kann künstlerischer Sinn und künstlerisches Können von Generation zu Generation übertragen werden und sich im Laufe der Zeit zu immer größerem Reichtum, größerer Schärfe und Sicherheit entfalten. Überlieferung der handwerklichen Regeln und Gesetze, eine voll kommene und genaue detaillierte Handwerks-Tradition, denn *Kunst ist Handwerk*, zwar ein sehr kompliziertes, aber doch eines, das sich durch Unterricht vollständig lehren und erlernen läßt. Es ist nötig, das heute ganz besonders zu betonen, wo immer wieder Kunst als eine mystische Leistung, als ein Wunder in den Himmel gehoben und – verachtet wird, eine Anschauung, die unserem ganzen Kunst-Leben den allerärgsten Schaden zugefügt hat. Kunst ist ausschließlich Arbeit und setzt einzig und allein eine vollständige detaillierte Kenntnis der künstlerischen Wirkung voraus, sie verlangt unbedingte leidenschaftliche Hingebung und Ehrfurcht. Sie ist aber nicht das Produkt fahrigen Genietums oder gar unverhofft hereinbrechender «Stimmungen». An dem Bedürfnis nach Stimmung kann man den Dilettanten totsicher erkennen.

Freilich ist die Erlernung des Kunst-Handwerks sehr erschwert dadurch, daß wir eben keine überlieferten Regeln und Gesetze haben, und es muß darum unser ernstestes Bestreben sein, dieselben zu gewinnen und für ihre allgemeine Verbreitung zu sorgen. Dazu gehört vor allen Dingen eine genaue Darstellung der Hilfsmittel und Methoden, wie man Natur studiert, wie man Anregung bei vergangenen und fremden Kulturen zu suchen hat, und vor allem eine systematische Formen- und Farben-Kenntnis. Natürlich keine allgemeine Sentenzen, auch nicht die bis zum Überdruß wiederholten ästhetisierenden Sprüchlein von der «Konstruktion», von der «Einfachheit», von der «Material-Echtheit», von der «Zweckmäßigkeit», vom goldenen Schnitt und ähnlichen schönen Sachen mehr. Auch keine Philosopheme von männlicher und weiblicher Kunst, von der Darstellung der Ideale oder der Verkörperung welthistorischer Ideen oder gar des Kosmos selber und der Weltschöpfung überhaupt. Wir brauchen vielmehr klare, nüchterne Antwort auf die Fragen, die die Arbeit uns bringt. Wie macht man eine Linie hart, wie macht man sie weich, ruhig, vornehm, glatt, elegant, wie läßt man ein Ornament leichter erscheinen oder wie macht man es schwer. Wie sind die schweren Stellen ins Gleichgewicht zu bringen. Wie kann man eine Vertikal-Richtung in eine

August Endell: Ecksofa, ausgeführt von O. Matthes, München, vor 1900

Horizontal-Richtung verwandeln. Wie kann man es erreichen, daß ein vorwärts fliegendes Ornament nach der entgegengesetzten Seite hinschwebt. Wie bereichert man eine Linie, wie verästelt man sie, wie hat man Linienbündel anzusetzen, wie weit darf man im Detail gehen, ohne die Gesamt-Wirkung aufzuheben u.s.w. Kurz, eine sichere Schulung des Auges für Formen- und Farb-Wirkungen. Nur systematische Übung, strenge Schulung kann dahin führen. Natürlich können wir Modernen zunächst nur unsere eigenen Erfahrungen weitergeben. Aber wenn aus unserer Bewegung dauernder Gewinn und dauernde Kultur hervorgehen soll, so ist ein lehrendes Weitergeben unserer Erfahrungen eine unbedingte Notwendigkeit, und es ist kein Wunder, daß fast alle neueren Künstler sich in dieser Richtung zu betätigen suchen. So Eckmann und Gross in staatlichen Stellungen. In München bahnen verschiedene Künstler, wie ich höre, privatim derartiges an, ich selbst gedenke meine kleine bisherige Schule kommenden Sommer zu vergrößern.

Natürlich finden die Gegner das lächerlich, es ist ihnen der Gipfel des Hochmuts, nicht nur die alten Formen zu verschmähen, sondern obendrein eine eigene Tradition künstlich schaffen zu wollen. Doch kann das uns in unserem Wege nicht beirren. Wir wissen auch ohne fremde Belehrung, daß wir die Sicherheit der durch Jahrhunderte lange Tradition gefestigten Volks-Kunst der Japaner, Chinesen und Inder nie erreichen können. Die Mühelosigkeit und Selbstverständlichkeit asiatischer Arbeiten ist uns versagt, das Persönliche und Suchende unserer Arbeiten muß als Ersatz dienen, die nach uns kommen, mögen Sichereres und Reinereres bringen.

Alfred Lichtwark: «Blumenvasen – das ist's was sie [die Hausfrau] braucht. [...] Die auf der Ausstellung sind so schön und originell wie Bilder. Ein Künstler hat sie gemacht. Aber wie sie sie darauf ansieht, für welche Blumen sie wohl gedacht sein mögen, kann sie nicht ins klare kommen. [...] Auf eine Erkundigung wird ihr bedeutet, dass man wohl Blumen hineinstellen kann, aber nur in einem besonderem Glase, denn sie halten nicht dicht. Sie seien in erster Linie als Dekoration gedacht.»[1]

August Endell: «Sind aber diese Vasen auch praktisch, höre ich die Lichtwark'sche Hausfrau fragen, kann man sie brauchen, lassen sie auch kein Wasser durch? Da ist nun allerdings zuzugeben, daß [...] die Vasen aus rothem Thon durch die Haarrisse Feuchtigkeit ausschwitzen. Aber sind damit diese Erzeugnisse gerichtet? Was ist das überhaupt für ein lächerliches Gethue mit der Zweckmäßigkeit! [...] heute schreit Jedermann nach Zweckmäßigkeit, Einfachheit, leichter Reinigung etc. Heißt Kunstgewerbe wirklich Fabrikation zweckmäßiger Hausgeräthe? Oder ist es nicht doch etwas anderes? Ich denke, wir Künstler wollen in erster Linie erfreuen, wollen einen tiefen, nachhaltigen Eindruck machen. [...] Jene Hausfrau will nicht dekoriren. Nun man kann ihr das Vergnügen lassen. Andere Menschen haben das Bedürfniß, sich und ihre Wohnungen zu schmücken, und sind auch gern bereit für diesen Schmuck Zeit und Mühe aufzuwenden. [...] Kunstwerke erfordern immer Liebe, Aufmerksamkeit und Pflege. [...] Wer die von Heider'schen Gefäße absolut praktisch nutzen will, der soll ein Glas hineinthun; wer aber nicht so hartnäckig auf seinem Schein besteht, der wird sie auf einem Tisch bequem aufstellen, daß er sie jederzeit betrachten und in die Hand nehmen kann, und er wird die Freude genießen, die jene praktischen Leute gar nicht kennen, und die uns andere so reich und so glücklich macht.»[2]

1 Der praktische Zweck, DK I., Bd.1, 1898, Heft 1, S.27.
2 Keramische Arbeiten der Familie von Heider, in: Kunst und Handwerk, Zeitschrift des Bayerischen Kunstgewerbevereins 47, 1897/98, Heft 4, S. 131-132.

KUNSTGEWERBLICHE ERZIEHUNG   Die kunstgewerbliche Bewegung, die mit den Ausstellungen des Jahres 1897 einsetzte, ist nach den etwas stürmischen Anfängen in ein ruhigeres Fahrwasser gelangt. Gleichzeitig hat sich eine merkwürdige Wandlung in ihren Zielen vollzogen. Man war ausgezogen, eine neue Schönheit, den Stil unseres Lebens zu entdecken, aber leider wurden die schwachen Anfänge mit Trompetenstößen schon als Tat gepriesen. Im Fluge schien erreicht, was nur in jahrzehntelanger Arbeit hätte erworben werden können. Ernüchterung blieb nicht aus, man wurde des prahlerischen Geschreies müde, und an die Stelle pathetisch scheinender Ideale von Stil und Schönheit traten verständlichere, anspruchslosere: echtes, seinem Charakter entsprechend behandeltes Material, reine Konstruktion ohne trügenden Schein, Zweckmäßigkeit, Einfachheit. Und bald behauptete man allen Ernstes, daß nur hierin Schönheit bestehe, daß es eine andere Schönheit garnicht gäbe. Danach könnten weder Malerei noch Musik Schönheit schaffen, oder ihre Schönheit müßte wenigstens wesensverschieden von der architektonischen sein. Das ist natürlich undenkbar, und wenn wir uns diese scheinbar ästhetischen Ideale näher ansehen, entdecken wir leicht, daß sie ganz und gar nicht künstlerischer Natur sind, sondern einfach die Ideale des modernen Großbetriebes, der ja schon seit Jahrzehnten Kunstgewerbe und Architektur beherrscht, eine Tatsache, die merkwürdigerweise vielen ganz unbekannt scheint. Man preist die Einfachheit, weil sie durch Maschine und niedrig gelohnte Arbeiter leicht herzustellen ist, weil aller Zierrat qualifizierte Arbeit verlangt, die immer teurer wird, schwer vorauszukalkulieren ist, sich schlecht in das Fabrikgetriebe eingliedern und bei der notwendigen Hast der Herstellung obendrein leicht mißrät. Aus demselben Grunde lobt man die reine Konstruktionsform. Man preist die Echtheit des Materials auf Kosten der künstlerischen Form, weil das Material auf kaufmännischem Wege billigst beschafft werden kann, nicht aber die künstlerische Arbeit, die immer persönliches Können ist. Man fordert laut eine dem Material entsprechende Behandlung – als ob eine andere überhaupt ausführbar wäre! – und meint damit in Wirklichkeit eine möglichst billige Behandlung; darum vermeidet man den Guß mit verlorener Form, unterdrückt um des Gußverfahrens willen die Unterschneidung, die der Form erst Schärfe und lebendige Tiefe geben; darum vermeidet man wo irgend möglich, die echte Schmiede- und Treibarbeit und ersetzt sie

1 August Endell, Stellungnahme in der Werkbunddebatte vom 4.7.1914 in Köln, in: Hermann Muthesius, Die Werkbund-Arbeit der Zukunft, Jena 1914, darin auch alle anderen Redebeiträge.

Made in Germany. Die berühmte Werkbunddebatte in Köln 1914 bedeutete weit mehr als nur den Streit zweier künstlerischer Konzepte. Die Fraktion der *Typisierer*, an deren Spitze Hermann Muthesius stand, forderten die Entwicklung von Typen, die den Geschmack sichern und die wirtschaftlichen Möglichkeiten der Industrie ausschöpfen sollten; die Fraktion der *Individualisten* – um Henry van de Velde, Karl Ernst Osthaus, August Endell, Hermann Obrist, Hans Poelzig, Walter Gropius und Bruno Taut – stellten das kreative Element der individuellen künstlerischen Formschöpfung in den Vordergrund. Im Deutschen Werkbund (DWB) hatten sich Künstler, Fabrikanten und Kaufleute zusammengeschlossen, deren gemeinsame Koordinaten Wirtschaft und Kunst genügend Raum für die verschiedenen Konzepte ließen. Die sophistischen Debatten um die Begrifflichkeiten *Typus, Typisierung* kaschierten nur die Unvereinbarkeit der verschiedenen Gewichtungen des Wirtschaftlichen und des Künstlerischen. Diese Debatte stellte die Frage nach der Rolle des Künstlers in der Zukunft und damit auch nach der Form industriellen Arbeitens. Muthesius' vom Export – und somit von Expansion – abhängiges Wirtschaftsmodell forderte die Industrialisierung des Arbeitsprozesses selbst, während die Fraktion der *Individualisten* und damit Endell die Gefahr der Entfremdung von der Arbeit sahen, die dem Einzelnen die Möglichkeit nimmt, sein eigenes Schaffen in einem produktiven Zusammenhang zu sehen. Endell: «Und wenn tausende von Arbeitern gezwungen werden, Schund zu machen, so bedeutet das eine Schädigung des Nationalvermögens, die unendlich viel größer ist, als die Millionen, die der Export hereinbringt, wiedergutmachen können. Dadurch, daß wir die Arbeiter schlechte Sachen machen lassen, verderben wir ihre Seele, die Leute werden mißmutig, weil sie kein Vergnügen an der Arbeit haben, sie verderben nicht nur sich selbst, sondern auch die nächste Generation.»[1]

August Endell: Anrichte im Speisewagen, Werkbundausstellung 1914 in Köln durch billigen Guß und Stanzen. Man preist die Zweckmäßigkeit, die sich ganz von selber versteht. Kurz, wenn auch Einfachheit, reine Konstruktionsform, Materialechtheit unter Umständen künstlerisch wertvoll sein können, an sich haben sie mit Kunst garnichts zu tun. Das sieht man schon daraus, daß sie sich so ausgezeichnet mit der modernen Fabrikationsweise vertragen, die in Wahrheit – so abenteuerlich das klingen mag – das spezifisch Künstlerische unterdrückt.

Denn das plötzliche Nachlassen des künstlerischen Vermögens um die Mitte des neunzehnten Jahrhunderts erklärt sich nicht aus einer unbegreiflichen Erschöpfung der Phantasie, sondern aus der Entfaltung der modernen Großindustrie, die ihrem Wesen, ihrem Prinzip nach aller Kunst feind ist. Nicht die Massenhaftigkeit der Produkte ist der Grund dieser Feindseligkeit, sondern die einmal durch den Wunsch nach rascher Kapitalsumsetzung gebotene rasche Herstellung, die Akkordlöhne und Maschinenbetrieb mit sich bringt, sodann die innere Entfremdung des Unternehmers und des Arbeiters von dem Arbeitsgegenstand – dem Unternehmer ist das Produkt eine Ziffer, der Arbeiter bekommt nur einen kleinen, in sich sinnlosen Teil desselben zu sehen – und schließlich die immer größer werdende Entfernung des Käufers von der Fabrikation, die ein sachliches Urteil über den Arbeitswert dem Käufer unmöglich macht und so die Surrogattechniken begünstigt. Wer heute künstlerische Gebrauchsgegenstände macht, hat nicht Personen – die sind meist sehr entgegenkommend –, sondern das System der heutigen Arbeits- und Wirtschaftsweise gegen sich.

Andererseits erzeugt gerade das moderne Leben, das den Einzelnen immer mehr von der Natur trennt, ihn in eine eintönige, wechselarme Arbeit zwängt, einen Kunsthunger, wie ihn keine Zeit vor uns gekannt hat. Macht sich auch hier und da Resignation geltend, und ein müdes Ideal, das von der täglichen Umgebung nur verlangt, daß sie nicht störe: die große Mehrheit der Gesunden und Lebendigen verlangt stärker denn je von ihrer Umgebung, daß sie erfreue, daß sie schön sei. Und in diesem Wunsche liegt der Grund, warum immer wieder aufs neue Versuche gemacht werden, auch heute eigene Schönheit zu schaffen – innerhalb unseres heutigen Wirtschaftssystems. Und hier liegt der springende Punkt. Rückkehr zum Handwerk ist eine hoffnungslose Utopie; das Studium vergangener Verhältnisse kann nichts nützen, da wir

Salamandergeschäfte. Die Durchdringung aller Bereiche des Alltages mit Kunst, eine künstlerische Kultur für jedermann, waren die Ziele der modernen Kunstbewegung und mit ihr Endells. Auch für das industrielle Wirtschaftsleben sollten zeitgemäße und spezifische Ausdrucksformen gefunden werden. Darum bemühte sich besonders der Deutsche Werkbund (DWB), der Fabrikant, Kaufmann und Künstler unter seinem Dach vereinte. August Endell hatte in den Jahren 1910/11 die Gelegenheit, sich mit dem Geschäftsbetrieb kreativ auseinanderzusetzen: Er gestaltete die Innenräume, die Fassaden und die Schaufenster einiger Salamander-Schuhgeschäfte.[1] Die Gestaltung von Schaufenstern und Ladeneinrichtungen war eine neue künstlerische Herausforderung, denn dort «begegnen sich Ware und Käufer»[2]. Der DWB widmete 1913 diesem Thema sein Jahrbuch «Die Kunst in Industrie und Handel». Hierin äußert sich Endell zu *Ladeneinrichtungen*: «Die künstlerische Lösung wird gewöhnlich noch dadurch erschwert, daß der Raum als solcher keine schöne Form hat, durch Säulen zerstückelt ist und die Decke durch kreuz- und quergeführte Unterzüge einen unerfreulichen Anblick bietet. Es wird daher die erste Aufgabe sein, den Raum wenn irgend möglich zu vereinfachen, die Vorsprünge durch eine geschickte Führung der Regale für das Auge verschwinden zu lassen, und die Decke [...] einheitlicher zu gestalten. [...] Doch kann gerade hier der Architekt durch geschickte Wahl der Verhältnisse zeigen, daß seine Kunst einen praktischen Wert hat, indem er zerstückelte, ungünstig geschnittene Räume durch geschickte Linieführung zu brauchbaren, ja ansehnlichen Räumen formt. Dafür ist die Gestaltung der Decke vor allem ausschlaggebend. Die Wände sind ja meistens von den Regalen fast vollkommen bedeckt, und man muß sich ja darauf beschränken, durch Einfügung von Schranktüren eine rhythmische Gliederung zu erzielen. Im übrigen wird man hauptsächlich auf die Wirkung durch Material und Farbe angewiesen sein.»

1 Ernst Schur, August Endell, in: DK 14, 1910/11, S. 374-379, ebenfalls in: Kunst 24, 1910/11, S. 274-279.
2 Ladeneinrichtungen, in: Jb.DWB, 1913, S. 55-58, daraus auch die folgenden Zitate.

unsere Industrie nicht künstlich vernichten und noch weniger die alte geringe Bevölkerungsdichte herstellen können. Die Aufgabe ist, innerhalb der heutigen Produktionsverhältnisse Kunst zu schaffen. Dazu bedarf es der Künstler. Früher war der Handwerker Künstler zugleich. Er hatte eine lebendige, persönliche Beziehung zu seiner Arbeit, und das Künstlerische entstand von selbst. Die moderne Fabrikation schafft nicht von selber Kunst, da sie nicht lebendiger Organismus, sondern abstrakter, unpersönlicher Mechanismus ist. Der Künstler muß dazukommen, der selbst außerhalb dieses Mechanismus Leben und Persönlichkeit hinzubringt. Natürlich muß er das ganze Fabrikationsgetriebe nach seiner technischen und fast noch mehr nach seiner wirtschaftlichen Seite kennen, vor allem aber muß er Künstler, Erfinder, Schaffender sein. Seine Phantasie muß so absolut sicher, so biegsam und geschmeidig und so reich sein, daß keine Beschränkung durch Technik und Wirtschaftlichkeit sie hemmen kann. Er darf kein Nachahmer sein, der Schwierigkeiten nur mit Phrasen zu verdecken weiß, sondern ein selbständiger Künstler, der jede Grenze der Technik und der äußeren Bedingungen durch die Sicherheit und den Reichtum seiner Erfindung vergessen macht. Frei schaffende Künstler gilt es auszubilden, nicht Zeichner, die dem Fabrikanten und Auftraggeber gegenüber keine innere Selbständigkeit haben und ohne Kenntnis der künstlerischen Arbeitsweise fremde Formen mehr oder weniger geschickt zusammenstellen und durch die Bravour der Darstellungsmanier über die Leblosigkeit ihrer Arbeiten forttäuschen.

Wie ist dies Ziel zu erreichen? Zunächst muß man sich klar machen, daß kunstgewerbliches und malerisches Zeichnen und Modellieren zwei vollkommen verschiedene Dinge sind, und somit das Kunstgewerbe durchaus nicht der bequeme Tummelplatz für solche ist, die es als Maler und Bildhauer nicht weit gebracht haben. Maler und Bildhauer bilden das Kunstwerk direkt, die architektonische oder kunstgewerbliche Zeichnung ist aber nur eine Anweisung zur Ausführung, und darum kommt es hier herzlich wenig auf den geschickten Strich an, der in Kunstgewerbeschulen eine so verhängnisvolle Rolle gespielt hat, sondern auf strenge Sachlichkeit und sorgfältiges Erwägen und Voraussehen der erst später in Erscheinung tretenden Formierung. Ein guter Aquarellist ist noch lange kein guter Architekt. Es kommt hinzu, daß Maler und Bildhauer gegebene Formen nachbilden, der Kunstgewerbler aber fortwährend Gebilde

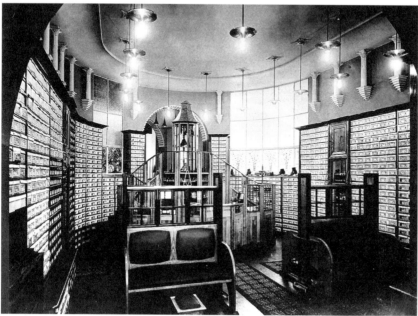

Salamander Schuhgeschäft in der Königstraße und Verkaufsraum in der Potsdamer Straße in Berlin, ca. 1910/11

schaffen muß, die es in der Natur nicht gibt, wie Schränke, Türen, Kapitäle, Dächer etc.; er baut Formen zur Wirkung auf, während der bildende Künstler gegebene Wirkung wiedergibt. Schon daraus geht hervor, daß mit bloßem Nachzeichnen im Kunstgewerbe wenig anzufangen ist, auch das Stilisieren gegebener Naturformen, das Umformen und Steigern auf eine bestimmte Wirkung hin genügt nicht. Es gilt, freie Formen zu bilden, gleichgültig, ob sie in der Natur vorkommen oder nicht, mit der einzigen Absicht, die technischen und wirtschaftlichen Notwendigkeiten zu erfüllen und durch die Wirkung zu erfreuen.

Nun wird oft empfohlen, aus der Technik heraus zu erfinden; genaue Kenntnis der technischen und sonstigen Erfordernisse genüge, um die formale Phantasie in Tätigkeit zu setzen. Aber das ist eine Täuschung, da Schönheit und Technik nun einmal zwei verschiedene Welten sind. Und in Wirklichkeit wird niemals an den Schulen eine absolute Technik gelehrt, sondern meistens Technik verquickt mit den Kunstformen vergangener Zeit, und so läuft dieses Rezept im Grunde genommen wieder auf sinnloses Kopieren und lebloses Eklektizismus hinaus. Man wir einen gerade entgegengesetzten Weg einschlagen müssen. Erst wird man die Phantasie auf alle Weise an reiner Erfindung auszubilden suchen, und erst dann, wenn das freie Entwerfen ohne Rücksicht auf irgend welche Schranken die Phantasie geschmeidig und sicher gemacht hat, wird man daran denken können, den Schüler in die angewandte Formkunst einführen zu können. Zuerst wird man das reine Ornament lehren – im weitesten Sinne als künstlerische Form überhaupt verstanden – und dann erst Kunstgewerbe und Architektur.

Der bequemste Anfangspunkt, reine Formphantasie zu bilden, ist das Studium von Naturformen, aber in einer wesentlich anderen Art, als es bisher betrieben wurde. Es kommt nicht darauf an, Formen malerisch oder zeichnerisch darzustellen, sondern darauf, eine eingehende Formkenntnis zu erzielen. Dazu führt zunächst eine genaue Betrachtung des gegebenen Naturstückes, etwa einer Blüte oder einer Muschel, genaues, aber ganz einfaches Abzeichnen von allen Seiten, ein ständiges Sichklarwerden über die Wirkung der einzelnen Teile, Heraussuchen der schönsten und charakteristischsten Partien, Modellieren der plastisch bemerkenswertesten Stellen,

Die Trabrennbahn Mariendorf. Bruno Cassirer hatte wesentlichen Anteil an dem Zustandekommen dieser umfangreichsten Arbeit Endells. Endell arbeitet hier in den Jahren 1911/12 als Architekt und Ingenieur, der alle Gebäude von Tribünen über den Schiedsrichterturm bis hin zu den Stallungen und den Erdarbeiten plant und entwirft.[1] Er gestaltet die verschiedenen Einzelgebäude und fügt sie zu einem übergeordneten Raumgefüge, zu einer Gesamtkomposition zusammen. Raum wird hier nicht nur als Einzelarchitektur formuliert, sondern im Zusammenspiel einzelner Bauformen: Die Architektur greift über auf die Zwischenräume. Innen- und Außenraum bleiben zwar separat fassbar, doch werden die Grenzen fließender. Räume werden im Raum verflochten. Konstruktion, Funktion und moderne Materialien werden dabei berücksichtigt. Karl Scheffler: «Er [Endell] hat die profanen Grundformen, wie sie sich von selbst ergeben haben, beibehalten, hat sie aber so durchgeistigt, so gruppiert und in rhythmische Ordnung gebracht, dass man zum erstenmal von einer spezifischen Rennbahnarchitektur sprechen darf. Die scheusslichen Eisen- und Holzgerüste sind ihm zu geistreichen, herb graziösen Ingenieurarchitekturen geworden, aus dem obligaten Restaurationsgebäude hat er einen frei und elegant emporgebauten Pavillon entwickelt, der so zwischen den Tribünen plaziert ist, dass eine Gebäudegruppe von zwingendem Tempo entstanden ist.»

Die Trabrennbahn verliert im 2. Weltkrieg eine Tribüne und den Cafépavillon. Die Schäden der Nachkriegszeit sind jedoch weit gravierender. Eine Tribüne, einige kleinere Gebäude und Stallungen bieten heute nur noch einen unvollkommenen und zerstückelten Eindruck der einst farbenfrohen und transparenten Sommerarchitektur.

1 Karl Scheffler, Neue Arbeiten von August Endell, in: KuK XI, 1913, S. 350-359.

Trabrennbahn in Berlin-Mariendorf, Cafépavillon

Vergrößern, wo die Feinheit der gegebenen Form im natürlichen Maßstab sich nicht herausbringen läßt. Zergliedern der Naturform, Zerlegen in die Elemente, zum Beispiel Herauslösen der Hauptbewegung eines Zweiges, Zeichnen der Silhouette allein, Studium der Verästelung der Blattrippen etc. Auf diese Weise werden allerlei Linien, Umrisse, Fleckverteilungen einzeln gewonnen, in ihrem Charakter und ihrer Wirkung verstanden und somit der Phantasie das nötige Material gegeben. Dann werden Sammlungen ähnlicher Formen angelegt und gezeigt, wie jede Form, Linie, Fläche, Linienbündel etc. systematisch verändert werden können, und so jede Form sich in andere überführen läßt, keine Form für sich besteht, sondern immer nur ein Glied einer endlosen Kette ist. Damit wird das Formmaterial ein bildsamer, in sich zusammenhängender Stoff. Und nun beginnt das freie Kombinieren der Formen, das Über- und Nebeneinanderlegen, zunächst im Anschluß an Naturgebilde, dann ganz frei.

  Aber dies Verfahren bleibt ein mühseliges und verwirrendes Herumprobieren, das nur zufällig gute Resultate ergibt, solange nicht dazu eine Lehre von den reinen Formen überhaupt hinzutritt, die Wirkung und Charakter jedes Formelementes aufzeigt, seine Bildung und Verwendung erörtert. Und solche Formenlehre gibt es. Wenn die Ästhetiker bisher sie nicht entdeckten, sondern sich mit praktisch wertlosen Allgemeinheiten begnügten, so lag dies einfach daran, daß sie meist nicht zeichnen konnten und so nie dazu kamen, sich in die Einzelheiten der Formwirkung auf das Gemüt zu vertiefen. In der Tat läßt sich für jede Formart Wirkung, Bildungsgesetz samt Hilfslinien und -punkten entwickeln. Das Merkwürdigste aber ist, daß diese zunächst theoretische Erörterung ohne weiteres praktische Verwendung bei der Arbeit und im Unterricht finden kann. Mit Hilfe des Bildungsgesetzes der Linie zum Beispiel lassen sich endlose Reihen von Linien entwickeln, ihr Charakter und damit ihr künstlerischer Wert beurteilen. Aber noch mehr, es läßt sich mit ganz einfachen, leicht verständlichen Worten darlegen, wie in einer Form Gleichgewicht herzustellen ist, wie sie ausbalanciert werden kann, welche scheinbare Bewegungsrichtung sie hat, und wie sich diese Richtung durch Zutaten willkürlich ändern läßt. Eine Harmonielehre und Kontrapunkt der Formen, eine ästhetische Geometrie.

  Erst durch eine solche Formenlehre wird ein systematisch fortschreitender, zielbewußter Unterricht in Kunstgewerbe und Architektur möglich. Erst

Trabrennbahn Mariendorf, Tribüne, 1911/12

an der Hand dieser Hilfe darf man behaupten, man könne formales Erfinden wirklich lehren. Doch man verstehe mich recht! Das innerste Wesen eines Kunstwerkes entspringt der Seele, die niemand bewußt zu formen im stande ist; aber daß die Seele sich ganz und sicher unverschleiert im Kunstwerk aussprechen könne, das lehren zu können, dürfen wir allerdings mit ruhigem Gewissen behaupten.

Die Neue Gesellschaft. Für eine neue Gesellschaft nach sozialistischen Idealen traten Heinrich (1854-1927) und Lily Braun (1865-1916) ein. Sie gehörten dem revisionistischen Flügel der Sozialdemokratie an, der sein politisches Betätigungsfeld nicht im radikalen Klassenkampf sah, sondern soziale Reformen durch Tagesarbeit und angewandte Parteipolitik erreichen wollte. Im Sinne dieser Aufgabe unternahmen sie mehrere Versuche, eine Zeitschrift zu gründen, die ihnen als Sprachrohr dienen sollte. Der erste Versuch einer eigenen, selbstfinanzierten Zeitschrift, *Die Neue Gesellschaft*, scheiterte 1903 schon nach zwei Ausgaben. Finanziell geschwächt konnten die Brauns die *Neue Gesellschaft. Sozialistische Wochenschrift* (NG) erst 1905 wiederbeleben; 1907 mußte das Projekt dann endgültig aufgegeben werden. Der gesetzte Aufgabenbereich der NG umfasste die «Erörterung aller politischen und wirtschaftlichen Fragen vom sozialdemokratischen Standpunkt aus», sowie auch die «Vertiefung des kulturellen Lebens des gesamten deutschen Volkes».[1] Die NG verstand sich also durchaus nicht als ein reines Parteiorgan, sondern versuchte, ein breites Publikum auch außerhalb der Sozialdemokratie anzusprechen. Die Brauns waren durch ethische Fragestellungen zum Sozialismus gelangt und sahen ihre politische Heimat in einer auf ökonomischer und geistiger Freiheit basierenden Bewegung. Mit diesem Standpunkt näherten sie sich dem sozial-liberalen Lager der bürgerlichen Parteien an, was sie innerparteilich in Mißkredit brachte. 1907 – in der letzten Ausgabe der NG – formulierte die Redaktion noch einmal ihre Mission: «Weil aber der Sozialismus zu erheblichem Teil ein Erziehungsproblem ist, hat die Neue Gesellschaft sich auch bemüht, Wissen und Bildung im Volk zu verbreiten, Kunst, Literatur und Wissenschaft mit Liebe zu pflegen.»[2]

Von den insgesamt zehn Texten, die Endell 1905 für *Die Neue Gesellschaft* schrieb, werden im folgenden acht in ihrer ursprünglichen Abfolge wiedergegeben.

1 NG, 3. Bd., Nr. 17, 23.1.1907, o.S.
2 NG, 5. Bd., Nr. 18, 31.10.1907, S. 546.

Die Neue Gesellschaft

Sozialistische Wochenschrift

Herausgeber: Dr. Heinrich Braun und Lily Braun

Heft 1.   1905.

Inhalt.

Glossen: Deutschland und Frankreich. — Ihr seid das Salz der Erde. — Herr im eigenen Haus. — Art läßt nicht von Art. — Graf Bülow. — Eppur si muove.

Georg von Vollmar: Landtagswahlrecht und Liberalismus in Bayern.

Max Schippel: Streitlehren.

Sidney und Beatrice Webb: Der Sozialismus in Neuseeland.

Ellen Key: Religiöse Erziehung und Schule.

August Endell: Kunst und Volk.

Kurt Eisner: Die Heimat der Neunten.

Hermann Heyermans jun.: Was in der Eiersauce war.

Verlag der Neuen Gesellschaft, Berlin W. 35.

Einzelheft 10 Pfennig   Pro Vierteljahr 1.20 Mk.

KUNST UND VOLK   Ich bin kein Sozialdemokrat. Manches sozialistische Ideal scheint mir unerreichbar, ja nicht einmal zu wünschen. Wenn ich trotzdem der freundlichen Aufforderung der Herausgeber, hier über künstlerische Dinge zu sprechen, gerne folge, so tue ich es, einmal weil ich die unsinnige Angst vor dem «Umsturz» und die daraus hervorgehende gegenseitige Verhetzung und Verbitterung tief beklage, weil mir ferner vieles, was die Sozialdemokratie aus politischen und wirtschaftlichen Gründen fordert, merkwürdigerweise aus ganz anderen, nämlich künstlerischen Gründen notwendig erscheint, und vor allem weil ich überzeugt bin, daß eine tiefgehende künstlerische Kultur nur denkbar ist, wenn Kunstsehnsucht und Kunstverständnis in den arbeitenden Klassen lebendig und reif werden. Und diesen letzten Punkt möchte ich hier näher erörtern.

Für gewöhnlich begegnet man ja der gegenteiligen Ansicht: Kunst sei ein Luxus, nur den Wenigen zugänglich, den Verfeinerten, den Geschmackvollen, den Reichen im Geist. Auch gehörte ein gewisses Maß äußeren Reichtums dazu, die zu einer wirklichen Vertiefung nötige Muße und Unabhängigkeit. Dem schwerarbeitenden «Volk» könne darum Kunst niemals zugänglich werden, und es sei überflüssiges vergebliches Bemühen, sie ihm durch Zeitschriften, Bilderfolgen, Vorträge und Führungen näher bringen zu wollen. Nichts scheint mir törichter. Natürlich kann der Hungernde, der bei schlecht gezahlter schwerer langdauernder Arbeit alle seine Kräfte ohne Freude und Hoffnung verbraucht, den Zugang zur Kunst so wenig wie zu einem menschenwürdigen Leben überhaupt finden. Aber soweit sind wir denn zum Glück doch nicht gekommen, daß solch Sklavenlos unter den arbeitenden Klassen allgemein wäre, und wenn es leider noch immer allzuoft anzutreffen ist, so ist es auch selbstverständlich, daß alle Kräfte eingesetzt werden müssen, solche Zustände zu ändern. Mit unserer Frage aber, wie weit künstlerische Kultur in den arbeitenden Klassen wurzeln könne, hat das nichts zu tun. Und es ist lächerlicher Hochmut und törichtes Mißkennen des Wesens aller Kunst, wenn man den arbeitenden Schichten Kunstverständnis von vornherein abspricht.

Freilich ist ein engeres genußreiches Verhältnis zur Kunst nicht von heute auf morgen zu gewinnen; um eine Symphonie, ein Bild, ein Gebäude in seiner Schönheit begreifen zu können, gehört lange Schulung und Übung dazu; man muß gelernt haben, aufmerksam mit Liebe und Hingebung zu hören und zu sehen, auf jede

Biegung einer Linie, jeden Schatten, jede leise Farbänderung zu achten. Und dazu gehört Zeit, Geduld und Anleitung. Aber das ist auch alles. Es gehört gar kein Wissen dazu, keine Bücher, keine geschichtlichen und technischen Kenntnisse, sondern nur die Übung, genau und aufmerksam zu hören und zu sehen, dann kommt die wundervolle Freude, in der alle Schönheit besteht, ganz von selbst. Und wer sich dieser Freude rein überläßt, wer sich nie einredet etwas sei schön, weil es etwa von Beethoven ist, trotzdem er gar nichts dabei empfindet; wer immer ganz einfach seinem Fühlen nachgibt, sein Fühlen nie verfälscht, der wird gar bald immer feiner hören und sehen, und das, was ihn anfangs langweilte oder kalt ließ, wird ihm lebendig werden. Jedem Menschen ist dieses königliche Reich der Schönheit zugänglich: wer überhaupt nur eine Feierstunde sein eigen nennt und von seiner Berufsarbeit nicht gänzlich ausgesogen wird, kann zu diesem Genießen kommen, man gebe ihm zu sehen und zu hören und ein wenig Anleitung. Gerade die «glücklicher» Situierten finden diesen Weg oft viel schwerer, weil allzuviel Muße sie in öde Zerstreuungen geführt hat, und die «Reichen im Geist» haben meist soviel gelesen und gelernt, ehe sie zum Sehen und Hören kamen, daß sie die Stimme ihres Innern gar nicht hören, daß sie begeistert sind, weil es in den Büchern stand. Und diese künstliche Begeisterung verfälscht und erstickt alles eigene Fühlen. Sie schielen nach ihren Büchern, statt unbefangen zu genießen. Und die Bücher, die sie schreiben, verfälschen das Fühlen ihrer Schüler und Leser. Wenn wir heute eine Periode traurigsten Kunstverstandes durchmachen, so liegt das zu guten Teilen daran, daß man der Kunst durch W i s s e n und D e n k e n beikommen will, und der Weg zur Kunst führt nur durch die S i n n e allein, durch ganz einfaches aufrichtiges Sehen und Hören.

Und eben darum ist Kunst jedermann zugänglich, dem, der nichts von Vergangenheit, von Geschichte und Kunstgeschichte weiß, ebenso gut oder meistens sogar besser, wie dem, der alle erdenklichen Kenntnisse in dieser Richtung besitzt. Die Erfahrung bestätigt das tausendfach. Mein Beruf hat mich viel mit Arbeitern zusammengeführt, und ich bin oft erstaunt gewesen, wie rasches und sicheres Verständnis ich für meine künstlerischen Absichten fand. Natürlich nicht immer. Von einem Fischer hörte ich einst die Schilderung eines Morgens im Wattenmeer, die in ihrer Lebendigkeit und Anschaulichkeit mich an Homer denken ließ. Und hat es denn nicht ganze Völker

Endell und die Neue Gesellschaft. Endell hatte 1904/05 in der *Freistatt*, die den Nationalliberalen um Friedrich Naumann nahestand, redaktionelle Erfahrung gesammelt. Wie die Verbindung zu Heinrich und Lily Braun zustandegekommen ist, bleibt Spekulation. Otto Eckmann, der mit Lily Brauns Schwester Marie verheiratet war und den Endell seit seiner Münchner Frühzeit kannte, könnte Endell mit den Brauns bekannt gemacht haben.[1] Rückblickend resümiert Julie Braun-Vogelstein das kulturelle Programm der *Neuen Gesellschaft* (NG): «Kunstgeschichte zu popularisieren, fertige Urteile zu überliefern, hielt die Wochenschrift nicht für ihre Pflicht. Sie führte weniger durch Museen als durch den Frühling, den Sommer, den Herbst, durch die Straßen der Stadt bei Morgen- und Abendlicht; sie öffnete das Auge für Form und Farbe, erschloß dem Leser die eigenen künstlerischen Erlebnismöglichkeiten und bereitete so zum Betrachten von Kunstwerken vor. Sie belehrte nicht, sie regte die Selbständigkeit an.»[2] Die Redaktion »Kunst« der NG ist offensichtlich durch Endells Tätigkeit geprägt und stimmt mit dem volkserzieherischen Wollen von Heinrich und Lily Braun überein. Der jeweilige Ausgangspunkt ist freilich ein anderer: Sehen diese ihr Ideal in der politischen Utopie des Sozialismus, formuliert jener eine Utopie der künstlerischen Kultur: «Das Volk aber muß Schönheit verstehen, wenn wir überhaupt wieder eine künstlerische Kultur haben wollen, denn die Massen sind die unmittelbaren Träger aller Produktion.»[3] Endells wahrnehmungspsychologisch geprägte Ästhetik bestimmte das für jedermann erlernbare reine Sehen zum Schlüssel der Kunsterfahrung. Dem Volk die Augen für die Kunst zu öffnen, war die Endell zufallende Aufgabe in der NG. «Freilich ist das eine grundandere Erziehung als die übliche Erziehung zum Wissen: eine Erziehung zum Können. Alles spricht dafür, daß diese Erziehung den Massen gegeben werden kann.»[4]

1 Siehe: Tilmann Buddensieg, Zur Frühzeit von August Endell..., S. 243.
2 Julie Braun-Vogelstein, Heinrich Braun. Ein Leben für den Sozialismus, Stuttgart 1967, S. 190.
3 August Endell, Kunsterziehung: Geschichte oder Psychologie, FS, Nr.46, 12.11.1904, S.920.
4 Ibid.

gegeben, die ganz und gar von künstlerischer Kultur durchzogen waren. Man braucht nicht einmal an die Griechen und Japaner zu denken. War doch bis in das 19. Jahrhundert hinein das «Volk» der Handwerker, Träger und Schöpfer des Kunsthandwerks, und wenn wir heute mit Neid auch in den ärmlichsten Stühlen und Schränken früherer Zeiten eine künstlerische Lebendigkeit fühlen, die wir selten und nur mit Mühe erreichen, so liegt es doch eben daran, daß damals der Einzelne, auch der nichts hatte als seine Arbeitskraft, künstlerisches Gefühl, persönliches Empfinden und eigene Phantasie besaß.

Heute ist das anders geworden, nicht weil das künstlerische Vermögen geringer geworden wäre, sondern weil die Maschine, die großkapitalistische Arbeitsorganisation den Einzelnen aus der lebendigen Beziehung zur Arbeit herausgerissen haben: er bekommt nur Stücke in die Hände und hat gar keinen selbständigen Einfluß. Aber so folgenreich und fruchtbar das in den technischen Industrien gewesen ist, den künstlerischen ist es verhängnisvoll geworden. Und außerordentliche Anstrengungen sind zu machen, wenn wir aus der ungeheuerlichen Barbarei und Geschmacksverwirrung wieder herauskommen wollen. Und das ist meiner Ansicht nach wiederum nur zu machen, wenn es gelingt, die arbeitenden Klassen, die breite, tragende Masse des Volkes für künstlerische Dinge zu gewinnen. Zunächst, weil es unbedingt nötig ist, in den Kunstindustrien Arbeiter heranzuziehen, denen künstlerische Gesichtspunkte geläufig sind. Im Vergleich zur Zahl der übrigen Arbeiter mögen das ja ziemlich wenige sein. Denn wenn auch die Gesamtzahl der in Kunstindustrien (Tapeten-, Stoff-, Spitzen-, Möbel-, Glasfabriken u.a.) beschäftigten Arbeiter nicht unbeträchtlich ist, so sind doch nur ein kleiner Teil davon im eigentlichen Sinne künstlerisch tätig. Aber man darf nicht vergessen, daß sich die Kunstindustrien bei der allgemeinen Tendenz unserer Volkswirtschaft, qualitative Arbeit an Stelle der quantitativen zu setzen, immer mehr ausdehnen werden, und daß Kunstverständnis in dem Einzelnen sich nur bilden kann, wenn seine ganze Lebensschicht, seine Umwelt, seine Kameraden und Genossen künstlerischen Dingen Interesse und Achtung entgegen bringen. Nur wo Kunst und Kunstinteresse allgemein das Leben durchdringt, wird sich im Einzelnen so starke Liebe und Sehnsucht danach entwickeln können, daß ein Beruf, eine Lebensarbeit daraus wird.

Und so führt die Notwendigkeit, künstlerisch geschulte Arbeiter für unsere Kunstindustrien, für Architektur und Kunsthandwerk zu gewinnen, wiederum darauf, die Arbeiter überhaupt künstlerischen Fragen näher entgegen zu bringen. Und dem kommt die große Sehnsucht nach Schönheit entgegen, die gerade in dieser Zeit der großen Städte, der Massenfabrikation, der ungeheuren technischen Fortschritte stärker und leidenschaftlicher geworden ist denn je zuvor. Wir sind von der Natur abgeschnitten wie nie vorher, und das hat unsere Sehnsucht verschärft und verhundertfacht. Die riesige Entwicklung und Verbreitung streng wissenschaftlichen exakten Denkens und Handelns hat das Anschauen, den Genuß durch die Sinne wohl zeitweise zurückdrängen können, aber damit auch den Hunger danach unendlich vergrößert. Darum ist es heute eine der wichtigsten Aufgaben, Kunstgenuß und Kunstverstehen zu lehren, diesen unklaren Bedürfnissen und Sehnsuchten Befriedigung und Erlösung zu schaffen. Und darum soll in dieser Zeitschrift, die ja in erster Linie politischen Zielen dient, künstlerischen Fragen und Gedanken Raum gegeben werden, soll versucht werden, durch kleine Besprechungen, Erläuterungen alter und neuer Kunstwerke, Verständnis und Liebe für diesen Teil der Volksarbeit und der Volkswirtschaft zu erwecken, den Politiker oft für belanglos halten, und der doch für das Gedeihen des Ganzen wichtiger ist als manche Industrie, die durch riesige Ziffern und Werte in der Gesamtbilanz eine hervorragende Stelle einzunehmen scheine.

VOM SEHEN   Das Ziel aller Künste ist Schönheit. Und Schönheit ist nichts anderes, als die starke berauschende Freude, die Töne, Worte, Formen und Farben in uns unmittelbar erzeugen. Man muß nur lernen, sich diesen so ausschließlich hinzugeben, so ganz und gar, daß nichts zugleich in unserer Seele ist, als diese Formen, diese Töne. Nun ist diese Schulung auf den verschiedenen Kunstgebieten durchaus nicht gleich leicht zu erlangen. Seltsamerweise am schwersten auf dem Gebiet, das das zugänglichste scheint, auf dem der Dichtkunst. Poesie s c h e i n t darzustellen, zu belehren, und wenn von ihr die Rede ist, spricht man von Moral, Weltordnung, Wirklichkeit, Wahrheit, Patriotismus usw., sehr selten von Schönheit. Was gute Verse sind, weiß beinahe niemand. Es gehört langwierige Arbeit, große Literatur- und noch mehr L e b e n s k e n n t n i s dazu, sich von dem heute herrschenden Wust des Irrtums zu befreien. Musik aber ist die zugänglichste aller Künste, weil sich gar keine Gedanken an sie anknüpfen lassen – oder doch nur mühsam und gezwungen –, sie zwingt zu hören und nur zu hören. Aber leider ist sie aus äußeren Gründen verhältnismäßig wenig zugänglich, man muß viel und oft hören, und dazu gehört Geld, oder eine Fertigkeit im Klavierspielen, die nur wenige erringen.

Allen aber und unmittelbar sind die Künste des Auges zugänglich. Das Sehen kann immer und überall geübt werden. Material gibt es ja genug, die Häuser an der Straße, die Museen und die Kirchen, und vor allem die Natur bieten unendliche Gelegenheit, das Auge zu schulen. Und man tut gut, mit der Natur zu beginnen. Über Kunst ist soviel Törichtes geschrieben worden und hat uns alle mehr oder weniger vergiftet, daß es besser ist, erst an der Natur sehen zu lernen. Wer dort scharf und fein sieht, wird auch an Kunstwerken sich bald zurecht finden. Wer aber Natur nicht sehen kann, kann es bei Kunstwerken natürlich auch nicht. Daher entspringt ja meist der Streit zwischen Publikum und Künstler. Da kommt jemand vor ein Bild, vielleicht ein ausgezeichneter Geschäftsmann, aber die Augen hat er nie aufgetan. Er weiß, daß der Himmel blau, die Blätter grün und die Wolken weiß sind, wozu soll er sie ansehen. Natürlich nimmt er es krumm, wenn der Maler die Wolken grün, die Blätter bläulich und den Himmel vielleicht rot malt. Eine Einigung ist da nur zu erzielen, wenn man gemeinsam hinausgeht, und sich Himmel und Erde einmal genau ansieht. Und man wird sehr bald merken, daß es an den Bäumen, den Droschkenpferden, den Hundeohren usw. viele, viele merkwürdige Dinge gibt, von denen man sich vorher nichts träumen ließ.

Wie aber fängt man es nun an, wenn man richtig künstlerisch sehen will?

Zunächst unter gar keinen Umständen irgend etwas denken oder vorstellen. In der Seele darf nichts sein, als z.B. das Gesicht des alten Mannes, das wir gerade betrachten. Warum gefällt es uns? nicht weil es ein Greisenkopf ist, und das Greisenalter etwas Ehrwürdiges ist. Vielleicht ist dieser Kopf gar nicht ehrwürdig, vielleicht ist er böse, mit kleinen funkelnden Augen in tiefen geröteten Höhlen, aber eben wunderschön in seiner Bösartigkeit. Und worin liegt diese Schönheit? Wiederum nicht darin, daß uns Erfahrung lehrt, daß wenn jemand solche Augen hat, er bösartig ist, und Bösartigkeit schön ist. Denn das ist sie durchaus nicht immer, und unsere Erfahrung hilft uns dabei in den seltensten Fällen. Wir brauchen sie auch gar nicht dazu. Wenn wir diese Augen sehen, empfinden wir blitzartig ohne jede Überlegung ihre Bösartigkeit und den Reiz, der in ihr liegt. Bei Tieren und Kindern nennt man das Instinkt, aber wir Erwachsene haben es genau ebenso. Sehen und Fühlen ist ganz gleichzeitig. Auf dieses instinktive blitzartige Fühlen kommt es an. Wir haben es alle, nur achten wir oft nicht darauf. Natürlich gibt es auch Dinge, die uns ebenso instinktiv abstoßen oder langweilen. Das ist sogar der gewöhnliche Fall. Denn Natur ist nicht, wie sentimentale Salbader uns glauben machen möchten, immer schön, im Gegenteil. Aber überall gibt es Stücken von Schönheit, man muß nur lernen, sie zu finden.

Also zunächst nichts denken, bei der Sache bleiben, genau und langsam hinsehen.

Das ist gar nicht einfach. Gewöhnlich denkt man sich das Sehen ganz einfach. Wenn zehn Menschen vor einem Hause stehen, sehen sie alle dasselbe. Denn das Haus bildet sich gleichmäßig auf der Netzhaut des Auges ab, und was sich da abbildet, das sehen wir auch. Aber so einfach ist das doch nicht. Wenn ich mit offenem Auge in einem Konzertsaal sitze und eifrig zuhöre, oder in lebhaftem Gespräch über die Straße gehe, bildet sich auf meiner Netzhaut vieles ab, ich merke es nur nicht. Die Seele kann eben nicht viele Geschäfte zu gleicher Zeit verrichten, kann nicht gleichzeitig sehen und sprechen und hören, sondern eins nach dem andern. Doch damit nicht genug. Freilich bildet sich auf der Netzhaut das ganze Haus ab. Aber wir sehen nicht mit allen Teilen der Netzhaut gleich gut, mit den seitlichen Teilen sogar sehr schlecht und ganz undeutlich. Genau und scharf aber nur mit einem ganz kleinen Teil in der Mitte, dem sogenannten gelben Fleck. Und wollen wir ein Haus wirklich genau ansehen, so müssen wir alle seine Teile der Reihe nach auf diesen gelben Fleck bringen, müssen also das Auge nach oben und unten, nach rechts und links bewegen, Kreuz- und Querstriche über das Haus ziehen, es gewissermaßen Linie für Linie mit dem Auge abtasten. Daraus geht schon hervor, daß mit dem bloßen Hinsehen sehr wenig getan ist, und daß man ziemlich lange Zeit dazu braucht. Der Kenner braucht Stunden, um ein

Gemälde wirklich zu sehen, der Kunstfremde läuft unterdessen an tausend Bildern vorbei. Aber das bloße Hinübergleiten über die Formen ist auch noch nicht genug. Man muß den Formen folgen, das Zusammengehörige für sich betrachten. Etwa die Fensterkreuze und dann die Fensterbekrönung, dann die ganze Fensterreihe zusammen, dann das Gesims darüber. Oder den Nasenrücken, dann die Nüstern, den Ansatz an die Wange, dann den an die Stirne, die Brauenbogen, die Augenhöhle, die Schwingung des Oberlides, die Wimpern, die Linie des Unterlides, den Apfel, den Stern, dann das Dreieck, das Nase und Auge bilden, als Ganzes. Dann ebenso genau den Mund, dann Mund, Nase und Augen als Ganzes, dann Kinn, Wangen und Stirn u.s.f. Das will natürlich geübt sein, und so einfach das hier auch klingen mag, es dauert lange, bis man es kann und bis man merkt, wie viel Freude es macht. Denn darauf kommt es einzig und allein an. Für gewöhnlich sieht man von dem Vielen, was die Netzhaut uns geben könnte, nur den kleinen Teil, der uns praktisch interessiert, die Haustür, die Klinke, die Treppenstufen, das Geländer, das Namensschild. Alles andere bleibt unklar und verschwommen. Wir aber, die wir künstlerisch sehen wollen, sehen nicht nach dem, was uns für den Beruf oder sonstige Zwecke wichtig ist, sondern wir schauen aus, ob unter den vielen Formen und Farben keine sind, die uns Lust und Freude bringen. Und das ist natürlich eine ganz andere Art zu sehen.

    Ich will nun später an bestimmten Beispielen beschreiben, wie man sieht und was es alles da und dort zu sehen gibt, um auf diese Art eine unmittelbar brauchbare Anleitung zu geben. Nur das sei heute noch gesagt. Der Lohn für die Mühe ist ungeheuer. Es gibt so unglaublich viel wunderschöne Dinge unmittelbar uns erreichbar, und doch von so wenigen gesehen und genossen. Eine wunderreiche herrliche Welt, dicht vor uns, so köstlich, so bunt und so mannigfaltig, daß wir es gar nicht nötig haben, uns Märchenwelten zu erträumen; das Heute, die Gegenwart, die Wirklichkeit ist das Phantastischste, Unglaublichste, das es gibt. Alle erdichteten Wunder sind kümmerliche Stümperei dagegen. Und unsere Torheit läßt diesen Schatz ungenutzt. Wir brauchen keine zweite Welt über den Wolken oder in der Vergangenheit, in unserer Welt, in unserer Zeit liegt das Ungeheuerste, freilich, dem blöden Auge unerreichbar, aber offen und greifbar dem Auge, das sieht.

ABENDFARBEN   Wir haben leider alles Recht, uns über die Häßlichkeit unserer großen Städte zu beklagen. Wenn man von dem Alten absieht – in Berlin ist davon nur wenig übrig geblieben – ist die trostlose Öde und Abscheulichkeit unserer Straßen außer allem Zweifel. Aber wenn dann sentimentale Leute kommen und sagen, das sei nur die gerechte Folge einer überfeinerten Kultur, die alle Natur künstlich ausgeschlossen habe, so ist das schief und dumm zugleich. Vom Standpunkt der Gesundheitspflege ist die Menschenanhäufung in den Städten sicher zu beklagen. Aber die Natur kann man nirgends ausschließen, auch nicht aus den wunderlichen Riesennestern von Steinhöhlen, die wir bewohnen. Und es ist sehr reizvoll dem merkwürdigen Leben der Natur in diesen Steinklüften nachzugehen mit sehenden Augen.

Die Architekturen sind sicher hoffnungslos schlecht und man läuft dahin absichtlich ohne zu sehen. Aber all diese bösen Fassaden und Straßenfluchten umspielt beständig Luft und Licht und verändert unaufhörlich ihr Aussehen. Fortwährend wechseln die Schatten, die Farben ändern sich durch Sonne, blauen Himmel, Nebelschleier, durch grelle weiße Wolken. Und wer auf diese Dinge achtet, findet mitten in all der unsagbaren Scheußlichkeit wunderschöne Sachen. Fangen wir mit dem Gröbsten an. Es ist Abend, wir haben am ersten Muße zum Betrachten. Die Sonne geht irgendwo unter, wir können es nicht sehen. Zufällig führt keine Straße von uns nach Westen. Wir spüren nur die Abnahme des Lichtes. Die Farben werden blasser und leerer. Allmählich füllen sich die Straßen unten an den Häuserreihen mit Dunkelheit, die langsam über den Damm und an den Häusern emporkriecht. Nur der Himmel ist blendend hell, manchmal so sehr, daß man kaum die Entgegenkommenden bemerkt. Die Stukkaturen der Häuser verschwinden, eine weiche dunkle Wolke scheint alle Formen zu überziehen. Nur die Dachlinien heben sich scharf vom Himmel ab. Und da geschieht etwas Merkwürdiges. Am Tage sind da viele abscheuliche Giebel und Türmchen, die prunken wollen und nur langweilen. Aber nun sehen wir nichts von ihrer plastischen Form, sie alle vereinigen sich zu einer seltsam geformten Silhouette. Wie der Umriß eines Tannenwaldes. Auf dem Platz steht eine moderne romanische Kirche, kostbar, aber eine törichte hilflose Nachahmung alter Wunderbauten. Auch sie wird schön im Abend, wo ihr Schattenriß kraus und seltsam bewegt sich vom Himmel abhebt.

Linien, die der Baumeister niemals dachte und ahnte, bilden sich und flimmern dunkel vor der leuchtenden Luft. Nun flammen die Laternen auf und das Dunkel am Boden durchdringt stechendes gelbes Licht. Und damit beginnt ein Märchen so bunt und lieblich, wie keines, das man uns als Kindern erzählt hat. Die Farben kommen wieder, aber anders als am Tag, greller und weicher zugleich. Teile sind noch vom Himmel beleuchtet, wie die bunten Hüte der Frauen, anderes nur von den Laternen: Aber das künstliche Gaslicht färbt um. Da erscheint eine Mauer leuchtend gelb, grau schimmernd dehnt sich der Asphalt, die leichten Schwellungen seiner Oberfläche, hier und da glänzend poliert von den Rädern, leuchten auf, dazwischen blitzen die Schienen der Trambahn. Aber das schönste sind die bunten Farben der Litfaßsäulen, der Geschäftswagen und der Kleider der Frauen. Am Tage viel zu grell, jetzt matt und fein: die seltsam schöne verschleiernde Luft, die Berlin hat, kommt jetzt zur vollen Macht. Alles verschwimmt leise in einander, und leise leuchten aus den grauen und gelblichen bräunlichen Tönen ein Blau, ein gelber Schal, ein grünes breites wehendes Band. Alle die harten wirklichen Dinge vereinigen sich zu einem duftigen durchsichtigen märchenhaften Schleier. Das Auge ist geblendet von den Lichtern, und darum erscheint nichts dunkel, ein leichtes leises Grau in vielen feinen Abarten und dazwischen eingewebt feine bunte schillernde Punkte. Und all das bewegt sich. Es scheint kaum Wirklichkeit. Ein erleuchteter Trambahnwagen fährt durch das Bild. Auch er fließt wie ein Schatten dahin. Merkwürdige Reflexe wirft er, wenn er durch die Kurve gleitet, und seine breiten großen Fenster, die eben noch dem Auge freie Bahn zur andern Straßenseite ließen, plötzlich eine grelle Lichtflut spiegeln.

Und über dem allem der dunkel glühende Himmel. Er ist ganz düster unterdes geworden. Aber – ein neues Wunder – seine Farbe, die kaum noch blau ist, hat selbst für das Auge, das eben noch die künstlichen Lichter erfüllten, eine wunderbare tiefe leidenschaftliche Glut. Eine Erklärung wage ich nicht zu geben. Man kann es kaum sagen. Man staunt immer von Neuem, daß Dunkelheit so mächtig sein kann.

Nach einer Stunde ist der Himmel ganz schwarz, nur das leise Funkeln der Sterne, oder der lebhafte Glanz eines Planeten durchbricht die dunkle Decke. Alle Häuser sind grell von unten beleuchtet. Merkwürdige Lichtkanten bilden sich an den

Gesimsen und Konsolen. Die Lichtkreise der Laternen teilen die Straße. Das junge Frühlingsgrün der Baumreihen dämpft das gelbe Licht und webt grüne Schleier; schreiten wir auf eine Laterne zu, so wird das Grün immer greller, bekommt einen merkwürdigen leuchtenden Ton, der wunderbar gegen die dunkle Straße wirkt. Die Baumstämme sind ganz dunkel, aber die Blendung webt auch über sie einen kaum merklichen Lichtschleier. Dann aber kommt ein Baum direkt vom Gaslicht bestrahlt, seine Rinde glänzt grau, fast silbern, und nur wo die Rundung der Zweige sich von uns weg biegt, an den Konturen ist tiefes Schwarz. Ein Bild vom zartesten Reiz, ganz «unnatürlich», und doch Natur, vor allem aber Schönheit.

FRÜHLINGSBÄUME   Die Zeit des jungen Grün. Keine ist so oft besungen, keine erscheint aller Welt so «poetisch». Aber leider haben unsere Dichter selten Augen: was die Natur uns jetzt in ungeheurer Fülle gibt, ist so viel, so wundersam unendlich, und was davon wirklich gesehen wird, das ist so lächerlich wenig, ist immer nur das, was andere schon vorher gesehen und besungen haben. Der Frühling kommt über Nacht, sagt der blinde Städter, der von den langsamen Wundern der Knospe und des jungen Blattes nichts weiß, und er ist obendrein noch stolz, daß es auch für ihn den Aufgeklärten, Vernünftigen noch Wunder gibt. Ein dürftiges Wunder: Schnelligkeit, der das Auge nicht folgen kann; ein echtes Stadtwunder, das ein bißchen an elektrische Schnellbahnen und ähnliche schöne Dinge erinnert. Und dabei ist das größte Frühlingswunder gerade die lange Dauer, der immer neue überraschende Wechsel. Nicht das ist erstaunlich, daß der kahle Baum von heute morgen dichtes Laub trüge: nein, das Wunderbare ist, wie der kahle Winterbaum hundert und tausend Gestalten annimmt, bis der reife volle Sommerbaum aus ihm wird. Ganz langsam schwellen die braunen Knospen, ihre Farbe verliert das Tote des Winters, sie beginnen leise aufzuleuchten, ihre Haut wird straffer. Und der Baum ist schon ein anderer, weil überall die dicken Knötchen die kahlen Zweige beleben. Nun bricht die Spitze der Knospen auf, die dunklen Deckblätter treten langsam aus einander, feine dünne hellere Häutchen werden sichtbar. Die Knötchen werden kugelig mit strahlenden Punkten an den Spitzen. Und kommen wir von weitem auf den Baum zu, so scheint sich über die dunklen nackten Zweige ein kaum sichtbares schimmerndes Netz zu spinnen. Jeder Tag bläht die Knospen stärker auf, an den Spitzen kommt helles weiches Grün zum Vorschein, das Netz über dem Baum wird dichter und schimmernder. Nun brechen die jungen Blätter aus der Knospe, schon ganz in den Formen der alten, aber noch zusammengefaltet, mit den rundlichen Deckblättern lockere grünliche Kugeln bildend. Und wieder ist der Baum ein anderer geworden. Die leise Zartheit ist dahin, die Blätterkugeln haben bei aller Jungheit doch etwas Kräftiges, sie sind kein Zierat an den Zweigen, wie die Knospen es waren, sondern etwas, das den Zweigen die Wage hält. Die Kugeln erweitern sich, verlieren ihre Form, die Blätter streben auseinander, bilden große zusammenhängende Flecken, die immer mehr zusammenwachsen. Noch sieht man den blauen oder den grauen Himmel zwischen ihnen. Der Baum ist ein ganz neuer geworden. War er im Winter dünn und kahl und hart in seinen Linien, trübe in der Farbe. Jetzt ist er leicht und voll und rund in den Formen und lieblich im Grün. Ein ganz neues Geschöpf, das kaum seine Verwandtschaft mit jenem anderen mehr zeigt. Und er wird immer voller und satter, die Farbe tiefer und stärker, die Zweige verschwinden, eine große kugelige grüne Wolke schwebt über dem dunklen Stamm.

Aber das ist nur das allergröbste. Die Worte reichen nicht aus, all die Übergänge zu schildern, sie so anschaulich zu machen, daß man sie innerlich sieht. Ich kann nur neugierig machen, kann nur verlocken, einen Baum einmal Tag für Tag genau anzusehen. Wochenlang ist er jeden Tag ein neues Wesen, das sich hundertmal ändert und gerade den aufmerksamen Beobachter durch immer neue Wendungen überrascht.

Nun haben wir nicht eine Gattung, sondern viele, und jede ist charakteristisch verschieden von der andern, und selbst innerhalb der gleichen Gattung ist jeder Baum anders, jeder hat ein persönliches Gesicht, hat seine Eigentümlichkeiten, die nur ihm zukommen. Wer aufmerksam zusieht, wird bald merken, daß man unter Bäumen Freunde und Lieblinge haben kann, so gut wie unter den Menschen. Aber dann muß man im einzelnen sehen, nicht alles sehen wollen. Langsam sehen. Sehen und warten. Bald wird man da oder dort wundersam angezogen werden und wird Freuden erleben, die man vorher nicht kannte. Was verwirrt, ist nur die Überfülle, die ablenkt und bald die Augen ermüdet. Die tolle jubelnde Wirrheit des Frühlings.

Nehmen wir zunächst die großen Formen der Stämme und der Verzweigung. Noch kann man sie ja erkennen. Fortwährend begegnen wir anderen Arten. Nur muß man nicht botanisch bestimmen wollen. Das wäre bald geschehen, und wir hätten doch nichts gesehen. Da gibt es Stämme, die steigen steil auf ohne Krümmung, senden hoch oben einzelne starke Äste aus, und dann plötzlich eine Wolke von dünnen geraden Zweigen. Dicht daneben ein anderer, auch mit hohem Stamm und wenigen starken Ästen, aber die Äste sind heraus gebogen, und alle Zweige krümmen sich mit harten scharfen Ecken, und wie greifende Finger. Dann andere, schwer und rund im Stamm, der plötzlich viele Äste nach allen Seiten streckt, die sich später vielfältig verzweigen, und eine dichte Kugel bilden. Die Baumkronen nehmen alle möglichen Formen an, die fast immer an Wolken erinnern, schwere kugelige Formen, eckig unregelmäßige, flache Hauben, die die tragenden Äste ganz frei lassen. Dann der schwere Behang der Tannen, die dunklen Federballen der Kieferarten, die langen wehenden Haare der Birken. All das kann man in tausendfachem Wechsel bei uns sehen, auf unsern Straßen, in den Ziergärten oder in unseren öffentlichen Parks. Und das ist erst der allernotdürftigste Anfang im Sehen. Haben wir darauf achten gelernt, dann beginnen die feineren Freuden. Vor uns ein riesiger Baum, der Stamm ist nach links ganz wenig geneigt, und seine Hauptäste gehen in starker Schwingung nach rechts zurück, wie wenn der Wind die Zweige fortgebogen hätte, und der Baum sich dagegen stemmt. Das gibt wundervolle gewaltige Linien, kühn, leidenschaftlich und groß, und wenn dieser Riese den ersten grünen Schleier bekommt, dann entsteht ein wundervoller Gegensatz, Kraft und Zartheit zugleich. Daneben ein Buchenstamm, ganz silbergrau, glatt mit seltenen Runzeln, ein paar Meter über dem Boden biegt er plötzlich aus nach einer Seite, dort war einmal ein Ast, der abgesägt wurde, und nun steigt der Stamm kerzengerade wuchtig in die Höhe, und dieses Aufsteigen wirkt doppelt gewaltig, weil jene schwere Ausbiegung vorherging.

Und nun das Grün! Was ist die Sprache arm, daß sie nur ein einziges kümmerliches Wort hat um diese unendliche Mannigfaltigkeit zu bezeichnen. Ganz helles fast weißes Grün beginnt, aber da schimmert eines fast gelb, und dort eines bläulich, wieder andere sind hellbraun und rosa. Allmählich vertiefen sich die Farben, die Oberfläche der Blätter wird straffer. Manche fangen an zu glänzen, viele bleiben stumpf, andere bedecken sich mit weißem Flaum, noch andere haben feine Büschel am Rande. Fast alle sind auf der Oberseite ganz anders als auf der unteren. Von Tag zu Tag, von Baum zu Baum wechselt der Farbton. Selbst in den langen Reihen der Straßen, wo jeder Baum gleicher Art und gleichen Alters ist, fallen einzelne heraus, die durch irgend einen Zufall zurückgeblieben sind, und bilden reizende Gegenspiele zu ihren Genossen. Welche leise feine Schönheit und dabei welche Fülle, welche Lust. Und über dieses strahlende Märchenland kommt dann der Traum der Blüten.

DER POTSDAMER PLATZ IN BERLIN   Wie viel Schriftsteller haben die volle Schale ihres Zorns über unsere großen Städte ausgegossen, wie viel tausendmal ist gesagt worden, daß sie abscheulich ungesund und mörderisch sind. Ich mag das nicht bestreiten. Aber wir müssen nun einmal darin leben. Auch gibt es viele Stellen der freien Natur, die tausendfach ungesünder, grausamer, mörderischer sind. Jedenfalls nutzt es nichts die Zeit mit Klagen zu vertrödeln. Versuchen wir lieber das einmal anzusehen, was nun einmal unsere Heimat geworden ist. Darum will ich hier einige Schönheiten eines Berliner Platzes schildern, denen zur Anleitung, die dort hinkommen, den anderen aber zur Lockung, andere Plätze mit solcher Genauigkeit zu betrachten, vielleicht finden sie dort ähnliche oder andere Schönheit.

Es ist neun Uhr abends. Die Tage sind warm und regenlos. Der Nachthimmel um diese Zeit noch hell. Der Platz ist von zwei riesigen elektrischen Lichtträgern ganz mit Helligkeit gefüllt, wie eine große Kuppel breitet sich das Licht über den Platz. Die Häuser erglänzen in leisen bunten Farben, bunter als in dem weißen Tageslicht. Eins ist leicht rötlich, ein anderes gelb und zwischen den Häusern lagern die dichten zerklüfteten Berge der belaubten Bäume und das dämmrige Dunkel der weniger stark beleuchteten Nebenstraßen. Der Himmel nach Westen über der Bellevuestraße und Kaffee Josty ist hellgrün, die sonst so widerwärtigen Reklamebeleuchtungen mit ihrem armseligen grellen Licht schimmern jetzt sanft in dem lichten Grün. Der Potsdamer Bahnhof liegt zurück im Dunkel, das beleuchtete Zifferblatt seiner Uhr schwebt wie eine gelbe Kugel in dem hier tiefblauen Himmel. Das Hauptgesims flimmert in feinem Grau, und darunter glüht ein düsteres Rot, fast verschlungen von dem rauchigen Nebel, der alles zu umhüllen scheint. Alles verfließt weich ineinander, man spürt das perspektivische Zurückgehen kaum. Alle Umrisse zergehen. Wohl können wir sie scharf sehen, wenn wir eine Linie fixieren, dann sehen wir aber nur diese Linie; lassen wir unsere Augen das ganze Bild aufnehmen, wird alles weich. Wundervolle dunkle Flecken bilden schwarze Kleider auf dem hellgrauen Asphalt. Eine Droschke kommt auf uns zu, ganz grau in grau, sie naht uns auf 20 Schritte, und man weiß nur, man sieht nicht, daß der Pferdekopf näher ist als der Wagen.

Unser Sehen in die Tiefe ist ja überhaupt eine wunderbar verwickelte Sache. Wir sagen: wir sehen räumlich körperlich, wie wenn wir alles im Raume gleich gut sähen. In Wirklichkeit aber sehen wir nur das, was in einer Ebene vor uns ist, im richtigen Verhältnis. Alles aber, was auf uns zukommt, oder von uns weggeht, sehen wir verschoben und verzerrt. Wir müssen als Kinder erst lernen, diese Verschiebungen richtig zu verstehen, und so gewissermaßen Vertiefungen in das ebene Bild hineinzusehen. Dazu müssen wir ein und denselben Gegenstand oft und von verschiedenen Stellen aus ansehen. Dann gelingt es uns, das verzerrte Bild gleich richtig zu deuten. Leichter wird uns das dadurch gemacht, daß die Luft die Farben verändert, je weiter eine gelbe Mauer von uns fort geht, um so matter und grauer wird ihre Farbe. Und alle Gegenstände erscheinen mit einem Dunstschleier bedeckt, umsomehr je ferner sie uns sind. Je heller es nun ist, um so größere Fernunterschiede kann es geben, und um so körperlicher sehen wir, je dunkler es wird, umsomehr verschwinden die Unterschiede, bis in der vollkommenen Nacht jedes körperliche Sehen aufhört. Aber auch die Luftart macht viel aus, je dunstiger sie ist, um so dichter wird der Schleier, und umsomehr verschwindet der Unterschied von nah und fern. Staub, Feuchtigkeit, Beleuchtung ändern daran. Und wer zum ersten Male in fremde Gegenden kommt, irrt fast immer in der Beurteilung der Ferne. Da es nun zunächst für uns nicht darauf ankommt die Dinge anzusehen, sondern sie ihrer wirklichen Lage und Größe nach zu kennen, so lernen wir in der Kindheit, in die verzerrten Bilder die wirklichen Dinge mit ihren Entfernungen hineinzusehen, so sehr, daß wir glauben, wir sehen das unmittelbar. Wenn wir dann später lernen wollen, zu sehen, bloß um des Sehens willen und der Freude willen, die wir daran haben, dann müssen wir erst vergessen, was wir wissen, und was gar nicht im Bilde ist. Wir wissen, daß das Kleid jener Frau eine haarscharfe Grenze hat, aber wir sehen es nicht. Wir wissen, daß das Hinterrad der Droschke weit hinter dem Pferdekopf ist, aber wir sehen es nicht. Und jetzt wo wir ja nur den Anblick genießen wollen, ist es eben gar keine Droschke mehr, sondern ein wundervolles Gewimmel von grauen Flecken, das über den grauen Flächen des Asphalts dahinschwebt.

Aus der dunkleren Potsdamerstraße – wir stehen, so daß die Bäume ihre Lichter ziemlich verdecken – quillt ununterbrochen ein schillernder perlender bunter Strom von Wagen und Fußgängern. Lauter kleine flimmernde Flecke, die erst unter dem Dunkel der Bäume hervorleuchten, dann größer werden, in das helle Licht des Platzes geraten und schließlich wie große Schatten oder heller Glanz an uns vorbeigleiten. Unaufhörlich wechselt das bunte Spiel und bleibt sich doch gleich, immer neu, immer anziehend, und doch nie mit dem Auge ganz zu erhaschen, wie die tausend Farbenperlen herandringender Wellen am Strande.

Müde wenden wir uns um, und gehen zum Leipziger Platz, drängen uns seitwärts an das alte schwarze Gitter und schauen über das Grün der großen Rasenfläche, auf die prachtvollen sich ballenden Wolkenberge der uralten Bäume auf denen wie graugrüner Reif die Blüten schimmern, dazwischen leuchten helle Fassaden mit dunklen Fenstern, und darüber ruht der schwere, blaue, nächtige Himmel mit funkelnden Sternen.

Zwei Stunden später. Noch immer gleiten unablässig Fuhrwerke und Menschen hinüber und herüber. Wir stehen am Eingange der Bellevuestraße und blicken quer über den Platz. Der Himmel ist ganz schwarz und die Dunkelheit scheint von allen Seiten wie eine schwarze Mauer die Lichtkuppel des Platzes einzuschließen. Aber das Schwarz ist dunstig und rauchig. Hell glänzen die nächsten Häuser aus dem Rauche auf. Manchmal, wie der Zufall es gibt, wird der Platz ganz leer, und dann dehnt sich der graue glatte Asphalt weit in die fernen Straßen hinein, dort beleuchten ihn die glitzernden Laternen, und darum bleibt er kenntlich. Darüber aber ist Nacht. Und so scheint die glatte graue Fläche die dunklen rauchigen Massen der Luft gleichsam zu unterhöhlen, und die Laternen scheinen die Höhlen zu erhellen. Dann plötzlich ändert sich alles. Der ganze Platz bis zu uns heran ist mit Wagen bedeckt. Die leuchtenden gläsernen Schiffe der Trambahnen ragen hoch auf und davor drängen sich die leichten, dünnen, zierlichen Gebäude der Droschken. Das Licht kommt von tausend Orten, und so ist es auch unter den Wagen ganz hell. Sie scheinen in der Luft zu schweben auf ihren Rädern, wie riesige Insekten mit seltsam zerschnittenen Leibern und vielgliedrigen Beinen. Und unter diesem märchenhaften Gewimmel breitet sich am grauen glatten Boden ein wundervolles fließendes Gewebe leichter Schatten, bald mit scharfen bald mit weichen Umrissen, bald schwer, bald leicht, bald dicht und fest, bald zart und dünn und weit hingezogen. Eine wundersame unruhige, irrende zweite Welt am Boden, die garnichts zu tun hat mit der anderen oben, die sie erzeugte. Das Gedränge löst sich, im Nu zerfließen die Schatten, und wieder dehnt sich der helle Asphalt unter der leuchtenden Lichtkuppel hinweg weit in die fernen mit rauchigem Dunkel gefüllten Straßen, sie tief aushöhlend und schimmernd im Glanz ihrer blinkenden Lichter.

Regen kam nach den schwülen Tagen und reinigte die Luft von dem trüben Staub. Nun breitet sich nicht mehr die Kuppel über den Platz, die das helle Licht in die dunkle schwarze Nacht hineinzuschneiden schien. Weit fort flieht der Himmel, alles ist klarer geworden, die Straßen weiter und tiefer, die Farben stark und blank. Und der graue Asphalt ist dunkel vom Regen, in das Spiel der Schatten mischt sich tausendfache Spiegelung, breite Lichtmassen scheinen unter dem Boden zu schimmern, seltsam zerrissen von den trüben nicht spiegelnden Stellen der Straße, und irgendwo rinnt ein wundervoller grüner Streifen, das Abbild der kleinen Signallaterne eines Straßenbahnwagens.

EINDRUCKSKUNST   Bevor ich hier von den Impressionisten auf der Künstlerbundausstellung rede, will ich versuchen, das Wesen des Impressionismus überhaupt verständlich zu machen. Immer wieder tauchen dieselben Mißverständnisse und daraus folgend dieselben törichten Urteile auf, ein kindisches, verständnisloses Herumnörgeln, ein Ablehnen der ganzen Richtung womöglich aus «nationalen» Gründen! Weil man die neue Kunstweise nicht begreift, schiebt man den Künstlern unlautere Motive unter, erklärt die ganze Bewegung für künstliche Mache von gewissen Künstlern, Kunsthändlern und Juden, die natürlich den christlich germanischen Geist verfälschen. Solch dummem

Gerede gegenüber ist es nötig, den Kernpunkt der Frage rein sachlich darzustellen und das soll hier geschehen.

Wir verbringen unsere Kinderjahre damit, aus den Eindrücken des Auges, des Ohrs, des Tastempfindens usw. uns Vorstellungen von den Dingen zu formen. Wir lernen, daß die vielen verschiedenen Ansichten eines Stuhles zu ein und demselben vierbeinigen Dinge gehören, daß es hart und fest genug ist, sich darauf zu setzen, daß man damit umfallen kann, wenn man sich allzu heftig darauf bewegt. Der einzelne Gesichtseindruck des Stuhles tritt ganz hinter der allmählich gewonnenen Vorstellung von dem Stuhle zurück. Und so geht es mit allen Dingen. Wir fangen mit Eindrücken an, aber von den Eindrücken wählen wir stets das aus, was für das Leben von Belang ist, und diese Eindrucksteile zusammen gesetzt bilden unsere Vorstellung von Stuhl, Haus, Schule u.s.f. Fängt nun ein Kind an, etwas aufzuzeichnen, so gibt es manche Schwierigkeiten. Die Treppe gehört z.B. notwendig zur Vorstellung vom Haus. Und als ich mein erstes Haus zeichnete, und Fenster und Tür glücklich zu Papier gebracht hatte, zeichnete ich die Treppe quer über die Fassade und konnte nicht begreifen, warum das unrichtig sei. So zeichnen Kinder und primitive Völker. In v. d. Steinens Buch über seine brasilianische Reise findet man hübsche Belege dafür. Es dauert eine Weile, bis ein Kind begreift, daß man nur zeichnen darf, was man sieht, nicht was man weiß. Zeichnet es einen Wagen, so macht es die Räder rund, weil es weiß, daß sie so sind, und dann sind die vier Räder sehr schwer unterzubringen. Diese Schwierigkeiten, die wir bei den Zeichenversuchen der Kinder beobachten, sind auch die Schwierigkeiten der beginnenden Malerei gewesen. Es hat lange gedauert, bis man lernte, die rechteckigen Seiten eines Würfels schiefwinklig zu zeichnen, und damit die perspektivische Wirkung zu erzielen. Die Japaner haben es nie zu einer korrekten Perspektive gebracht, und die Renaissancemeister haben sich die Ausbildung der Perspektive sehr sauer werden lassen. Und dabei ist unser perspektivisches Zeichnen doch nur eine ganz grobe Annäherung an unser Sehen. Denn es gibt etwa den Eindruck wieder, den wir hätten, wenn wir mit einem Auge starr geradeaus blickten und mit allen Teilen der Netzhaut gleich gut sähen. In Wirklichkeit sehen wir mit zwei Augen unter ständiger Bewegung, setzen gewissermaßen tausend kleine Bildchen, die in allen möglichen Richtungen und Entfernungen gesehen sind, zusammen. Diese Wirkung kann ein Bild nicht nachmachen, jedenfalls nur in vergröberter Form. Immerhin sucht die perspektivische Darstellung den formalen E i n d r u c k zu geben, nicht die V o r s t e l l u n g, und tut das in unvergleichlich höherem Grade als primitive Perspektive oder gar geometrische Darstellung.

Aber wenn man so auch der Form nach den Gesichtseindruck darstellte, die Farben malte man nicht, wie man sie sah, sondern wie man sie wußte. Ein Mantel ist blau, darum wird er blau gemalt; daß dieses Blau an den Schattenstellen gar nicht dasselbe, ja vielleicht gar nicht blau ist, erkannte man noch nicht. Man malte die Schatten um einige Töne dunkler, nicht weil der Schatten wirklich so aussah, sondern weil man wußte, daß Schatten da ist und man ihn wiedergeben wollte. Erst die Venezianer entdeckten, daß die Schatten, die unbeleuchteten Stellen ihre eigenen Farben haben: Farben, die im Gewand selbst, wenn man es ans Licht hält, gar nicht darin sind. Dann merkte man auch allmählich, daß derselbe grüne Baum ganz anderes Grün zeigt, je nach Entfernung und Beleuchtung. Und man lernte, daß im geschlossenen Raum die Farben eigentümlich sich dämpfen und verklingen, daß es also nicht genügt, Räume perspektivisch sichtig zu zeichnen, daß man sie m a l e n muß. So malte Rembrandt das durchsichtige Dunkel das die hellen Teile eines Raumes umgrenzt. So malte Velasquez die unendliche Reihe feiner grauer Töne, die im gedämpften Licht des Zimmers sich bilden.

Das Bestreben darzustellen, was man sieht, und ganz seine V o r s t e l l u n g e n von den Dingen, das was man weiß, zu vergessen, ist in dieser Entwicklung ganz deutlich, und dies Bestreben ist immer erfolgreicher gewesen. Aber vollkommen zum Ziel ist es doch erst im 19. Jahrhundert in Frankreich gelangt durch die französischen Impressionisten, durch Manet, Monet, durch Renoir und Cézanne. Ihnen gelang es zuerst, alles zu vergessen, was sie wußten, und nur und ausschließlich zu malen, was sie sahen. Sie erkannten, daß über allen Dingen eine Luftdecke liegt, und daß man bisher durch «genaueres» Hinsehen sich diese Decke mehr oder weniger zerstört hatte und damit eine eigene reizvolle Schönheit.

Wir können unsere Augen auf verschiedene Entfernungen einstellen. Man nennt das die Akkomodation des Auges. Da uns für gewöhnlich nicht der Eindruck, sondern die Gegenstände interessieren, so stellen wir unsere Augen beständig anders ein, und zerstören so die Einheitlichkeit des Gesehenen. Wir springen gewissermaßen vorwärts und rückwärts. Aber das Vorn und das Hinten gehören so nur gegenständlich, nicht für den Augeneindruck zusammen. Bisher hatte man nun die Gegenstände, so wie sie bei genauem Hinsehen sich darstellen, zusammen auf die Leinwand gebracht. Also Dinge, die mit ganz verschiedener Augeneinstellung gesehen waren, auf eine Ebene gebracht, wo sie vom Beschauer doch nur mit ein und derselben Einstellung gesehen werden können. Diese Darstellungsweise, die man so gern als die natürliche, selbstverständliche hinstellt, war also, rein sachlich genommen, falsch. Das würde für den Kunstwert nichts sagen, denn das Ziel der Kunst ist Schönheit, nicht Darstellung. Aber auf diese Art wird ein ganz eigentümlicher Reiz des Gesichtseindruckes vernichtet: die Luftdecke, die über den Gegenständen liegt, sie wie mit einem Schleier überdeckt, und sie so farbig zu einem Ganzen zusammenschmilzt. Das nur auf praktische Zwecke gerichtete Auge sieht davon natürlich nichts, seine Neugier, genaue Gegenstände sehen zu wollen, zerstört diese Luftdecke. Wer aber einmal diese Neugier abgestreift hat und hinsieht, ohne etwas Bestimmtes sehen zu wollen, ohne zu fixieren, der wird bald entdecken, welche wunderschönen Dinge ihm bisher entgangen sind. Ich habe hier ja verschiedentlich versucht, derartiges zu schildern.

  Will man diese Schönheit malen, so zeigen sich sofort allerlei Schwierigkeiten. Die Umrisse bleiben unscharf. Im Grunde genommen gibt es scharfe Konturen ja nur für ein Auge. Die beiden Augen sehen verschiedene Umrisse, die zu einem unscharfen verschmelzen. Aber auch mit einem Auge sieht man scharfe Umrisse nur, wenn man genau hinsieht, also gerade das Bild zersieht. Darum geben die Impressionisten die Konturen unscharf, ein wenig verschwommen. Blinde Leute, die scharfe Umrisse von alten Bildern her für ihr unveräußerliches Recht halten, geraten darüber in namenlose Wut, und sprechen von Faulheit und Skizzenschmiererei. Und der ehrenfeste deutsche Mann erklärt, daß dergleichen Liederlichkeit wohl dem windigen Franzosen erlaubt sei, dem treuen, dem deutschen Herz aber nicht anstehe. Den Guten wäre besser, sie täten einmal das Männerauge wirklich auf und genierten sich endlich, ihr Herz beständig auf den Markt zu tragen. – Die unscharfen Umrisse erfüllen allein die feinsten Anforderungen perspektivischer Darstellung, sie allein ermöglichen die Luftdecke und ihren Reiz wirklich zu geben.

Es gibt noch andere und viel größere Schwierigkeit. Sehen wir ein Stück Natur in der geschilderten Art an, und wollen es malen, so können wir nicht einfach das Gesehene auf die Leinwand bringen. Denn die Leinwand ist nicht im Auge des Beschauers, sondern in einiger Entfernung. Es liegt Luft dazwischen, die die Wirkung verändert, vermindert. Die Farbflecken, die auf der Leinwand getrennt sind, verschmelzen für das Auge. Darum müssen wir die gesehenen Farbtöne verstärken, deutlicher machen. Was für das Auge nur ein leichter, kaum merkbarer grüner Schimmer ist, muß auf der Leinwand ein grüner Fleck sein. Der leichte bläuliche Schleier im Schatten eines Baumes wird zu einem deutlichen blauen Fleck. Kommen wir nun dem Bild zu nahe, dann verstehen wir dieses Blau und Grün nicht. Und der vernünftige Mensch erklärt kurzweg: «Verrückt». Aber wenn man es ein wenig überlegt, sieht man, daß das gar nicht anders zu machen geht. Ein Bild kann nur für eine Entfernung gemalt sein, weil jeder Entfernung eine andere Wirkung entspricht. Darum muß der Beschauer durch die Art der Malerei in einer bestimmten Entfernung gehalten werden. Darum malt man in groben Farbflecken, die nur für eine gewisse Entfernung von der Leinwand verschwinden und zum Bilde werden. Geht man näher heran, so zerfällt das Ganze in unverständliche Flecken. Darüber gerät der deutsche Mann wie vorhin in grimmiges Toben. Und er erhebt in den Himmel die Bilder, auf denen jedes Detail zu erkennen ist, dort findet er Fleiß, Treue, Ehrlichkeit und einen ganzen Kranz anderer Bürgertugenden. Und doch sind diese Bilder unehrlich. Sie sind zwar von weitem und von nahem zu betrachten, geben jedem Standpunkt etwas, aber für keine Entfernung befriedigen sie vollkommen, da sie gleichzeitig auf die anderen Rücksicht nehmen müssen. Sie wollen alles bringen und bringen nichts Ganzes. Der Impressionismus, die Eindrucksmalerei begnügt sich mit einem Standpunkt, mit einem Eindruck, den aber gibt sie ganz unverfälscht, mit aller seiner Schönheit. Er malt nicht Körper, und den Schatten, der darauf liegt, sondern beides zugleich. Nun ist es gleich, ob ein Farbfleck ein bunter Gegenstand ist, oder ein bunter Schatten, oder ein Schimmer, den die Luft erzeugt, er malt nicht die Welt, die wir wissen, den Menschen, die Natur, nicht den geistigen Gehalt, von dem Kunsthistoriker so gern reden, sondern er malt das wunderbare schimmernde Farbenspiel, das in unser Auge fällt, gleichgültig, was es in unserem sonstigen Leben bedeuten mag. Der Impressionismus ist die vollendetste Darstellung unseres Gesichtseindrucks, die wir bisher kennen, ein bewundernswertes Kunstmittel, das letzte Ergebnis jahrhundertelangen Suchens.

Aber nur ein Kunstmittel! Der Impressionismus ist sicher den alten Verfahren in unendlich vielen Dingen überlegen. Aber darum sind impressionistische Bilder nicht besser, als die früheren. Eine Malweise bedingt niemals den künstlerischen Wert, sondern nur die Schönheit, die mit ihrer Hilfe erzeugt wird. Man kann auch als Impressionist herzlich unbedeutende Bilder malen. Andererseits liegen neue unendliche Möglichkeiten im Impressionismus, die heute noch kaum geahnt werden. Und darum hat man wohl ein Recht, mit einigem Mißtrauen auf die Maler zu sehen, die sich dieser Fülle verschließen und krampfhaft an der alten Methode festhalten. Es soll nicht geleugnet werden, daß auch dort noch manche neue Schönheit zu gewinnen wäre. Hodler ist ein Beispiel. Aber im allgemeinen wird man wenig von Leuten erwarten können, die das große Glück haben, in einer Zeit zu leben, wo ein neues Wunderland sich auftut, und doch nicht die Arme nach diesem Wunder ausstrecken.

UNSERE IMPRESSIONISTEN   Es ist natürlich unmöglich, hier eine halbwegs vollständige Besprechung der impressionistischen Bilder der Künstlerbundausstellung zu geben. An einer gerechten Zensurenverteilung, wie sie von Kritikern wunderlicherweise so oft angestrebt wird, liegt ja ohnehin nichts. Wertvoller scheint mir, zum genießenden Betrachten anzuregen. Darum verzichte ich darauf, alle die Künstlernamen mit mehr oder weniger lobenden Worten aufzuführen, spreche nicht von *Leistikows* schönen, stillen Landschaften, auch nicht von *Uhde* und *Trübner*, deren beste Leistungen in eine frühere Zeit fallen; nenne nur denen, die selber auf die Suche gehen wollen, einige Namen, wie Landenberger, Herzog, Slavona, Dill, Reiniger, Tuch, v. Kardorff, Breyer, Hübner; und beschränke mich auf den reifsten unserer Maler und die beiden, die ich für die temperamentvollsten halte, auf Liebermann, Corinth und Slevogt.

Liebermann hat ein ganz frühes Bild gesandt: der Biergarten, das in dem großen Saal neben einem Porträt Bodes und der Seilerbahn hängt. Es ist beinahe noch ganz in der hergebrachten Technik gemalt, und findet daher Gnade sogar bei denen, die seine heutigen Arbeiten unbedingt verdammen. Sie können gar nicht begreifen, wie jemand so heruntorkommen kann. Und doch sollte es stutzig machen, daß jemand, der so schön sauber malen konnte, viele viele Jahre unermüdlich malte, um als Sudler zu enden. Auf dem Biergartenbild ist alles deutlich zu erkennen, jedes Gesicht, jede Hand. Man kann ganz nahe gehen, und doch bleibt alles erkennbar. Und alles einzelne ist in der Tat entzückend, wundervoll sind alle Figuren gezeichnet, zumal die Kinder reizend in den Bewegungen: das Kriechende und das Trinkende. Auch ist das alles Malerschönheit – was wir sehen, Bewegungen und Ausdruck sind schön – nicht dazu gedachte Schönheit, wie in den bösen Genrebildern der 70er Jahre. Wie viel schöner sind diese Menschengruppen, als die Menzel auf ähnlichen Bildern malte, wo immer ein öder Witzblatthumor den Maler verdrängt, wo komische Prügeleien erzählt werden, und das Auge leer ausgeht. Liebermann erzählt gar nichts, er gibt nur den sichtbaren Reiz von Stellungen und Bewegungen. Und dieser Reiz ist etwas sehr Zartes, Liebenswertes, fein und still. Ein wunderschönes Bild, das immer wieder anziehen wird. Und doch ist Liebermann bei dieser Malweise nicht stehen geblieben. Um das zu verstehen, müssen wir dies Bild mit der Seilerbahn, die in der Nähe hängt, vergleichen. Treten wir etwa bis zu Gauls Löwen zurück, so springt der Unterschied und der ungeheure Fortschritt in die Augen. Das alte Bild scheint blaß und flach, das neue aber zeigt eine wunderbare Tiefe. Das liegt nicht am dargestellten Gegenstand. Man sehe nur auf den vordersten Seiler, wie prachtvoll deutlich er zurücktritt. Dies Bild hat einen Raum, der Biergarten hat das noch nicht. Freilich das Detail mußte dafür geopfert werden, man darf nicht zu nahe herantreten, in der Nähe wird das Ganze unverständlich. Sehen wir aber aus einiger Entfernung genauer hin, so finden wir hier dieselbe große Sicherheit im Zeichnen wie auf dem alten Bilde. Trotzdem die Umrisse in der Nähe kaum zu erkennen sind, in der richtigen Entfernung sind sie ganz deutlich und ganz vortrefflich gegeben. Diese scheinbar so achtlos hingestrichenen Farbenklexe sind eben mit der höchsten Kunst mit dem feinsten Formwissen hingesetzt. Die Haltung der Seiler ist wundervoll. Das Müde in den Linien und doch eine gewisse Anspannung, die leicht gebückte Haltung, die lässigen Beine, und die Hände als Mittelpunkt der ganzen Figur. So einfach der Vorwurf scheinen mag, er hat eine leise stille Schönheit auf dem Bilde bekommen. Gerade das, was man dem Juden Liebermann so gern abspricht, das Gemüt, Wärme und Herz, ist in diesen Bildern, freilich ohne alle Süßlichkeit, ohne jene Unechtheit, jene falsche Biederkeit, die so oft von Professoren und Kritikern als echt germanische Gemütstiefe gepriesen wird.

Ganz anders ist das Polospiel; die Luft, der trübe Himmel, der weite, blaßgrüne Rasen, die hellen Pferdeleiber zeigen wieder die sanfte Schönheit, die Liebermann liebt, aber die Bewegungen der Pferde sind wild und jäh, so stark wie das leuchtende Rot der Reiter. Prachtvoll sind die Pferde gezeichnet. Die Zügel sind gar nicht angedeutet, man sieht sie in der Beleuchtung eben nicht. Und doch sind sie da für das Auge. Dann sieht man unmittelbar, wie die Pferde gegen den Zügel andrängen. Eine merkwürdige Stimmung liegt über dem Ganzen, eine seltsam verhaltene Leidenschaftlichkeit, und dabei so gar kein Pathos, kein lautes Schreien. Zurückhaltung und Stille bildet auch hier den Grundton.

Reife sichere Kunst gibt Liebermann, wohl als der Einzige. *Corinth* und *Slevogt* sind jünger, stürmischer, leidenschaftlicher, kühner, ihr Temperament ist dem seinen weit entfernt, sie greifen nach ganz anderen Zielen, nach anderer Schönheit, aber noch sind sie nicht fertig, noch nicht ausgeglichen. Sie sind sich verwandt, wenn man sie neben Liebermann betrachtet, dessen Stille ist beiden ganz fremd, aber betrachtet man sie allein, so ist auch zwischen ihnen eine weite Kluft. *Corinth* malt Stärke, überlegene sichere Kraft. Das große Doppelbild ist nicht geglückt. Die Aneinanderreihung der Akte nicht lebendig, nicht malerisch-sinnvoll geworden. Schön ist dagegen «Mutter und Kind», prächtig in der Farbe, in dem Gegensatz von Schwarz und Fleischfarbe, wirklich groß die Bewegung der sitzenden Frau. Freilich erinnert es an Barockbilder, aber das merkwürdige ist, daß es daran erinnern darf, ohne sich zu schaden. Auch die «Frauenräuber» erinnern an einen Barockmeister, an Rubens Castor und Pollux in der Münchener Pinakothek. Genau der gleiche Vorgang, nur sind es dort zwei Pferde und zwei Frauen. Schade, daß man die beiden Bilder nicht nebeneinander sehen kann. Die Unsittlichkeitsfreunde sind natürlich entrüstet, sie halten sich am Stoff. Da wir aber hier von Bildern reden, so brauchen wir nicht zu erörtern, ob es sittlich zulässig ist, nackte Frauen zu rauben. Wir kümmern uns nur darum, wie es aussieht. Auf die Gedanken unreifer Menschen jeden Alters können wir nicht Rücksicht nehmen. Und es ist eine Lust das Bild anzusehen. Es ist alles viel einfacher, als bei Rubens, die Gebärden viel selbstverständlicher, natürlicher. Das Ineinandergreifen der drei bewegten Körper meisterhaft. Prachtvoll die Abwehrbewegung der nackten Frau, vorzüglich das Lächeln, die überlegene Kraft der gepanzerten Männer. Wunderschön als Gegensatz der ganz ruhige Kopf des Pferdes, seine dunkle schwere Masse gegen den lichten Körper des Weibes.

Slevogt malt ebenfalls Stärke, Leidenschaft, aber er ist reicher, mannigfaltiger als Corinth, seine Kraft ist verhaltener, er liebt die geschmeidige Stärke der Raubtiere, die jähen, merkwürdigen Bewegungen einer Tanzenden. Seine Schönheit ist lange nicht so einfach, als die Corinths, er findet immer neue seltsame Dinge, die überraschen, ja im Anfang befremden. Aber immer ist Größe darin, Vornehmheit, freilich nicht in äußerlichem Sinne. Sein Porträt des Bankdirektors Dernburg hat gar nichts Prunkhaftes. Eine lässige Haltung, ein ganz einfacher, gedämpfter Farbklang, und doch ist Stärke, Wille, Festigkeit darin. Man hat die Verteilung getadelt, das Herausrücken des Kopfes aus der Mittelachse, aber so sehr ich auch diesem Tadel nachprüfte – ich fürchtete, meine alte Bewunderung für Slevogt habe mich blind gemacht – ich kann den Aufbau des Ganzen nur vollendet finden. Freilich ist dies Vorausrücken kühn, aber die Kühnheit ist gelungen. Vollkommen wiegen sich die Massen aus. Das Schwere des Körpers wird durch den freien Raum neben dem Stuhl besonders wirksam. Verteilung, Bewegung, Farbe, bilden ein Ganzes von wunderbar einheitlicher Wirkung. Es ist weitaus das beste Porträt der Ausstellung, denn es ist stärker, großzügiger als Liebermanns ausgezeichnetes Bode-Bild. Das merkwürdigste Bild aber ist der weibliche Akt, eine schreitende nackte Frau, in einem teppichgezierten Raume. Das Licht fällt von oben auf Schulter, Gesäß und Wade, und gegen das grelle weißrosa Licht dieser Teile hebt sich in wunderbarem Gegensatz der grüngoldene Ton der beschatteten Partien. Die Bewegung ist reich und merkwürdig, sie sagt den Gedanken nichts, und dem Auge unendlich viel. Prachtvoll die grellbunten Teppiche, der stumpfblaue Vorhang rechts mit der rotgoldenen Kehrseite und der hellbunte Gardinenstoff links. Das Ganze von wunderbarem Zusammenklang. Ein märchenhafter Reichtum, und doch nicht schreiend, nicht bunt im schlechten Sinne, vollkommen verschmolzen, ganz selbstverständlich, ohne alle Künstlichkeit. Man muß es lange, lange betrachten, um es ganz zu begreifen. Eine neue eigene Schönheit.

ARBEITERHÄUSER   Der Zentralverein für Arbeiter-Wohlfahrtseinrichtungen hat im Abgeordnetenhause eine große Sammlung von Entwürfen für Arbeiterhäuser ausgestellt. Den Grundstock bilden die preisgekrönten und die angekauften Arbeiten aus einem Wettbewerb, den der hessische Ludwigs-Verein ausgeschrieben hatte. Dazu kommen noch Darstellungen einiger größerer Arbeiterdörfer, die schon bestehen, so ein schwäbisches, das von dem Stuttgarter Stadtbaumeister Th. Fischer herrührt, das Pallenbergdorf, die Kruppschen Anlagen, ein Beispiel aus England: eine Anlage in der Nähe von Liverpool und andere. Hauptsächlich sind es Anlagen ländlichen Charakters, Häuser für ein und zwei Familien, bald einzeln, bald in Gruppen vereinigt, auch einige Etagenhäuser. Das zweistöckige Einzelhaus herrscht vor. Die schwierigste Frage auf diesem Gebiete, die Beschaffung gesunder und hübscher Arbeiter-Wohnungen in der Stadt, mit ihren teuren Grundpreisen, wird durch diese Ausstellung kaum berührt. Hier handelt es sich durchweg um Anlagen, wo Platz verhältnismäßig reichlich zur Verfügung steht. Es ist nun zweifellos erfreulich, zu sehen, in welchem Maße sich das Interesse für Arbeiterhäuser gesteigert hat. Auch ist darin ein Fortschritt unverkennbar, daß man die Gestaltung dieser Häuser nicht als etwas Belangloses ansieht, daß man nach schöner und reizvoller Wirkung strebt, daß nicht mehr der Grundsatz äußerster Billigkeit der einzig maßgebende ist, daß man endlich an Stelle öder Nüchternheit und trübseliger Uniformität älterer Anlagen künstlerische Wirkung erstrebt. Auch muß man ohne weiteres zugeben, daß die Architekten ernstlich um die Erreichung dieses Zieles gerungen haben. All die ausgestellten Arbeiten zeigen dem geschulten Auge, welche sorgfältigen Studien zur Vorbereitung dienten. Man sieht deutlich, mit welchem Eifer und welcher Liebe englische Vorbilder, die hübschen alten Vorstadthäuser und die Bauernhäuser in Anlage und Einzelheiten studiert worden sind. Aber das Gesamtergebnis will mich doch nicht befriedigen. Arbeiterhäuser hatte ich erwartet, und was ich fand, waren eben sehr hübsch und nett gezeichnete Bauernhäuser und Häuschen alter Zeit mit all der hübschen Romantik, in die wir uns in den letzten zehn Jahren wieder verliebt haben. All die hübschen Wirkungen der Bauernhäuser, ihre Dachformen, ihre niedrigen Fenster, ihr Holzwerk, ihre Giebel, ihre Dachluken, zeigen sich da, sehr liebenswürdig und reizvoll gezeichnet. Aber wer genauer hinsieht, merkt bald, daß auch hier wie bei den Nachahmungen monumentaler Stilarten, der eigentümliche feine persönliche Reiz alter Kunst fehlt. Alte Formen sind da, aber der Rhythmus fehlt, das gute wohl abgewogene Verhältnis der Teile. Man predigt jetzt immerfort, Einfachheit allein sei schon Schönheit. Und hier in dieser Ausstellung wird einem gerade sehr deutlich, wie unendlich schwer es ist, mit einfachen Formen feine Wirkungen zu erreichen. Es ist sehr schwierig, in eine viereckige Wand viereckige Löcher so hineinzusetzen, daß die entstehenden Flächen eine reizvolle Lebendigkeit haben. Und alles Zeichnen nach guten Vorbildern hilft hier herzlich wenig. Es gehört eine sehr gründliche Schulung des Sinnes für Verhältnisse dazu. Und grade diese vermisse ich beinahe bei allen Arbeiten. Auch die besten, die Theodor Fischers, haben eine gewisse Trockenheit, einen Mangel an Biegsamkeit, an Wärme. Man redet ja so gerne von dem deutschen Gemüt, und der oberflächliche Betrachter findets sicher in vielen dieser Arbeiten. Aber das ist nur Theatergefühl, man wird an nette, hübsche Sachen erinnert, aber was sich darbietet, ist im Grunde genommen leblos und tot, trotz des deutlich zur Schau getragenen alten Kleides. Dem Laien wird das leider nicht ohne weiteres fühlbar. Die flotte Darstellung täuscht ihn, er hat ohnehin Mühe, aus Zeichnungen sich ein Haus vorzustellen. – (Wäre es eigentlich nicht ganz vernünftig, wenn man in der Schule vor der Stereometrie Grundrisse lesen lehrte, Wohnungen muß ja jeder mieten, und da wäre diese Kenntnis nicht unnützlich.) – Die geschickte, leichte Art der Zeichnung, die leider heute üblich geworden, gibt aber überhaupt kein klares sachliches Bild. Wenn solch ein flott hingesetztes Ding in die Wirklichkeit übertragen wird, sieht es erstaunlich anders aus. Man braucht in dieser Ausstellung nur mal die Photographien mit ähnlichen Zeichnungen zu vergleichen, die Zeichnung verheißt allemal mehr, als die Ausführung nachher halten kann. Täuschende Perspektive von unmöglichen Standpunkten gesehen, oder gar kleine Genrebildchen tun das Ihrige dazu, den ungeübten Beschauer irrezuführen.

Immerhin kann auch der Laie sehen, daß die meisten Häuschen an einem zuviel kranken: höchst komplizierte Dächer, die auf der Zeichnung, wo man die wirkliche Größe nicht unmittelbar sich vorstellen kann, erfreulich wirken, in Wirklichkeit aber auf diesen kleinen Häusern lächerlich und kleinlich aussehen würden. Denkt man sich ein ganzes Dorf davon beisammen, so schadet natürlich eins dem andern, und es kommt ein unruhiger Wirrwarr zustande, den wir aus unseren Villenvorstädten ja zur Genüge kennen. Man hätte bei dem Wettbewerbe von vornherein nur große Gruppen verlangen sollen, aus denen die Gesamtwirkung einigermaßen zu ersehen ist. Die wenigen Blätter, die solche Gruppen zeigen, sind aber wenig erfreulich. Mit allzuviel Absichtlichkeit werden die Häuser gegeneinander verschoben, um interessante Straßenbilder zu bekommen. Leere Theaterwirkung. Krumme Straßen sind gewiß reizvoll, aber sie ohne Not anlegen, ist ziemlich töricht, die krumme Linienführung bedingt unregelmäßige Grundrisse und damit Kostenaufwand, der wichtigeren Zwecken zugewendet werden könnte. Überhaupt hat man verschiedentlich den Eindruck, als ob für Dachgiebel und ähnliche Dinge unnötig viel Geld verbraucht wird, das besser einer günstigeren Innengestaltung zugeführt würde.

Dagegen ist eine Fundamentalforderung fast durchweg außer acht gelassen. Mir scheint die Hauptsache, jedem Raum so viel wie möglich Sonne zuzuführen, und darum müßte die Lage des Hauses zu den Himmelsgegenden die Hauptrolle spielen. Darauf ist bei dem Wettbewerb so gut wie gar nicht Gewicht gelegt. Es sind fast lauter abstrakte Häuser. Und hier liegt grade die größte Schwierigkeit bei der Planung solcher Arbeiterdörfer, es gilt in langen Reihen kreuz und quer Häuser aufzuführen, die Richtung der Straße ist oft durch äußere Gründe bedingt, und dann ist es gar nicht einfach, trotzdem jedem Haus die größtmögliche Menge Sonnenlicht zuzuführen. Die Rücksicht auf diese Bedingung allein würde vollkommen genügen, eine reiche Gruppierung der Bauten zu bekommen, vielleicht schon reicher, als einem lieb sein kann.

Denn, um zum Schluß noch einen sehr wesentlichen Punkt zu berühren, eine solche Arbeiterstadt darf meinem Gefühl keinen allzubunten verworrenen Eindruck machen. Der Charakter ihrer Bewohner muß doch einigermaßen zum Ausdruck kommen. Darum müßte sich in den Häusern auch aussprechen, daß hier eine Menge von Gleichberechtigten wohnt, denen allen dieselbe Tätigkeit und dieselben Rechte eigen sind. Und es müßte zum Ausdruck kommen, daß es moderne Arbeiter sind, die dort wohnen, Leute, die ein tüchtiges Stück moderner Technik und Wissenschaft kennen, die gewöhnt sind, mit komplizierten Maschinen und Prozessen umzugehen, die sich in straffer Organisation zusammengefunden haben. Von diesem Geiste finde ich in all den Entwürfen nichts. Es sind Häuschen, wie müde Städter sich zum Ausruhen von einem angreifenden, unbefriedigenden Leben aus Stücken der guten alten Zeit zusammenträumen, aber es sind nicht die Wohnungen von Leuten, die das Leben von heute lieben, deren ganzes Sinnen und Trachten darin aufgeht, und die daraus Lust und Stärke zu neuem Erringen schöpfen. Es ist beinahe peinlich zu denken, daß moderne Arbeiter in diesen koketten altmodischen Häuschen wohnen sollen.

Teil III
Vom Sehen und der sichtbaren Welt

August Schmarsow: «Wie die Musik als Kunst dann ein schöpferisches Durchverfolgen der Gehörwahrnehmungen wird und eine gesetzliche Bewältigung der Tonwelt nach Analogie der Bewegungsgefühle des Menschen, zu seiner eigenen tausendfältigen Bereicherung, so beruht die Architektur als Raumgestalterin auf einer systematischen Bewältigung des räumlichen Anschauungsmateriales und ist ein schöpferisches Durchverfolgen des dreidimensionalen Gesichtsbildes zu eigenem Genügen und Genuss des Menschen.»[1]

August Endell: «Formkunst: Es giebt eine Kunst, von der noch niemand zu wissen scheint: Formkunst, die der Menschen Seele aufwühlt allein durch Formen, die nichts darstellen und symbolisieren, die durch frei gefundene Formen wirkt, wie die Musik durch freie Töne. Aber die Menschen wollen nichts davon wissen, sie können nicht geniessen, was ihr Verstand nicht begreift, und so erfanden sie die Programmusik, die etwas bedeutet, und Programmdekoration, die an etwas erinnert, um ihre Existenzberechtigung zu erweisen. Und doch kommt die Zeit, da in Parken und auf öffentlichen Plätzen sich Denkmale erheben werden, die weder Menschen noch Tiere darstellen, Phantasieformen, die der Menschen Herz zu rauschender Begeisterung und ungeahntem Entzücken fortreissen werden.»[2]

Oskar A.H. Schmitz: «Dies aber nähert die Malerei der Musik. Sie überwindet vollkommen das Stoffliche und sucht – Verstand und Vernunft völlig umgehend – allein durch die Sinne Eingang in unsere Seele, wie jene durch Ton und Rhythmus, so diese durch Farbe und Linie.»[3]

1 Das Wesen der architektonischen Schöpfung, Leipzig 1894, S. 22.
2 Formkunst, in: DK I, 1897/98, Heft 6, März 1898, S. 280.
3 Über das Empfinden der Landschaft, in: Wiener Rundschau vom 15.2.1897, S. 260.

FORMENSCHÖNHEIT
UND DEKORATIVE
KUNST

I. Die Freude an der Form

In das immer ungestümer werdende Verlangen nach einem neuen Stile in Architektur und Kunstgewerbe, nach einer neuen eigenartigen und selbständigen Dekorationsweise klingen mißtönig warnende Stimmen bedächtiger Leute, die von der steilen Höhe ihrer gereiften Erfahrung und ihrer durch umfassende historische Studien geklärten und vertieften Auffassung das törichte Tun der Jüngeren mitleidig belächeln und noch immer bereit sind, dem Publikum den einzig wahren Weg zu zeigen. Sie lehren uns, daß es keine neuen Formen mehr geben könne, alle Möglichkeiten seien in den Stilen der Vergangenheit erschöpft, alle Kunst bestehe in einer individuell getönten Verwendung alter Formen. Ja man geht so weit, uns den jammervollen Eklektizismus der letzten Jahrzehnte für den neuen Stil zu verkaufen.

Dem Wissenden kann diese Mutlosigkeit nur lächerlich scheinen. Denn er sieht klar, daß wir nicht nur im Anfang einer neuen Stilperiode, sondern zugleich im Beginn der Entwicklung einer ganz neuen Kunst stehen, der Kunst, mit Formen, die nichts bedeuten und nichts darstellen und an nichts erinnern, unsere Seele so tief, so stark zu erregen, wie es nur immer die Musik mit Tönen vermag.

Dem Barbaren ist unsere Musik zuwider; es gehört Kultur und Erziehung dazu, sich ihrer zu freuen. Auch die Freude an der Form will errungen sein: man muß es lernen zu sehen und sich in die Form zu vertiefen. Wir müssen unsere Augen entdecken. Wohl gibt es schon lange unbewußt in den Menschen das Freuen an der Form, in der Geschichte der bildenden Künste läßt sich deutlich seine Entwicklung verfolgen, aber noch ist es nicht zu einem festen, unverlierbaren Besitze geworden. Die Maler haben uns viel gelehrt; aber ihr Ziel war zuerst immer die Farbe, und wo sie die Form suchten, suchten sie meist das intellektuell-charakteristische durch exakte Wiedergabe ihres Gegenstandes, nicht das ästhetisch-charakteristische, das die Natur nur selten und zufällig in solchen Dimensionen bietet, wie sie der Maler braucht.

Wollen wir formale Schönheit verstehen und genießen, so müssen wir lernen, isoliert zu sehen. Auf die Einzelheiten müssen wir unsern Blick lenken, auf die Form einer Baumwurzel, auf den Ansatz eines Blattes am Stengel, auf die Struktur einer

Wassily Kandinsky (1866-1944) kam 1896 nach München. Es konnten noch keine persönlichen Kontakte zu Endell belegt werden, doch hat Fritz Schmalenbach schon 1935 auf die Möglichkeit einer direkten Beeinflußung Kandinskys durch Endell hingewiesen.[1] Diese Vermutung ist oft wiederholt, jedoch erst von Peg Weiss 1979 eingehend untersucht worden:[2] «This call [von Endell] for an art of formal images that would affect the viewer directly without the mediation of thought, as music moves the soul, was to recur like a refrain throughout the writings of Kandinsky.» Passagen in den theoretischen Schriften beider weisen in der Tat erstaunliche Übereinstimmungen auf. Kandinsky: «Im allgemeinen ist die Farbe [wie auch die Form] ein Mittel, einen direkten Einfluß auf die Seele auszuüben. Die Farbe ist die Taste. Das Auge ist der Hammer. Die Seele ist das Klavier mit vielen Saiten. Der Künstler ist die Hand, die durch diese oder jene Taste *zweckmäßig* die menschliche Seele in Vibration bringt.»[3] Endell und Kandinsky bemühen sich beide um eine psychologisierende, reine Formkunst, die auf die Seele wirkt. Dahinter stehen Konzepte einer Harmonie- und Wirkungslehre von Form und Farbe, die über die jeweils künstlerisch individuelle Handschrift hinaus allgemeine Gültigkeit beanspruchen. Wollte Endell die Welt profaner Verrichtung verschönern und dem alltäglich Notwendigen dazu eine Sinn-Form geben, so fällt bei Kandinsky dieser Aspekt einer funktionalen Nutzung weg. »Zweckmäßig« ist bei ihm eine Form, die die ewige Ordnung der Dinge als Klang widerspiegelt, »notwendig« die via Klang zu Inhalt/Wesen transzendierende Form. Endells Theorie geht von der Gegenwart aus, während Kandinsky zu einer zukunftsgerichteten Utopie tendiert, die durch ihren Drang zum Ewig-Wahren Endells kommunikatives Modell einer Subjekt-Objekt Zwiesprache zugunsten des Objektes verschiebt.

1 Fritz Schmalenbach, Jugendstil: Ein Beitrag zu Theorie und Geschichte der Flächenkunst, Würzburg 1935.
2 Zu Kandinskys Frühzeit in München: Peg Weiss, Kandinsky in Munich. The formative Jugendstil years, Princeton, New Jersey 1979, Zitat: S. 39.
3 Wassily Kandinsky, Über das Geistige in der Kunst, Bern 1952 (1911/12), S.64.

Baumrinde, auf die Linien, die der trübe Schaum an den Ufern eines Sees bildet. Wir dürfen auch nicht achtlos über die Formen dahingleiten, sondern müssen sie genau mit den Augen verfolgen, jede Biegung, jede Krümmung, jede Erweiterung, jede Zusammenziehung, kurz jede Änderung der Form miterleben. Denn genau sehen wir nur einen Punkt in unserm Sehfeld, und wirksam für unser Gefühl kann nur werden, was wir deutlich gesehen. Sehen wir aber in dieser Weise, so ersteht vor uns eine neue, nie gekannte Welt von ungeheurem Reichtum. Tausend Stimmungen werden in uns wach. Immer neue Gefühle mit neuen Nuancen und ungeahnten Übergängen. Die Natur scheint zu leben, und wir begreifen jetzt, daß es wirklich trauernde Bäume und boshafte heimtückische Äste, keusche Gräser und furchtbare grausenerregende Blumen gibt. Freilich nicht alles übt solchen Eindruck aus, es fehlt nicht am Langweiligen, Unbedeutenden und Unwirksamen, aber das wachsame Auge wird überall, in jeder Gegend, Formen von wunderbarem, die ganze Seele erschütterndem Reize gewahren.

Das ist die Macht der Form über unser Gemüt, ein direkter unmittelbarer Einfluß ohne alle Zwischenglieder, durchaus nicht etwa die Folge eines Anthropomorphismus, einer Vermenschlichung. Wenn wir von einem trauernden Baume sprechen, denken wir den Baum durchaus nicht als lebendes Wesen, das trauert, sondern meinen nur, daß er in uns das Gefühl des Trauerns erwecke. Oder wenn wir sagen, die Tanne strebe empor, so beseelen wir die Tanne nicht, der Ausdruck des Geschehens «streben» erzeugt nur leichter in der Seele des Zuhörers das sukzessiv entstehende Bild des Aufrechten. Dergleichen ist nur ein sprachlicher Notbehelf, die mangelnden Worte zu ersetzen und rascher lebendige Anschauung zu erzeugen.

Auch ist es nicht Erinnerung, die den Formen ihre Bedeutung für das Gefühl leiht. Ein Kreis mag an den Ring erinnern und damit an Treue und Ewigkeit, aber ebenso gut auch an Gebundensein, Knechtschaft und Sklaverei, und so würde der Kreis bald dieses bald jenes Gefühl in uns erwecken. Aber derlei Gefühle kommen bei der Formkunst so wenig in Betracht, wie etwa in der Musik die Erinnerungen, die sich für den einzelnen an Flötentöne knüpfen.

Auch muß man nicht meinen, daß die unbewußte Vorstellung des Wesens eines Gegenstandes erst seine Form uns bedeutungsvoll erscheinen läßt.

Hermann Obrist (1862-1927). Die Begegnung mit dem älteren und charismatischen Obrist,[1] dessen neuartiger Auffassung vom Wesen der Kunst und dessen Stickereien, war für Endell ein Initialerlebnis. Endell wandte sich von seinen theoretischen Studien ab und dem Kunstgewerbe und der Architektur zu. Der Schweizer Obrist hatte 1896 durch die Ausstellung seiner von Berthe Ruchet ausgeführten Stickereien die angewandte Kunst zu neuem Ansehen gebracht. «Lächeln doch sogar unsere Künstler oft genug, wenn man ihnen davon redet, daß man durch die Formensprache allein schon starke Gefühle erregen könne und den Charakter der Dinge auch des Menschengeistes sichtbar und offen machen könne.»[2] Der gemeinsame Wille zu einer neuen Form- und Raumkunst im Alltag ließen Obrist und Endell schnell Freundschaft schließen. Endell leugnete späterhin die Anregung durch Obrist nie, doch lehnte er bei aller Nähe die Bezeichnung eines Lehrer-Schüler-Verhältnisses ab. Er beschreibt in einem Brief an seinen Vetter Kurt Breysig 1897 seine eigene Verfahrensweise *Kunst zu schaffen* gerade in Absetzung zu Obrists: «Von Schülertum kann also keine Rede sein. Jetzt ist ein direkter Gegensatz zwischen uns vorhanden. Obrist entwirft, indem er von einfachen Linien ausgeht, und gefühlsgleiche Naturmotive dazu sucht. Ich kann das nicht, weil ich alles in allem vielleicht 20 bis 30 Naturstudien gezeichnet habe. Darum empfinde ich alles. Ich setze Linie an Linie, ohne mich um die Natur zu kümmern, der Eindruck, den ich erreichen will, als einzigen Leitstern. Daher die seltsamen Formen, die andere dann als Tiere bezeichnet haben. Für mich sind das Formgebilde, die ein starkes Gefühl erregen und weiter nichts. Reine Formkunst ist mein Ziel. Fort mit jeder Assoziation. Daß diese Art weder abstrakt noch unpopulär ist, hat mir die Begeisterung verschiedener Leute bewiesen. Formenkunst als Parallele der Musik.»[3]

1 Zu Obrist allgemein: Hermann Obrist. Wegbereiter der Moderne, Ausstellung in der Villa Stuck, München 1968.
2 Hermann Obrist – Bildhauer – Neue Möglichkeiten in der bildenden Kunst. Essays, Leipzig 1903, S. 152.
3 Zitiert nach: Tilmann Buddensieg, Zur Frühzeit von August Endell..., S. 240.

Hermann Obrist (links) mit Wilhelm von Debschitz in seinem Atelier in München, 1902

Allerdings besteht ein gewisser Parallelismus zwischen Wesen und Schein. Ein dicker Baum erscheint uns stark und ist es auch. Aber er erscheint uns lange so, ehe wir um seine wirkliche Stärke wissen. Auch deckt sich nicht immer Form und inneres Sein. Ein Zorniger sieht oft komisch genug aus und ein hohler Baum genau so stark wie ein gesunder, ja vielleicht gerade um seiner zerrissenen Rinde willen stärker und kolossaler. Nicht vom Wesen zum Schein geht der Weg, nein umgekehrt, das Aussehn gibt uns den ersten Aufschluß über das Wesen. Wir übertragen den durch die Form erregten Eindruck auf das innere Sein des Gegenstandes und treffen eben durch den genannten Parallelismus meist das richtige. Man denke z.B. an die instinktive Angst der Tiere und Kinder. Die Form weckt unmittelbar das Gefühl, wir wissen von keinem dazwischenliegendem, psychischen Ereignis. Und unbewußte Ereignisse erklären alles und eben darum nichts.

«Worin aber liegt dann die Erklärung des Formgefühls?» fragen die am lautesten, die es nie gekostet. Ich könnte antworten, das gehört nicht hierher, man genießt Musik auch ohne zu wissen, warum Akkorde und Akkordfolgen im stande sind, uns so gewaltig zu erregen. Ich will aber doch, um die Zweifler zu beruhigen und ihnen den Zugang zu der Welt der Formen zu erleichtern, den Versuch machen, die Gefühlswirkung der Formelemente und ihrer Zusammensetzungen zu beschreiben und auch die psychologische Erklärung wenigstens andeuten, soweit es sich ohne langwierigere Erörterungen ermöglichen läßt.

II. Die gerade Linie

Die gerade Linie ist nicht nur mathematisch, sondern auch ästhetisch vor allen anderen Linien ausgezeichnet. Denn verfolgen wir eine Gerade, etwa eine Senkrechte, mit dem Auge, so behält diese immer dieselbe Richtung in unserem Gesichtsfeld. Eine krumme Linie dagegen, etwa die eines kreisförmigen Torbogens, ändert ihre Richtung fortwährend: erst senkrecht, dann schräg ansteigend, dann horizontal, dann schräg und schließlich senkrecht abfallend. Während wir also beim Durchlaufen von krummen Linien immer ein Neues aufzufassen haben, bietet die Gerade fortwährend dasselbe Bild. Es wird somit die Wahrnehmung der Geraden sich rascher vollziehen, und zwar um so rascher, je länger die Gerade sich dehnt. Denn jeder neue Moment

Variationen von Formkunst. Obrists Wandbehang «Alpenveilchen»[1] entstand 1895. Er könnte eine jener Stickereien sein, die Endell 1896, nachdem er Obrist kennengelernt hatte, euphorisch als «[den neuen] Stil» und als «Anfang einer neuen Epoche» pries: «Es war der größte receptive Moment meines Lebens.»[2] Der Wandbehang zeigt ein leicht stilisiertes Alpenveilchen von der Wurzel über verschiedenes Blattwerk, Stengel, Sprossen und Blüten in verschiedenen Stadien, von länglich geschlossen bis weit geöffnet. Besonders auffällig ist aber vielmehr der dynamische Grundriß des aufgestickten Motivs. In spiegelverkehrten S-Formen windet sich eine Kreatur von rechts unten nach links oben, bereit, sich jederzeit plötzlich und schnell zu strecken. Die Kurvung und Intensität der Linien erzeugen eine Dynamik, die über das Motiv der Pflanze hinaus Geltung beanspruchen darf und das Thema *Alpenveilchen* vergessen macht. Der von Georg Fuchs im PAN hinzugefügte und heute gebräuchliche Titel *Peitschenhieb* beschreibt die Formwirkung und nicht das abgebildete Motiv. Endell erkannte die Neuartigkeit dieser Ausdruckskunst und deren Vorbildlichkeit in ihrer Grunddisposition von Formwirkung.

Obrist: «Kunst gibt gesteigerte, intensive Empfindungen, Kunst ist kondensiert gegebenes und intensiv nachgefühltes Leben.»[3] Obrist zeigt den Dingen gegenüber ein Erkenntnisinteresse, das auf ein Hinter-den-Erscheinungen-Seiendes verweist. Selbst wenn es sich nur um das interne Kraftgefüge eines Objektes handelt, gilt ihm dieses doch als inneres Wesen. Die Dingwelt ist ideal und autonom gedacht. Obrist vitalisiert seine Kunstwerke, während Endell den Betrachter für einen aktiven Bestandteil bei der Entstehung von Kunst hält. Dieser er- und belebt durch den wesentlichen Akt der psychologischen Wahrnehmung erst die Formen und Farben.

1 185,5 cm x 119,5 cm. Stickerei in goldgelber Seide im Plattstich auf grün-blau-grau gerippten Wollstoff, München Stadtmuseum.
2 Zitiert nach: Tilmann Buddensieg, Zur Frühzeit von August Endell..., S. 236.
3 Hermann Obrist – Bildhauer – Neue Möglichkeiten in der bildenden Kunst. Essays, Leipzig 1903, S. 21-22.

Hermann Obrist: Großer Wandbehang mit Alpenveilchen, ca. 1895 gibt ja nur der Art nach schon Bekanntes. Es wird aber ganz allgemein das Bekanntere auch rascher aufgefaßt und macht auch rascher anderem Platz; somit wird sich die Schnelligkeit im Auffassen der Geraden fortwährend steigern.

Jede rasche Tätigkeit erfüllt uns mit einem bestimmten Gefühl, das wir einstweilen das Gefühl des Raschen nennen wollen. Die Gerade erweckt dieses Gefühl in uns: sie erscheint uns rasch und zwar um so mehr, je länger sie ist. Die Breite der geraden Linie hingegen – es ist hier von realen, nicht von mathematischen Linien die Rede – übt eine verlangsamende Wirkung aus. Denn eine breite Gerade erfordert mehr Auffassungszeit als eine schmale, weil sie mehr Empfindungselemente enthält. Die Gerade erscheint also um so rascher, je schmäler – um so langsamer, je breiter sie ist.

Ganz anderer Natur ist die Wirkung der Richtung. Die senkrecht fallende Gerade, d.h. die Gerade, die wir von oben nach unten durchlaufen, hat den Charakter des Leichten und Mühelosen, die horizontale etwas ruhig Kräftiges, die senkrecht ansteigende gibt das Gefühl starker Anspannung. Die schrägen Lagen, schräg abwärts und schräg aufwärts, bieten die dazwischen liegenden Nuancen, so daß wir eine stetige Reihe von Charakteren haben, vom Gefühl der geringsten Anstrengung bis zu dem der stärksten. Diese Gefühlswirkung hat ihren Grund wohl darin, daß die Aufwärtsrichtung des Auges mehr Anstrengung erfordert, als die Abwärtsbewegung. Der Grund dafür ist nicht ganz aufgeklärt. Der Mittelpunkt des Auges liegt vor dem Drehpunkt, wahrscheinlich also auch der Schwerpunkt. Dann würde in der Tat das Heben des Augapfels Kraft erfordern, das Senken aber nicht. Übrigens ermöglichen gewisse Annahmen über die Vorgänge in der Netzhaut noch eine zweite Begründung der besprochenen Gefühlswirkung. Doch läßt sich diese nur in einem umfassenderen Zusammenhang entwickeln.

Wie dem auch sei: die Gerade gibt das Gefühl der Schnelligkeit: am geringsten, je breiter und kürzer, am stärksten, je schmäler und länger sie ist; und zugleich das Gefühl der Anstrengung: am geringsten, wenn sie senkrecht fällt, am stärksten, wenn sie senkrecht steigt. Nun bilden aber Anstrengung und Schnelligkeit (Tempo) die beiden konstituierenden Bestandteile aller Gefühle.

Dem Einfachen, dem Innigen, Warmen, Ernsten, Tiefen, Erhabenen ist ein langsames Tempo gemeinsam, während dem Übermütigen, dem

Herausfordernden, dem Stolzen, Strengen, Gewaltsamen und Wilden durchweg Raschheit und Heftigkeit zukommt; aber in beiden Reihen gleichmäßig steigert sich von Glied zu Glied der Grad der Anspannung, Anstrengung, Kraft, Intensität oder wie man es sonst heißen mag. Der Einfachheit wie dem Übermut wohnt der Charakter des Leichten, Anstrengungslosen inne, während das Wilde wie das Erhabene höchste Anspannung in uns hervorrufen. Und wie diesen Extremen kommt jedem Gefühl ein bestimmtes Tempo und ein Grad der Anspannung zu. Auf der beifolgenden Tabelle ist versucht, die hauptsächlichsten Gefühlsnuancen dementsprechend zu ordnen: in den Horizontalreihen von links nach rechts steigt die Spannung, in den Vertikalreihen von unten nach oben das Tempo. Das Rechteck umschließt die Lustgefühle, die außenstehenden sind Gefühle der Unlust. Denn Unlust wird geweckt durch alles, das für die Kraft unserer Seele zu schwach oder zu stark, zu langsam oder zu rasch ist.

Natürlich sind hier nur die wesentlichsten Nuancen gegeben, es ist leicht, den fehlenden ihre Stelle anzuweisen, so steht pikant zwischen chic und frivol, würdig zwischen ernst und vornehm. Übrigens ist zu bedenken, daß die Bedeutung der Worte oft beträchtlich schwankt, und somit die Tafel nur approximative Geltung haben kann. Aber mag sie, je nach individuellem Sprachgebrauch, sich noch so sehr verändern, immer wird sich zeigen, daß die Gefühlsnuancen sich nach Tempo und Spannung abstufen.

Man wird meinen, daß mit Anspannung und Tempo der Gehalt der Gefühle nicht erschöpft sei: Milde sei mehr, als ein Gefühl der Langsamkeit und leichter Spannung. Sicher, die milde Tat enthält mehr: menschliche und sachliche Beziehungen aller Art; aber das Gefühl, das milde Tat begleitet, ist damit völlig beschrieben.

Und weil alle Gefühle nur Tempo und Spannung sind, eben darum vermögen die Formen alle Gefühlsnuancen in uns zu erwecken. Denn wir sahen, daß die Gerade jene beiden Gefühlselemente immer in uns erweckt, und zwar in allen möglichen Abstufungen. Und es wird sich später zeigen, daß alle Formen im Grunde der Modifikationen und Kombinationen der geraden Linie sind.

Nun ist aber der Eindruck einer einzelnen Linie von zu kurzer Dauer, um uns intensiv zu beschäftigen. Erst reichere Gebilde vermögen unsere Aufmerk-

boshaft	höhnisch	hochmütig	pathetisch	kalt	unerbittlich	grausam	fürchterlich
frivol	übermütig	herausfordernd	stolz	streng	gewaltsam	wild	grässlich
kokett	chic	prächtig	kühn	rücksichtslos	wuchtig	kolossal	scheusslich
geziert	graziös	elegant	energisch	kraftvoll	derb	ungeschlacht	roh
süßlich	zierlich	geschmeidig	feurig	stark	gedrungen	gewaltig	entsetzlich
fade	zart	hingebend	groß	vornehm	machtvoll	ungeheuer	furchtbar
nüchtern	einfach	innig	warm	ernst	tief	erhaben	grausig
stumpf	kraftlos	müde	bekümmert	traurig	schwermütig	düster	finster

samkeit länger zu fesseln und erst in ihnen kommen die einzelnen Elemente durch den Kontrast mit den übrigen zu vollerer und intensiverer Wirkung. Ich verzichte daher darauf, eine Tafel der verschiedenen Geraden zu geben und gehe gleich dazu über, an komplizierteren gradlinigen Gebilden die besprochene Gefühlswirkung zu demonstrieren.

III. Geradlinige Gebilde

Man wird es lächerlich und anmaßend finden, daß ich meine Erörterungen zumeist an eigenen Zeichnungen erläutere. Aber einmal ist es immer mißlich, die Werke eines andern so zu zerlegen und zu zerpflücken, wie es hier geschehen muß. Ferner ist die Auswahl an dekorativen Arbeiten in dem Sinne, den ich hier vertrete, durchaus nicht groß. Außerdem waren eigene Zeichnungen bei der Besprechung der Formelemente gar nicht zu umgehen, da kein Künstler sich mit den elementaren Wirkungen begnügt, oder gar prinzipiell bei einem Entwurf auf gewisse Formen verzichtet, wie es in diesen Ausführungen eben nötig war. Übrigens werde ich später *Obrists* Arbeiten mehrfach zur Demonstration benützen, und das umsomehr, als aus ihnen allein diese Untersuchungen erwachsen sind.

Beginnen wir mit einer Reihe Fensterteilungen. Fig. 1. Fenster liegen zumeist über unserer Augenhöhe und werden daher zunächst von unten nach oben betrachtet. Tun wir das auch hier: a ein einfaches Rechteck, d.h. eine breite Gerade, die aufsteigende Richtung betont, aber gehemmt durch die Breitenentwicklung:

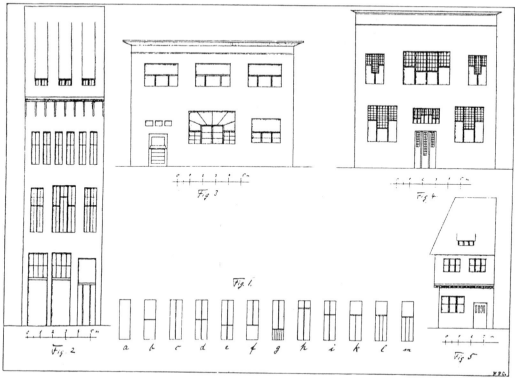

August Endell: Fensterformen

also mittleres Tempo mit Anstrengung verknüpft, Eindruck des Energischen. Diese Grundform ist nun überall festgehalten; b horizontal geteilt, die Aufwärtsrichtung zerlegt, die Spannung gemindert, aber auch die Raschheit, ruhiger als a; c senkrecht geteilt, rascher, weil die Teile weniger breit: energischer und heftiger als a. Die Kreuzteilung d ist ruhiger als die Form c, nähert sich a, ist aber zierlicher als dieses, weil Spannung und Tempo der Teile gleichmäßig vermindert sind, feinere Energie als a. Bei e kommen wir von dem ruhigeren Charakter des untern Teils zu dem heftigen des oberen, das erste Beispiel einer Steigerung. Noch stärker, ja zu stark, ist dieser Übergang bei f. Dagegen ist bei g der obere Teil zwar noch energischer, weil höher, gestaltet und doch wirkt hier der Kontrast nicht so stark, weil das untere Stück durch Vertikalteilung mehr Tempo bekommt. Die übrigen Fenster zeigen den umgekehrten Kontrast. Energie und Ruhe verklingend; h eine schlechte Lösung, der obere Teil zu schwächlich; besser i, noch besser k; dagegen l wieder schlechter, weil die Dreiteilung unten zu heftig ist, weshalb sich die Niedrigerlegung des Querbalkens empfiehlt, wie bei m.

Betrachten wir nun dieselben Gebilde von oben nach unten, so ändert sich der Eindruck wesentlich; zwar das Tempo bleibt, aber die Spannung sinkt durchweg, auch kehrt sich die Reihenfolge der Teile um. Dadurch entstehen natürlich hier und da sinnlose Kontraste, so bei g, wo das Tempo des oberen Teiles zu heftig ist, um sich harmonisch in den ruhigeren unteren Teil fortsetzen zu können. Man muß nicht denken, daß darum jenes Fenster verwerflich ist. Im Gegenteil. Je charakteristischer ein Gebilde ist, um so eher verlangt es die Betrachtung in einer bestimmten Richtung. Der Geübte betrachtet ganz unwillkürlich in der Richtung der größten Wirkung und wenn er genötigt ist, dieser Richtung entgegen zu gehen, um irgend ein Detail genauer kennen zu lernen, so sistiert er für einen Moment die Betrachtung. Wir sehen überhaupt sprungweise, müssen es schon darum, weil sich alle Augenblick die Lider schließen. Sache der ästhetischen Schulung ist es, sofort und immer in der wirksamsten Richtung zu sehen. Wir lernen das um so leichter, als wir eben dort den größten Genuß gewinnen. Von hier aus begreift sich, warum man so oft von Bewegung einer Linie spricht. Indem ich eine Linie sukzessiv aufnehme, tue ich zwar nicht dasselbe, aber etwas Ähnliches, als wenn ich einen bewegten Körper mit dem Auge verfolge. Das objektive Nebeneinander der Form wird in der Tat für den Betrachter ein

Der erste Hackesche Hof und die Neumannschen Festsäle. Betritt man heute von der Rosenthaler Straße aus den ersten der Hackeschen Höfe, verbreitet sich sofort eine oasenhafte Atmosphäre von bunter Ruhe und gelassener Langsamkeit. Erst der zweite oder dritte Blick bringt den traurigen Zustand des Gebäudes ins Bewußtsein.

August Endell hatte 1905/06 im Auftrag des Bauunternehmers Kurt Berndt die Hoffassade, die Neumannschen Festsäle und das Weinrestaurant gestaltet. Den vorgegebenen Grundriß sollte Endell zu einer Kulisse für das dort ansässige Unterhaltungsgewerbe steigern.[1] Die Stirnfassade des sogenannten Jugendstilhofes zeigt Endells tektonische Formensprache, die den Innen- und den Außenraum miteinander in Beziehung zu setzen weiß. Die Fassade spricht ihre tragenden und füllenden Elemente an: Von einem diffus dunkel gehaltenem Sockel- bzw. Erdgeschoß aus streben vier flachgetreppte, helle, mit schmalen dunklen Längsstreifen versehene Lisenen nach oben. Die Wände der den Hof bildenden Querbauten scheinen diese Lisenenkonstruktion zu überlagern. Die beiden mittleren Vertikalbänder erwecken den Eindruck, die Dachtraufe nach oben zur Karniesform gedrückt zu haben. Der oberste Fensterabschluß übernimmt und verstärkt die Bogenform. Es entstehen drei Wandfelder, die beliebig mit Fenstern durchsetzt werden können. Die Anordnung und Gestaltung der einzelnen Fensterkompartimente halten sich an Endells eigene Studie der Wirkung von Fensterformen von 1898.[2] Es entsteht der Eindruck eines zur Mitte hin verstärkten In-die-Höhe-Strebens, ein Eindruck der heute – vor allem durch die veränderte Anordnung der oberen Fensterfelder – geschwächt wurde. Der Einsatz von farbigen, glasierten Backsteinen führt zu bunten Lichtreflexen, die der Fassade zusätzlich Leben geben und sie je nach Tages- und Jahreszeit verändern. Der Raum hinter der Fassade – der große Festsaal – führt die heiter beschwingte Bewegung fort.

1 Die Hackeschen Höfe. Geschichte und Geschichten einer Lebenswelt in der Mitte Berlins, hrsg. von der Gesellschaft Hackesche Höfe, Berlin 1993.
2 Siehe: *Formenschönheit und dekorative Kunst.*

Nacheinander, das durch das Bild «Bewegung» sehr gut charakterisiert wird. Das ist ein ungemein bequemer, aber doch eben nur ein bildlicher Ausdruck, der niemals das Fundament einer Formästhetik abgeben kann.

Diskutieren wir nun die beigefügten Fassaden. Sie sind in erster Linie auf charakteristische Wirkung hin gezeichnet, doch sind überall wirkliche Verhältnisse zu Grunde gelegt, wie man an der Hand der Maßstäbe ersehen kann. Fig. 2 mit starker Höhenentwicklung, also Anspannung und rasches Tempo: ein wenig gehemmt durch die Breite, zumal durch die Horizontallinie des Gesimses und die oberste Fensterreihe, die ein breites Ganzes bildet; aber unterstützt durch die schmalen hohen Fenster und Fensterteilungen das vertikale Gebälk unter dem Gesims und die Bedachung der Bodenlucken; überall starke Höhenentwickelung bei geringer Breite. Und zwar entfaltet sich der Eindruck in bestimmter Weise von unten nach oben. Unten noch eine gewisse Ruhe in den breiten Schaufenstern und dem Oberlicht über der Tür. Viel heftiger die schmalen Teilungen des ersten Stockes, das Mittelfenster ruhiger als die seitlichen; noch heftiger die oberste Fensterreihe, doch liegen hier die waagerechten Linien überall in gleicher Höhe: sie dämpfen das Tempo und leiten so zu der Horizontalen des Simses über. Noch einmal nehmen die Lucken und ihre Bedachungen die heftige vertikale Bewegung auf, die oben in der Breite des Daches verklingt. Also ein Crescendo, dem ein doppeltes Decrescendo folgt. Sympathisch ist diese Fassade nicht, dazu ist sie zu hart und heftig, aber Charakter wird man ihr nicht absprechen können.

Ihr gerades Gegenteil ist Fig. 3: geringe Anspannung und langsames Tempo, eine behagliche Breite im Umriß des Ganzen, wie in den Teilen. Alle Fenster sind in horizontal sich dehnende Flächen zerlegt, nur das untere Mittelfenster ein wenig kräftiger, weil die Höhenrichtung mehr betont ist, aber sie ist auch hier durch die strahlenförmige Teilung des oberen Stückes gedämpft, die schrägen Stäbe leiten in die allgemeine Horizontalbewegung über. Und so erscheint das Ganze etwas gar zu behaglich.

Fassade Fig. 4 ist kräftiger, ohne in die aufgeregte Heftigkeit von Fig. 2 zu verfallen: überall die Aufwärtsrichtung betont, doch immer das Tempo durch Breitenentwickelung gemindert. Die scharfe Energie der schmalen Fensterteilungen durch die Zerlegung der oberen Hälften in kleine Quadrate gedämpft. Doch ist, damit diese

Erster Hackescher Hof und der große Neumannsche Festsaal, Berlin-Mitte, 1905/06

Dämpfung nicht zu stumpf wirke, der Horizontalbalken nicht in gerader Linie geführt. Der mittlere Abschnitt liegt stets tiefer, dadurch wird die Ruhe der unteren Öffnung erhöht und zugleich die Wirkung reicher. Bei den Seitenfenstern des ersten Stockes ist mit Absicht die obere Dreiteilung unten in eine Zweiteilung übergeführt. Eine durchgehende Dreiteilung hätte ein zu starkes Tempo im Gefolge gehabt. Die Türe ist ein wenig zu lebhaft geraten, auch das breite Oberlicht vermag ihr Tempo nicht genügend zu verlangsamen. Immerhin wirkt auch so das Untergeschoß durch die großen Fenster stark und ruhig. In dem großen Mittelfenster des ersten Stockes setzt sich dieser Charakter verstärkt fort, während die schmalen Fenster rechts und links ein wenig lebhafter sind. Das Gesims ist zu einfach und zu schwächlich, ein lebhafter Fries, oder eine reichere Dachlinie wäre am Platz gewesen, doch es galt, bei der geraden Linie zu bleiben. Gedämpfte Energie, ruhige Sicherheit, nicht ohne Lebendigkeit, dürfte der Charakter dieser Fassade sein.

Auch die letzte Fassade, Fig. 5, zeigt eine Betonung der Höhenrichtung, aber die Überkragung des ersten Stockes und das vorspringende Dach lassen keine Heftigkeit aufkommen. Die beiden Stockwerke wirken durch ihre beiden aufstrebenden Flächen ruhig und kräftig, ohne ganz des Tempos zu entbehren, das zumal durch die Fensterbalken verstärkt wird. Auch das Dach fügt sich diesem Charakter ruhiger Kraft, einfacher Solidität ein. Wir haben an ihm das erste Beispiel einer sich verengenden Fläche, das Tempo steigert sich also in ihrem Verlauf, zugleich mindert die schräge Linie etwas die Spannung, so daß die Fläche leichter und freier wird. Gegen sie wirkt die niedrige Dachlucke, wie die kleinen quadratischen Balkenköpfe gegen die Stockwerksflächen, als humoristischer Kontrast.

Natürlich sind mit diesen Bemerkungen zunächst nur die gezeichneten Fassaden auf ihre Wirkung untersucht. Bei der ausgeführten Fassade verschiebt sich manches im Eindruck, auch kommen ganz neue Momente hinein, die wir erst bei den Raumformen kennen lernen werden.

(Die obigen Ausführungen bewegen sich auf einem so neuen und abstrakten Gebiete, daß wir sie zwar gern aufnehmen, uns aber nicht ohne weiteres mit ihnen identifizieren können. D. Red.)

Ansichten des modernen Lebens. Die namenlose große Stadt entpuppt sich im Verlauf des Textes als die Metropole Berlin – die Stadt, die München als führender Kunststadt den Rang abgelaufen hat. Berlin hatte sich mit der stark zunehmenden Einwohnerzahl wuchernd in den umliegenden Raum ausgebreitet. Mit der Großstadt veränderte sich die Geschwindigkeit des Alltags, des Verkehrs, der sozialen Verelendung und der künstlerischen Bewegungen. Der moderne Baumeister konstruierte nicht geschichtliche oder metaphysische Zusammenhänge, sondern die Gestalt des Heute und seiner Notwendigkeiten. In dem Strom der permanenten Gegenwart versucht Endell, der impressionistischen Flüchtigkeit des Sichtbaren durch einen Moment der Kontemplation eine neue, genießende Langsamkeit abzugewinnen, ohne freilich die Geschwindigkeit des modernen Lebens drosseln zu wollen oder zu können. Das Sichtbare geht vorüber, ist Bewegung. Die Stadt der Gegenwart hat sich der höheren Ideale entledigt und schafft sich seine Existenz täglich neu. Wilhelm Hausenstein: «Es ist als ob Berlin auf nichts stünde; nur wäre das Nichts eben »das« Nichts – ein zum Wesen erhobenes Nichtsseiendes. Man fühlt keinen Boden – und eben dies also wäre die Position der Stadt. Wir denken an Wien, an Paris, an die alten Städte des Südens und Westens, die in ihrer Abgestandenheit Wesen haben, Natur haben. Berlin existiert in keiner Abgestandenheit, in keiner Geschichte, gleichsam überhaupt in keiner Herkunft.»[1] Die Schönheit der großen Stadt ist Form und Raum, die sich permanent umbilden und nur für den Moment erkannt werden können. Sie lassen dem Beschauer die Möglichkeit zur Bewegung, zwingen ihn zur Beweglichkeit. Schönheit ist Gegenwart, und die «neue Zeit ist eine Tatsache» schreibt Mies van der Rohe.[2]

Endell fügt seinem Text drei Abbildungen mit Gemälden von Impressionisten bei: Claude Monet, St. Germain l'Auxerrois in Paris; Max Liebermann, Kanal in Leyden; Claude Monet, Flußufer.

---

1 Wilhelm Hausenstein über Berlin: Eine Stadt auf nichts gebaut..., Berlin 1984 (1932), S. 10.
2 Ludwig Mies van der Rohe, Die neue Zeit (1930), zitiert nach: Ders., Die neue Zeit ist eine Tatsache, Berlin 1986, S. 47.

Dann konnte er sich fast mit einem kleinen Lächeln der langen Straßen in der großen Stadt entsinnen. In der großen Stadt, die vom Blut, vom Schweiß, vom Gehirn der Menschen lebte, die Millionen Opfer verschlang und alle, die zu ihr strömten, zu Gefangenen machte, sie auf immer in ihre Granitmauern bannte, sie erdrückte, auf ihnen herumtrampelte, sie tötete – die bei Tausenden wahnsinnige Hoffnungen erzeugte, und ein paar wenige – um hohen Lohn – die Zinnen erklimmen ließ, wenn ihr Haar sich schon lichtete und Blick und Herz gefühllos waren. Und die trotz allem und allem die große Stadt war, in der das Wunderwerk der Gegenwart erstand und lebte.
Henning Berger

DIE SCHÖNHEIT DER GROßEN STADT

Die Anklage gegen das Zeitalter.

Der Mangel an Idealen. Von jeher haben die Menschen das goldene Zeitalter in die Vergangenheit verlegt, haben die Greise über die Entartung der Zeit gejammert, haben die Müden und Feigen ihre Untüchtigkeit mit bittern Klagen über die Verderbtheit der Gegenwart bemäntelt. Aber man hat das nie recht ernst genommen. Erst in unseren Tagen will es scheinen, als ob diese Klagen lauter und eindringlicher würden, ja, als ob sie einen bedenklichen Einfluß auf unser Leben ausübten. Es gilt beinahe als selbstverständlich, das Heute zu schmähen; man schilt unsere Zeit degeneriert nervös überhastet, die Schnelligkeit der Automobile wird mit schöner Naivität der Hast des Lebens gleichgesetzt. Jede Tat eines Wahnsinnigen wird von guten Leuten, die von der Vergangenheit herzlich wenig und von der Krankheit der Seele nichts wissen, ohne weiteres mit harten Worten der Zeit zur Schuld gerechnet. Und wenn ein Minister öffentlich erklärt, es fehle unserem heutigen Leben an allen Idealen, nur materielle Interessen gälten, niederer Egoismus, Genußsucht und Geldgier seien die einzigen Triebfedern des Handelns geworden, so steht niemand auf, der sich solchen Unsinn verbittet, sondern «alle ernsten» Männer nicken mit Trauermienen Beifall.

Die Ideale als Kinder der Notwendigkeit.

Nun ist solche Verurteilung in Bausch und Bogen schon an sich töricht, und mit einer toten, unwahren Moral kann man alles an den Pranger stellen. Natürlich gelten heute wie immer in erster Linie materielle Interessen. Des Menschen Aufgabe ist Erwerb, ob er nun will oder nicht. Und alle Ideale, die die Welt jemals geschaffen, sind Ideale, die diesem Erwerbsleben entspringen. Alle Tugenden, die wir kennen, haben nur einen Sinn unter erwerbenden Menschen. Selbst die scheinbar erdenfernsten: Mutterliebe, Güte, Zartheit, Mitleid, haben, soweit sie überhaupt Tugenden sind und nicht wundervolle Erlebnisse dem Ausübenden, nur Sinn innerhalb der harten Welt der Notwendigkeit, in der wir leben. Und gerade Mitleid, Güte und Liebe sind in unserer Welt nur ein Segen den Beschenkten, wenn Ernst, Beherrschtheit und unerbittliche Bestimmtheit sich ihnen beimischt. Die Notwendigkeit herrscht, und sie zwingt zum Egoismus. Man klage nicht mit frommem Schauder, daß Geld leider überall den Ausschlag gebe. Das Geld ist nur das Symbol der Notwendigkeit, die unser Leben umgrenzt, die unpersönlich allen menschlichen Erwägungen fremd, hart und niemals böse den Menschen zu Taten, zu einem reichen Leben drängt. Und es gäbe kein teuflischeres Geschenk, als was die Utopisten ersehnen, das sichere Auskommen für alle. Unsere ganze wunderbare Welt würde in Trümmer gehen. Alles entspringt der Notwendigkeit, dem «niederen» Triebe des Erwerbens. Auch die Kunst, die eine schwülstige salbadernde Anbetung heute so gern in den Himmel versetzt. Nur die Stahlhärte des Lebens konnte den spielerischen, müßigen Menschen zu der leidenschaftlichen Energie künstlerischen Schaffens erziehen. Alle Ideale sind erdgeboren, sie haben nur Sinn und Wert auf unserer Erde, in unserer Tätigkeit; alle Ideale aber, die über diese Welt hinaus führen wollen, bemänteln nur eine feige Furcht vor der Notwendigkeit.

Unsere Arbeitskultur.

Ohne Ideale ist ein Leben überhaupt nicht denkbar. Und wer sehen will, findet sie überall in dem Arbeitsleben unserer Tage. Schöpferische Erfindungskraft, zähe Ausdauer, bewunderungswürdige Konsequenz, kühne Planung und sorgfältige Einzelarbeit gestalten ringsum eine bunte, reichbewegte Welt, wie keine Zeit sie großartiger und tüchtiger gekannt hat. Wir haben allen Grund, froh zu sein, eine solche Arbeitskultur vor uns sich entwickeln zu sehen.

Unsere Genußkultur.   Allerdings in einem Punkt hat die Anklage recht: so stark und lebendig alles ist, was Arbeitskultur ist, es mangelt an Gestaltung, es fehlt an einer Genußkultur. Man leistet Glänzendes, wo es heißt Eisen zu walzen, Baumwolle zu spinnen oder Maschinen zu bauen. Aber wenn es gilt, aus dem Eisen Gebäude zu errichten, Gitter zu schmieden, aus dem Gespinst ein Gewebe herzustellen, mit der Maschine Gebrauchsgegenstände zu formen, da versagt die Gestaltungskraft. Man sieht sich ängstlich um nach fremden Kulturen und nach der Vergangenheit, um einen Anhaltspunkt für das eigene Formen zu gewinnen.

Die Abkehr vom Heute.

Wir schämen uns unserer eigenen Wünsche und Bedürfnisse. Aber wunderlicherweise sind hieran gerade die schuld, die mit tönenden Worten das Zeitalter beschimpfen und die Abkehr vom Heute predigen: die Romantiker jeder Art, die die Flucht zur Natur, die Flucht zur Kunst, die Flucht zur Vergangenheit als einzigen Ausweg verkünden. Sie sind es, die den Tätigen beirrt, die sein Leben zwiespältig und unsicher gemacht haben. Sie haben ihm vorgeredet, daß sein Tun günstigsten Falle eine traurige Notwendigkeit sei, und daß er wenigstens für die Feierstunden sich «Ideale» retten müsse. So haben sie das Leben zerbrochen, den Zusammenhang von Arbeit und Genuß zerrissen; die wundervolle Melodie unseres Arbeitslebens erklingt nicht, wo wir genießen, wo wir unsere Umgebung gestalten. Mit Surrogaten müssen wir uns begnügen, mit Imitationen, mit verfälschtem Altertum. Man nimmt uns die Einheit des Lebens, sucht unsere Sehnsucht, die einem durchaus gesunden Arbeitsleben entsprießt, mit hohlen Worten, mit süßlichen Phrasen und schalen Fälschungen zu betäuben und raubt uns so das Höchste: die Wahrhaftigkeit des Empfindens, die Reinheit.

Die Rückkehr zur Natur.   Mit zügellosen, hochmütigen Worten schilt man die Gegenwart, die Kultur überhaupt, und predigt die Rückkehr zur Natur. Als ob die Natur, die diese Oberflächlichen kennen, nicht ausschließlich von Menschenhand geformte Natur wäre. Als ob alle Kultur, alle Menschenarbeit nicht auch Natur wäre. Man gerät in sentimentale Verzückung über den Staat der Bienen – die man im übrigen nicht von Wespen unterscheiden kann und deren Stiche man sinnlos fürchtet – aber die viel feiner und seltsamer gefügten Organisationen der Menschen erscheinen der Bewunderung unwert. Das Wort Natur wird zu einem Feldgeschrei, das jede Dummheit deckt. Man gibt vor, die Natur zu lieben, aber man gibt sich nicht die Mühe, sie wirklich zu kennen. Man sieht in ihr nur, was andere vorher gesehen haben. Man sieht sie durch die Brille der Literatur. Und man ist sittlich entrüstet, wenn Maler Schönheiten in ihr entdecken und darzustellen wagen, die blöde Augen nicht einmal nachträglich wahrzunehmen vermögen. Man liebt die Natur, weil sie einem nichts tut, weil man nichts von ihr will, nicht wie etwas, das man in mühsamen Kämpfen, in leidenschaftlichem Begehren errungen hat. So wird die Rückkehr zur Natur zu einer Flucht in eine künstliche, leere Phantasiewelt, die von Schwäche und Angst erfunden, weder Wahrheit noch Gesundheit, noch Erlösung zu geben vermag.

Die Flucht zur Kunst. Man flüchtet zur Kunst! nicht zur lebendigen – sie würde sich einem Flüchtling aus dem Leben nie erschließen – sondern zu einer theatralisch aufgeputzten Kunst, zu einer überirdischen Kunst, die keinen Zusammenhang mit der Wirklichkeit hat. Man betet die Kunst an in Ehrfurcht, umgibt sie mit der gleißenden Gloriole übersinnlichen Wirkens, erhöht sie zur Religion – ohne Surrogate geht es anscheinend nirgends – und schadet ihr durch diese unsinnige Verhimmelung mehr, als die ärgste Barbarei vermöchte. Kunst ist ein Handwerk, ein Beruf wie jeder andere, sie schafft nützliche Werte durch ihre Wirkung auf das Gemüt, aber sie malt keine bessere Welt und keine papierenen Ideale. Sie hat genug zu tun, die Wunder dieser Welt immer aufs neue zu verkünden. Sie spiegelt dem Tätigen den Rhythmus, die Melodie seines Lebens. Aber die will man nicht hören. Schwüle Anbetung fordert Erhebung ins Unendliche, Schwäche und Prüderie eine süßliche Sittsamkeit, klügelnder Patriotismus ein prahlerisches Heldentum. Darum verabscheut man die neue werdende Kunst und flieht zu der alten, ehrwürdigen, die ein fremdes und darum besseres Dasein darzustellen scheint, deren Schönheit man zu stehlen versucht und zu unwürdigen Spielkomödien mißbraucht.

Die Flucht in die Vergangenheit. Man flüchtet zur Vergangenheit! Nicht, daß man sie kennte und sie wahrhaft verehrte. Aus dürftigen Schulkenntnissen und fleißigem Theaterbesuch träumt man eine wunderlich verzerrte Welt zusammen, eine gezähmte, umgängliche Welt ohne Stachel, ohne Widerstände, ohne Leid, aber voll behaglich pathetischer Sensationen. Heute muß man Miete zahlen und im Büro sitzen, aber in Athen ist man Perikles selber oder gar Phidias, und in Florenz wohnt man nicht kümmerlich im fünften Stock, sondern verkehrt intim mit den Medici. Damals war alles anders, damals galt der Tüchtige noch etwas, der Tapfere, der Vornehme. Zu jeder Zeit hätte man etwas leisten können, nur gerade heute wird die Tugend verkannt. Man weiß nicht, daß die Trümmer der Vergangenheit nur dem lebendig werden, der das Heute kennt, und daß wir keine Zeit so kennen können als unsere. Man weiß nicht, daß alles Wesentliche des Lebens im Wechsel der Zeiten unverändert blieb, daß der Kampf der Menschen, ihre Mühsal und ihr Glück, daß die Bilanzen des Lebens immer die gleichen waren, daß nur ein Tor und ein Schwächling das goldene Zeitalter vor oder hinter unserer Zeit suchen kann. Und daß nur dem das Glück entweicht, der feige den Notwendigkeiten sich entziehend, in einer Scheinwelt seine Aufgaben zu vergessen sucht.

Romantik. Romantik ist die Todfeindin alles Lebendigen. Sie macht den Untauglichen hochmütig, sie verwirrt und hemmt den Tätigen, sie verfälscht Empfindung und Gefühl, züchtet Unaufrichtigkeit und Sentimentalität, verführt zu leeren Maskeraden, zu tönenden Prachtworten, die die Menge blenden, sie zerstört die Einheit des Seins, zerreißt den Zusammenhang von Sehnsucht und Leben, Ideal und Tat. Sie verdächtigt das Lebendige, sie vergiftet das Zutrauen des Menschen zu sich selbst und untergräbt das einheitliche, naive, klare, selbstsichere Handeln.

Die Liebe zum Heute und Hier.

Es gibt nur eine gesunde Grundlage für alle Kultur, das ist die leidenschaftliche Liebe zum Heute und Hier, zu unserer Zeit, zu unserem Lande. Man redet so viel von Patriotismus.

Der rechnende Patriotismus. In maßlosen Worten wird Deutschlands Überlegenheit nach jeder Richtung behauptet: deutsche Denker, deutsche Dichter, deutsche Maler über alle anderen gestellt, und mit komischem Eifer jeder fremde Einfluß abgeleugnet oder wütend bekämpft. Als ob es darauf ankäme, als ob man seine Mutter liebte, weil sie die klügste und schönste Frau ist und nicht darum, weil man mit tausend und tausend unzerreißbaren Fäden an sie geknüpft ist, weil man sie genauer, feiner, intimer kennt als irgendeinen anderen Menschen. Was fängt denn der arme Patriot an, wenn ihm eines Tages klar wird, daß Shakespeare mehr ist als Goethe, daß die romanische Baukunst, die man heute die deutsche nennen möchte, aus Rom und Syrien stammt, oder daß die Franzosen Gemüt haben, auch ohne das Wort dafür zu besitzen. Wann wird die lächerliche Anmaßung aufhören, ganze Völker ethisch abzuurteilen und sich selber mit biederen Reden an die Spitze aller Lebenden zu stellen. Wir haben nicht viele Schriftsteller, die sich mit dem einzigen Balzac vergleichen könnten an Herz und Reinheit. Freilich scheinen bei uns viele das Herz für ein Kleidungsstück zu halten, das man nicht sichtbar genug tragen kann. Aber vielleicht lernt man auch bei uns, daß die Kühnheit, immer von dem eigenen Gemüt zu reden, mit Herz und Gemüt nicht gerade identisch ist. Werden wir nun unser Land weniger lieben, wenn uns der Ruhm genommen ist, einzige Inhaber echten Gemütes zu sein? Kann in diesen Dingen überhaupt etwas errechnet und gemessen werden. Wer will denn sagen, ob Kant und Bach mehr sind als Dante und Michelangelo. Würde unser Land nicht auch dann uns Heimat sein, wenn es karg und bettelarm in jeder Hinsicht wäre, wenn es keine schimmernde Vergangenheit hätte, wenn es nie einem Genie das Leben gegeben hätte.

Die Heimat ein Erleben. Wer seine Vaterlandsliebe erst rechnend begründen, sie durch hochmütiges Verurteilen fremden Lebens und Wirkens stützen muß, der weiß nicht, was Heimat ist. Heimat ist eben nicht, wie man gewöhnlich annimmt, gleichbedeutend mit dem Land, in dem man wohnt, sondern dies Land mit seinem ganzen Leben in einem bestimmten Zustand, in einer bestimmten Zeit erlebt unter ganz persönlichem Gesichtswinkel. Jeder schafft sich seine Heimat. Und was für den einzelnen gilt, gilt auch für ein ganzes Volk: seine Heimat, das sind die gemeinsamen Stücke der Einzelwelten; es ist das, was die Gesamtheit als Umgebung, als gemeinsamen Untergrund ihres Lebens empfindet. Es ist nicht der Boden und seine im Laufe der Zeiten gewordene Gestalt, Landschaft und Städte, so wie sie sind, sondern so wie und so weit sie empfunden, erlebt werden. Darum kann dieselbe Umgebung verschiedenen Menschen sehr verschiedene Heimatsempfindungen geben. Je stärker jemand Land und Zeit erlebt, um so reicher, weiter und eigener ist sein Heimatgefühl. Darum ist Heimat nichts Festes, Unwandelbares, sondern ein Werdendes, stetig sich Änderndes, und von unserem Leben und vor allem unserem Anschauen abhängig. Sie ist für jeden etwas vollkommen Einziges, mit nichts zu vergleichen und darum in ihrem Werte gegen die Heimat anderer nicht abschätzbar, so wenig wie man die Welt abschätzen kann. Und wenn Pessimisten es tun, so verfallen sie einem Irrtume, der dem naiven Menschen naheliegend und verzeihlich, einem Nachdenkenden nicht unterlaufen sollte. Dem um sein Leben Kämpfenden scheint jedes Mißlingen ein hartes Versagen des Schicksales, es ist begreiflich, daß er ein stetiges Gelingen ersehnt und ganz übersieht, daß ja nur das Versagen unseren Wünschen Stärke und Wert verleiht, daß Glück und Unglück gar nicht zu trennen sind, da sie erst in Gemeinschaft dem Leben Richtung und Bewegung geben. Nur die bedrängenden Ufer formen die Wasser zum Strome, nur die Notwendigkeit zwingt den leicht ermüdenden, spielerischen Menschen zu weitausschauenden, wohlgefügten Taten. Sorge und Qual formen erst das Glück, das ohne sie niemals als solches empfunden würde. Und was im Leben des einzelnen Sorge, Unglück bedeutet, das sind im Leben eines Volkes die Abgründe des Lasters, der schmutzigen Not. Man geht so gern mit frommem Schauder daran vorbei und beklagt die Verderbnis der Zeit. Auch diese Klage ist nur Angst vor dem Leben, Romantik. Es ist so billig, sich rein zu dünken, weil man diesen dunklen Dingen aus dem Wege geht. Auch hier liegen neue Aufgaben. Auch hier gebiert Notwendigkeit die Tat. Und heute können wir helfen, dem Leid der Vergangenheit stehen wir mit gebundenen Händen gegenüber. Man kann an gewisse Momente früherer Zeiten gar nicht denken, weil Qual und Ohnmacht einen überwältigen. Heute ist aber auch das Schrecklichste Ansporn zum Wollen und Handeln.

Das Suchen der Heimat. Leidloses Leben, leidlose Heimat mögen Kinder sich wünschen und solche, die nicht wissen, daß Leben Bewegung, Handeln, Erfülltsein ist. Der Tätige wird nicht kleinlich den Wert der Heimat errechnen wollen nach dem, was sie ihm gibt, sondern wird sie vor allem zu erleben trachten. Nur dem, der sich in sie vertieft, ist sie bunt und lebendig. Man muß zufassen können. Heimat ist kein totes Geschenk, das man bekommt, ob man es ersehnt oder nicht. Sie erschließt sich in Wahrheit erst dem Suchenden. Nur das Erlebte ist Heimat. Schon darum ist es so töricht, aus den Leistungen der Vorfahren einen Nationalschatz begründen zu wollen. Bach, Kant, sie sind für die, die sie begreifen und empfinden, nicht für die, die in derselben Gegend geboren sind.

Die Unendlichkeit der Heimat. Heimat will errungen sein. Erst vor dem Auge des Suchenden entsteht sie. Weil man nicht suchen will, tadelt man das Heute und Hier und flüchtet in die Zerrwelt des Traumes; weil man in Unkenntnis die Wirklichkeit zu klein, zu gering schätzt, geht man verbittert und böse an unermeßlichen Schätzen vorüber. Denn die Welt ist unendlich, nicht bloß in Raum und Zeit, im großen und kleinen, sondern in den Arten und Weisen, wie wir sie betrachten können. Immer haben die Menschen geglaubt, am Ende zu sein, nichts mehr erwarten zu dürfen, und immer hat ein wenig Suchen neue und aberneue Tore geöffnet. Immer wieder finden sich ängstliche Gemüter, die in frommer Demut warnen, zu weit zu gehen im Suchen, die warnen, den Geheimnissen, dem Unbekannten nachzuspüren, weil man so sich alle Freude an der Welt zerstöre. Welch kindliche Gotteslästerung! Als ob nicht gerade das die herrlichste Gewißheit wäre, daß die Welt nie und nirgend ein Ende hat, daß wir ungestraft jeden Schleier heben dürfen; immer werden dahinter neue Wunder, neue Geheimnisse verborgen liegen. Suchen hat immer nur bereichert, hat immer neue nie geahnte Schönheit enthüllt. Freilich nicht alles ist schön, was ist. Wir müssen auslesen. Die Natur fragt nicht nach unserem Sehnen, sie hat ihre Zwecke und Wege für sich. Aber das Erstaunliche ist eben, daß trotzdem, wo wir auch suchen mögen, überall überreiche Erfüllung geboten wird.

Die Heimat als Glück. Darum bedeutet das Erringen der Heimat so namenloses Glück, eine so unendliche Bereicherung der Seele. Wer die Augen offen hat, nicht mit Vorurteilen und kleinlichen Motiven sucht, wer sich ganz hingeben kann an das Jetzt, an das Hier, dem wird die Heimat zu einem Wunder, bunter und reicher als irgendein Traum. Dem wird sie zur ewig kräftespendenden Mutter. Denn solches Schauen und Aufnehmen ist Glück, ist Stärkung, Erlösung und Gesundung. Denn solches Schauen ist eins mit der Tat, kein betäubender Traum, der weit hinwegführt und dann den Schläfer mit jähem Sturz ins wache Leben zurückwirft, sondern ein Erleben am hellen Tag, ein Sporn zum Leben im Jetzt und Hier.

<small>Die Heimat die Grundlage der Kultur.</small>

Darum ist solches Schauen der Heimat auch der einzige sichere Führer zu einer einheitlichen Kultur, zum Gestalten. Gestaltbar ist nur das Heute, und nur wer das Heute wirklich empfinden kann mit all seinen Möglichkeiten, seinen Ansätzen zur Entwicklung, seinen Bedürfnissen, nur der kann in Wahrheit gestalten. Die Kenntnis fremden und vergangenen Wollens hilft nicht weiter. Gotische Marktplätze und barocke Platzanlagen sind heute eine Maskerade. Nur wer den Rhythmus der heutigen Stadt fühlt, kann eine Stadt bauen so, wie wir sie brauchen.

<small>Der Weg zur Heimat.</small>

Vertiefung in die Heimat tut uns vor allem not, Erkenntnis ihres Wesens, lebendiges Fühlen ihrer Bewegtheit. Die Befreiung von allen kurzsichtigen, süßlichen Phrasen, die das Wort «Heimat» erniedrigt haben, ihm den starken Sinn geraubt haben. Die wahrhaftige Liebe zum Vaterland, die leidenschaftliche Liebe zum Heute und Hier. Der Weg dazu ist nicht leicht zu finden, denn die lauten Patrioten haben zu oft gerade das Wertvollste mit Schmutz beworfen und der Verachtung preisgegeben. Nur vorurteilsloses, eindringliches Schauen kann hier Führer sein. Nur immer neue Versuche, das Empfundene zu sagen, können helfen, die Verwirrung zu beseitigen und in diesen Dingen ein einheitliches, nationales Fühlen entstehen zu lassen.

Für einen kleinen Ausschnitt will ich es im folgenden versuchen.

Die große Stadt

<small>Die große Stadt als Symbol des heutigen Verfalles.</small>

Die große Stadt, die sichtbarste und vielleicht eigentümlichste Frucht unseres heutigen Lebens, die augenfälligste, geschlossenste Gestaltung unseres Wirkens und Wollens, ist natürlich schon immer der Zielpunkt maßloser Angriffe gewesen. Die große Stadt erscheint als Symbol, als stärkster Ausdruck der vom Natürlichen, Einfachen und Naiven abgewandten Kultur, in ihr häuft sich zum Abscheu aller Gutgesinnten wüste Genußsucht, nervöse Hast und widerliche Degeneration zu einem greulichen Chaos. Sie verdirbt die Menschen, die sie mit trügerischen Lockungen an sich zieht, entnervt sie, macht sie schwächlich, egoistisch und böse. Man höhnt den Städter, daß er keine Heimat habe. Man schilt die unsägliche Häßlichkeit der

Städte mit ihrem wüsten Lärm, ihrem Schmutz, ihren dunklen Höfen und ihrer dicken, trüben Luft. Man könnte solche Meinungsäußerungen auf sich beruhen lassen, wie so viele andere auch, wenn der Städter nicht selbst daran glauben wollte, wenn er nicht unter Heimat die niedrige Bauernhütte mit einem schimmernden Fenster im dämmernden Abend sich träumen wollte, die er so gut vom Theater her kennt; wenn nicht Tausenden von Menschen durch solches Reden unnütz das Dasein verkümmert würde. Man kann es ja für ein erstrebenswertes Ziel halten, daß die Städte vom Erdboden verschwinden. Vorläufig aber existieren sie und müssen sein, sollte nicht unsere ganze Wirtschaft in nichts zerfallen. Hunderttausende müssen in Städten leben, und statt ihnen eine ungesunde, hoffnungslose Sehnsucht einzupflanzen, wäre es gescheiter, sie zu lehren, ihre Stadt erst einmal wirklich zu sehen und aus ihrer Umgebung so viel Freude, so viel Kraft, als eben möglich ist, zu schöpfen, sei es absolut genommen so wenig als es immer mag. – Man kann ohne weiteres zugeben, daß das Leben in unseren Städten anstrengender, ungesunder ist als in kleinen Orten und auf dem Lande. Man kann beklagen, daß der Städter dem Boden, den Pflanzen, den Tieren immer fremder wird und ihm damit viele Glücksmöglichkeiten genommen sind. Man muß auch eingestehen, daß unsere Gebäude zum größten Teil trostlos langweilig, unlebendig und dabei protzig und anmaßend aussehen, aber daraus ergibt sich einmal die Aufgabe, die Bauart unserer Städte entsprechend zu ändern, weiträumiger, anständiger, künstlerischer zu bauen, und die andere, rascher zu erfüllende, jene Mängel durch anderes Genießen wieder wettzumachen.

Die Stadt ein Märchen. Denn das ist das Erstaunliche, daß die große Stadt trotz aller häßlichen Gebäude, trotz des Lärmes, trotz allem, was man an ihr tadeln kann, dem, der sehen will, ein Wunder ist an Schönheit und Poesie, ein Märchen, bunter, farbiger, vielgestaltiger als irgendeines, das je ein Dichter erzählte, eine Heimat, eine Mutter, die täglich überreich verschwenderisch ihre Kinder mit immer neuem Glück überschüttet. Das mag paradox, mag übertrieben klingen. Aber wen nicht Vorurteile blenden, wer sich hinzugeben versteht, wer sich aufmerksam und eindringlich mit der Stadt beschäftigt, der wird bald gewahr, daß sie wirklich tausend Schönheiten, ungezählte Wunder, unendlichen Reichtum, offen vor aller Augen und doch von so wenigen gesehen, in ihren Straßen umfängt.

Die Stadt eine Heimat.   Wir bewundern staunend die Städte der Vergangenheit, Babylon, Theben, Athen, Rom, Bagdad: sie alle liegen in Trümmern, und keine noch so geschäftig starke Phantasie vermag sie wieder aufzubauen; aber unsere Städte leben, sie umgeben uns mit der ganzen Macht der Gegenwart, des Daseins, des Heuteseins. Und gegen ihre bunte Unendlichkeit ist alle Überlieferung, sind auch die kostbarsten Trümmer tot, gespenstig und arm. Unsere Städte sind uns so unerschöpflich wie das Leben selbst, sie sind uns Heimat, weil sie täglich in tausend Stimmen zu uns reden, die wir nie vergessen können. Wie wir sie auch immer betrachten mögen, sie geben uns Freude, geben uns Kraft, geben den Boden, ohne den wir nicht leben können.

Die Stadt als Gestaltung.

Freilich in einem sind sie mit den alten Städten verglichen arm, sie haben keine Form, keine Gestaltung. Die Straßen sind breiter geworden, die Häuser höher und umfangreicher, aber man hat die rohe wirtschaftlich-technisch notwendige Form nicht lebendig zu machen verstanden. Die Straßen haben kein eigenes Wesen, keine ihnen eigentümliche Art und Charakter. Die Plätze sind leere Räume ohne Größe und ohne Form, die Häuser fügen sich den Straßen nicht ein, sind laut, aufdringlich und doch ohne Wirkung. Zwischen Haus und Straße findet sich kein Zusammenhang. So bedauerlich das ist, es kann nicht wundernehmen, wenn man bedenkt, daß in den letzten Jahrzehnten Technik, Industrie, Handel alle Kräfte der beweglich schöpferisch Begabten aufgesogen haben, und daß erst heute, wo das Neuschaffen auf jenen Gebieten etwas zur Ruhe kommt, auch für die künstlerische Gestaltung Kräfte frei werden, die langsam beginnen, das bewußt zu gestalten, was bis dahin Zufall und blinde Notwendigkeit achtlos und ohne Liebe gehäuft hatten.

Die Stadt als Arbeitswesen.

Um so schöner ist die Stadt als Arbeitswesen, als arbeitendes Gebilde. An sich ist ja alle Arbeit wie alle Natur ohne Schönheitsabsichten und Zwecke.

Arbeit zielt auf Erwerb und wird zunächst als schwere Last, als Mühsal und Ärger empfunden. Aber dem betrachtenden Auge ist die Arbeit wie alle Naturgebilde voll von der mannigfaltigsten Schönheit. In jeder Arbeit, auch der geringsten, kann Schönheit liegen. Leider kommt sie nur dem Arbeitenden, und auch dem nicht immer, zum Bewußtsein.

Gedankenschönheit. Es ist oft eine sinnlich nicht greifbare Schönheit, oft nur eine Schönheit in der Vorstellung, in dem Gedanken, wie die Schönheit eines mathematischen Beweises, die im Rhythmus seiner Führung, nicht im Resultat liegt, wie die Schönheit eines genial ersonnenen und angewandten Experimentes, die Schönheit einer wissenschaftlichen Darlegung. Leider sind diese Dinge den meisten Menschen ganz unzugänglich. Der Fachmann empfindet sie wohl unbewußt, denn die Kraft dieser Schönheit trägt und erhält sein Leben, aber nicht immer ist er sich klar darüber, er weiß nichts von dieser Kraft und kann sie nicht anderen vermitteln. Es ist unendlich schade, daß diese Arbeitsschönheit, die in den Wissenschaften heimlich aufgestapelt liegt, so ganz unbenutzt bleibt, daß die beinahe kastenmäßige Abschließung der Wissenschaften den Zugang dem Laien unmöglich macht und elende Popularisierungen – um so ekliger, je «poetischer» sie gehalten sind – ihm ein ganz wertloses Scheinbild entwerfen. Wer sich einbildet, dem Laien Wissenschaft mit elenden Mätzchen mundgerecht machen zu müssen, der weiß nichts von ihrer Schönheit.

Handwerksschönheit. Dasselbe gilt für Industrie und Handwerk. Wieviel Arbeitsschönheit bergen die Werkstätten und Fabriken einer Stadt. Wieviel klug ersonnene Handgriffe, Apparate und Maschinen, wie sinnvoll greifen die Arbeitsarten ineinander. Welch eine Fülle von Einbildungskraft, Phantasie, Klugheit und Konsequenz überall. Wen der wüste Lärm einer benachbarten Fabrik stört, der gehe doch einmal hinüber und lasse sich die Arbeitsstadien zeigen, die Maschinen erklären; er wird staunen über dies wunderbare Gedankengebilde, das dort unter Lärm, Staub und Schmutz sich verbirgt, und der Lärm wird für ihn einen Sinn bekommen; er wird die Stimmen der Maschinen scheiden lernen, das wüste Geräusch wird eine Sprache werden. Wie seltsam sind die Arbeitsbildungen selber, welch ein merkwürdiges Wesen ist eine Maschine, wenn man sich ihr inneres Wesen, das Arbeiten ihrer Teile einmal deutlich vergegenwärtigt. Die Wandungen des Zylinders, die ständig wachsendem und fallendem Druck zu begegnen haben, die Ventile in ihrem unablässigen Hin- und Herspielen, die Fundamentplatte, mit schweren Bolzen an die Mauernfundamente gebunden und in ihrer schweren Masse alle Stöße und Vibrationen der bewegten Teile sicher auffangend, welch eine Welt von Kräften und innerer Bewegung. Oder eine eiserne Brücke, aus Hunderten arbeitender Glieder gefügt, alle ihrer Stärke entsprechend beansprucht, unter jeder Belastung sich leise dehnend und danach wieder elastisch sich zusammenziehend, die Hauptteile beweglich gegeneinander, das Ganze spielend in stählernen Gelenken und auf Rollenwagen verschieblich unter dem Einflusse der Lasten, der Sonne, der Kälte, in leisem kaum sichtbar pendelndem Dehnen und Zusammenziehen. Es hat einen seltsamen Reiz, so in Gedanken das heimliche Leben dieser Ungeheuer nachzufühlen. Freilich, all das ist nur dem begreiflich, der wenigstens etwas von Aufbau und Konstruktion dieser Dinge weiß. Darum sollte oft und viel von dieser Arbeitsschönheit die Rede sein, sollten Fachleute in verständlicher Sprache – und man kann alles, auch das Schwierigste einfach und verständlich ausdrücken – ihre Arbeit klarlegen. Dem Fachmanne wird es ein Genuß sein, das eigene Tun einmal als künstlerisches Gebilde zu betrachten, dem Draußenstehenden aber wird das immer wieder zum Bewußtsein bringen, daß es neben seiner Welt noch tausend andere gibt. Die Last des Lebens wird damit freilich nicht geringer, wohl aber die Kräfte größer, sie zu tragen.

Die Schönheit der menschlichen Ordnungen.

Und vielleicht sind diese technischen Gebilde noch nicht das Großartigste, das das Arbeitsleben einer Stadt birgt. Das Zusammenwohnen vieler Menschen bringt mit Notwendigkeit tausend ordnende Organisationen hervor. Wie die Bienen zwischen ihren heißen Körpern in dichtem Schwarm ohne Absicht das Wunder der sechseckigen Zellen erzeugen, so entstehen unter den dichtwohnenden Menschen einer Stadt alle diese merkwürdigen Gebilde, die den Verkehr, das Zusammenleben, die gegenseitige Abhängigkeit zu Ordnungen formen. Es wäre eine verlockende Aufgabe, zu schildern, wie die Notwendigkeit die Menschen zwingt, ihre Beziehungen zu regeln, und welche Schönheit in diesen Ordnungen liegt. Schon die Organisation der größeren Geschäfte, ihr Aufbau, ihre Konstruktion, ihr Arbeitsgang, ihre Buchführung, ihr Kontrollsystem sind merkwürdig genug. Man könnte sie mit Kristallformen vergleichen, so reinlich sauber, konsequent und durchsichtig ist ihre Form gebildet. Die Notwendigkeit duldet nichts Überflüssiges und zwingt den Menschen zur Klarheit. Noch verzweigter, reicher sind die Organisationen des Staates und der Städte, auch sie nur Naturgebilden vergleichbar in ihrer Einheitlichkeit, ihrer stetigen Erneuerung und Fortentwicklung. Freilich empfindet man sie gewöhnlich nur als lästige Übel, die Reibungsstellen sind natürlich am deutlichsten, und es ist gerade das Nichtfunktionierende, das Überlebte, das in den täglichen kleinen politischen Kämpfen sichtbar wird und beseitigt werden soll. So kommt das Ärgerliche am meisten zum Bewußtsein, und da diese Organisationen so unendlich weitläufig sind, ist nur wenigen der Überblick gegeben, und auch denen kommen nicht immer die Schönheiten der Formen zum Bewußtsein. Und ganz selten findet sich ein Jurist oder ein Verwaltungsfachmann, der sich die Mühe nimmt, auch dem Laien einen Einblick in diese seltsam reichen Gebilde zu geben.

Arbeitsschönheit. So bleibt die Arbeitsschönheit viel zu sehr verborgen, sie ist ein wichtiges Element in jedes einzelnen Leben, aber sie ist dem Laien nicht greifbar deutlich genug, nur dem sichtbar, der sich die Mühe nicht verdrießen läßt, sich durch trockene und geheimnisvolle Nomenklatur, durch verschleierte Darstellung hindurchzuarbeiten und so einen Ausblick in diese Welt zu bekommen. Gemeinverständliche Darstellungen könnten hier unendliche Reichtümer erschließen. Es kann kaum wertvollere Leistung geben als die, das Arbeitsleben der einzelnen Berufe verständlich zu machen, seine Schönheit lebendig fühlbar werden zu lassen. Solch Wissen gäbe unserer Kultur Einheit, Zusammenhang im Arbeiten, Schwung und Begeisterung für die gemeinsame Leistung.

Die Stadt als Natur.

Zu dieser verborgenen Schönheit, die nicht zu den Sinnen spricht, die nur dem zugänglich ist, der mit seinem Vorstellen, seiner denkenden Einbildungskraft den Arbeitsgebilden fühlend nachgeht, gesellt sich als zweite die Schönheit der Stadt als Natur. Das mag befremdlich klingen, eben weil diese Schönheit fast immer übersehen wird, weil man gar nicht gewohnt ist, eine Stadt so anzusehen, wie man die Natur, wie man Wald, Gebirge und Meer ansieht.

Die Stadt der Geräusche.

Es ist so wunderlich: das Krächzen der Raben, das Wehen der Winde, das Brausen der See scheint poetisch, scheint großartig und edel. Aber die Geräusche der Stadt scheinen nicht einmal der Aufmerksamkeit würdig, und doch bilden schon sie allein eine merkwürdige Welt, die auch dem Blinden die Stadt als ein reich gegliedertes Wesen erscheinen lassen muß. Man muß nur einmal hinhören und den Stimmen der Stadt lauschen. Das helle Rollen der Droschken, das schwere Poltern der Postwagen, das Klacken der Hufe auf dem Asphalt, das rasche scharfe Stakkato des Trabers, die ziehenden Tritte des Droschkengaules, jedes hat seinen eigentümlichen Charakter, feiner abgestuft als wir es mit Worten wiederzugeben vermögen. Wir unterscheiden, ohne recht zu wissen wie, sicher die Gefährte voneinander, wir brauchen die Augen nicht dazu. Diese Geräusche sind uns vertraut wie alte Bekannte. Oft freilich allzu laut, betäubend in nächster Nähe. Aber fast immer schön, wenn sie sich entfernen und allmählich leiser werdend in der Ferne verklingen. Wie lustig klingen die rollenden Räder, wie wunderlich plötzlich wirkt ihr Verstummen, wenn eine Querstraße den Wagen aufnimmt. Wie eindringlich tönen die hallenden Schritte einsamer Fußgänger. Wie flüchtig leise, beinah zierlich wirkt das Gehen vieler Menschen in engen Straßen, wo selten ein Wagen hinkommt, wie man es etwa in der Schloßstraße in Dresden oft hören kann. Wie gedämpft leidenschaftlich das Schieben und Schurren wartender Mengen. Wie vielfältig sind die Stimmen der Automobile, ihr Sausen beim Herannahen, der Schrei der Hupen, und dann, allmählich hörbar werdend, der Rhythmus der Zylinderschläge, bald rauschend, bald grob stoßend, bald fein in klarem Takte, metallisch klingend. Und schließlich ganz in der Nähe die Sirenentöne der Räder, deren Speichen die Luft schlagen, und das leise rutschende Knirschen der Gummireifen. Wie heimlich klingt das tiefe Summen der Transformatoren, die in den Anschlagsäulen verborgen, mit kaum hörbaren Tönen uns berühren, wie ein Hund leise seinen Herrn mit dem Kopfe von hinten berührt. Wie wundervoll braust der satte, dunkle Ton einer Trambahn in voller Fahrt, rhythmisch gegliedert durch das schwere Stampfen des Wagens, dann allmählich hineinklingend das harte Schlagen auf den Schienen, das Klirren des Räderwerkes, das Schlirren der Rolle und das lang nachzitternde Zischen des Zuführungsdrahtes. Stundenlang kann man durch die Stadt wandern und ihren leisen und lauten Stimmen zuhören, in der Stille einsamer Gegenden und dem Tosen geschäftiger Straßen ein viel verschlungenes seltsames Leben spüren. Es fehlen die Worte, den Reiz all dieser Dinge zu sagen.

Die Stadt als Landschaft.

Ist so die große Stadt schon dem Hörenden ein bewegtes, reich gegliedertes Wesen, so schenkt sie unerschöpflich dem Sehenden, die Stadt als Landschaft, als buntes, ewig wechselndes Bild gibt einen Reichtum, eine Fülle, die lange Reihen von Menschengeschlechtern nie erschöpfen werden. Und wenn das heute den wenigen fühlbar ist, so liegt das einfach daran, daß wir Menschen uns den Zugang zu jedem Genuß erst erkämpfen müssen, daß alle Schönheit, die wir kennen, erst allmählich im Laufe der Jahrtausende gefunden worden und so langsam ein unverlierbares Kulturgut geworden ist. Unsere großen Städte sind noch so jung, daß ihre Schönheit erst jetzt entdeckt wird. Und wie jedes Kulturgut, jede neue Schönheit zunächst befremdet, Mißtrauen und heftiger Beschimpfung begegnet, so auch hier. Die Zeit, die die riesenhafte Vergrößerung der Städte hervorbrachte, gebar auch die Dichter und Maler, die ihre Schönheit zu empfinden begannen, und aus dieser Schönheit ihre Werke aufbauten. Aber man hat sie mit einer Flut von Verdächtigungen, Schmähung und moralischer Entrüstung überschüttet; man verdammt sie, weil sie in den Schmutz der Straße herabgestiegen sind, und ahnt nicht, welche Ehrung man ihnen damit erweist. Denn eben das wird man diesen Künstlern nie vergessen können, daß sie dort, wo die Menge verachtend und schaudernd vorbeigeht, im Schmutze der Straße, im Gewühl härtesten Egoismus, rücksichtslosesten Erwerbens Schönheit, Größe und Zartheit fanden. Und weil dieses Entdecken und Streben noch immer mißverstanden wird und von Kurzsichtigen wütend als lasterhaft und landesverräterisch bekämpft wird, will ich von dieser Schönheit ausführlich sprechen, zumal die Sprache reicher ist an Worten für die sichtbaren Dinge und sich diese Welt eingehender beschreiben läßt, als die nur hörbare.

Vom Sehen und der sichtbaren Welt.

Das Sehen.   Zunächst aber möchte ich versuchen, eine Reihe Mißverständnisse zu beseitigen, welche das Eindringen in diese Schönheit oft hoffnungslos zu erschweren scheinen. Man nimmt naiverweise an, daß jeder Mensch sieht wie der andere, und daß daher, wenn zehn Menschen ein Ding betrachten, und zehn ganz verschiedene Eindrücke haben, dies ausschließlich Folge ihres verschieden gearteten Geschmacks sei. Man nimmt an, die Bilder der Dinge spazieren ganz und ohne Hindernisse durch die Netzhaut in die Seele. Und dieser Irrtum, der in der Erkenntnistheorie schon eine bedenkliche Rolle spielt, ist in der ästhetischen Betrachtung beinahe noch verderblicher. Gewiß, auf die Netzhaut kommt ein vollständiges Bild des Gegenstandes, aber die Netzhaut ist verschieden empfindlich, am gelben Fleck im höchsten Maße, von da nach den Seiten immer mehr abnehmend. Um also einen Gegenstand vollkommen zu sehen, müssen wir alle seine Teile auf den gelben Fleck bringen. Das dauert nun ziemlich lange, zumal beim Auffassen plastischer Dinge noch die Notwendigkeit hinzutritt, den Standpunkt mehrfach zu wechseln, Wenn wir nun alles

Gegenständliches Sehen.   so genau betrachten wollten, wäre ein Leben überhaupt nicht möglich. Und der Mensch sieht infolgedessen für gewöhnlich niemals so genau. Es kommt hinzu, daß uns das Wahrnehmungsbild an sich ja nicht interessiert, sondern sein Gegenstand, der etwas ganz anderes ist und erst aus den Wahrnehmungsbildern von der Seele geformt wird. An einem Tisch interessiert mich zunächst nur, daß eine Platte da ist in einer bestimmten Höhe über dem Boden, die Beine nur insoweit, als ich mich daran stoßen könnte, und etwa noch die Schublade. Um über diese Dinge ins klare zu kommen, genügen ein flüchtiger Blick und ein paar tastende Griffe mit Hand und Fuß. An einem Messer interessiert mich Griffende und Schneidenseite usf. Kurz, unser Sehen dient uns im praktischen Leben ausschließlich zur Orientierung, wir sehen von dem großen Kreis des Sichtbaren nur das, was für unseren Wollensverlauf von Wichtigkeit ist, und alles übrige bleibt ein vager Eindruck, der bald vergessen wird. Auch die Stücke und Teile, die wir genauer ansehen, werden nur sehr unvollständig aufgenommen. Jeder weiß genau, wo die Haustür in seinem Hause sitzt, wo Klinke und Klingel sich befinden, aber wie die Türe im einzelnen gearbeitet ist, ihre Farbe, die Form der Glasscheiben, das alles bleibt ziemlich ungesehen. Das Kind bringt einen guten Teil seiner ersten Jahre damit zu, sich vom Zuviel der Gesichtseindrücke zu befreien, und sie auf die lebenswesentlichen Punkte zu verringern.

Das Sehen als Genuß. Es hat daher auch sehr lange gedauert, bis die Menschen entdeckten, daß das Sehen als solches Vergnügen macht. Man hat früh angefangen, das Sichtbare wiederzugeben, aber das tat man lange Zeit nur um des Dargestellten willen, weil man das lebendige Ding liebte, den Helden, das Pferd, nicht weil man wußte, daß die Formen des Pferdes als solche schön sind und Freude erregen. Natürlich hatte sich schon immer diese Freude am Sichtbaren in die Liebe zum Ding gemischt. Aber erst indem man sie darstellte, begann man zu fühlen, daß die Form allein, abgesehen von allem Objekt der Darstellung, etwas Wundervolles sein kann. Im Laufe der Jahrhunderte wurde das immer deutlicher. Den Künstlern natürlich zunächst. Aber erst in unserer Zeit fängt man allmählich an, bewußt einzusehen, daß Form und Farbe ihre Schönheit nicht von dem Gegenstande borgen, ja daß ihnen eine Schönheit zukommt, die im Gegenstand gar nicht empfunden wird, solange er nur mit praktischen Zwecken betrachtet wird, und daß eben erst ein künstlerisches Sehen dem Gegenstand die Schönheit gibt, die in Form und Farbe, abgesehen von allen dinglichen Beziehungen lebt. Wer Bismarck malt, gibt die Erinnerung an den einzigen Mann und schon damit Freude, aber daneben steht die Freude an Form und Farbe, an Kopf, Mund und Augen, die auch dem bleibt, der nichts von Bismarck weiß. Und nur diese Freude ist die künstlerische. Unfähige werden immer ihren Mangel an Kraft, Schönheit zu geben, durch gegenständliche Beziehungen zu verdecken suchen. Aber das ist ein Betrug, der nur kurze Zeit wirksam sein kann. Mit der Zeit schwindet meist das Interesse am Gegenstande, während die rein sichtbare Schönheit unvermindert bleibt. Die Dogen, ihre Kämpfe, ihre Klugheit und Größe sind fast vergessen, nur mühsam vor dem inneren Auge aufzubauen, aber der Dogenpalast lebt wie am ersten Tage.

Die Welt des Sichtbaren. Das Gesichtsbild spielt also im Leben nur eine dienende Rolle, erst der Künstler machte es zum Mittelpunkte seines Arbeitens und erkannte seinen Wert für unser Fühlen; und indem er es wiedergab, brachte er dem Menschen Kunde von einer zweiten Welt neben und zwischen der Welt der Gegenstände, von der Welt des Sichtbaren.

Nicht Technik, sondern Schönheit. Leider hat man nun dies Verhältnis ganz und gar verwirrt dadurch, daß man zur Erklärung moderner Bilder sagte: Beim Bilde kommt es nicht auf das Was an, sondern auf das Wie, die Art der Technik, des Malens sei die Hauptsache, mache ein Bild erst wertvoll. Man wollte dadurch das wirkliche Verhältnis ausdrücken, aber diese bestechende Antithese verdarb durch ihre Schiefheit alles, machte den Außenstehenden den Zugang zu dem neuen Sehen erst recht unmöglich. Es handelt sich gar nicht darum, daß Manet Spargel in einer wunderbar vollendeten Technik malte, sondern daß er entdeckte, daß ein Spargelbund, das bis dahin nur als eßbarer Gegenstand betrachtet wurde, ein kleines Wunderreich der zartesten, herrlichsten Farben ist, so schön und so reizvoll als die duftigste Blume, als die schönste Frau. Er entdeckte, daß neben und in dem bekannten Etwas ein ganz anderes Etwas, dem Auge allein erreichbar, liegt, und darum versuchte er es zu malen. Kurz, es handelt sich nicht um was und wie, sondern um was und was, um Gegenstand unseres Denkens und um Wahrnehmungsbild. Die Menschen beachten dies letzte gewöhnlich nicht, weil ihr Wollen, ihr Interesse sie weiter treibt, darum entging ihnen diese Schönheit, dieser Reichtum, und daher konnten sie auch ihren Spargel (den Gegenstand) in Manets Spargel (dem Augenbild) nicht wiedererkennen. Manet hatte nur gesehen den Spargel mit der Luft darüber und den Schatten, die anderen hatten nur eßbare Spargel gesehen ohne Farbe, ohne Schatten, ohne Luft, weil man das alles nicht essen kann. Und erst langsam konnte das Mißverständnis begriffen werden, konnte eingesehen werden: wir sind unermeßlich reich, neben der Welt der Gegenstände, die wir kennen, steht eine zweite, die Welt des Sichtbaren. Und so kam es, daß jenes Bild den einen eine Offenbarung, der Beginn eines neuen reicheren Lebens war, den anderen ein Spott, eine Lächerlichkeit.

Das Sehen durch die Oberfläche zum Gegenstand. Die Menschen zersehen eben gewöhnlich das Sichtbare, zerlegen es, zerstückeln es, nehmen Teile daraus, betrachten jenes flüchtig, dies genauer und ein drittes bis in die letzte Kleinigkeit, je nach ihrem praktischen Interesse. Daher zerrinnt ihnen die sichtbare Schönheit, sie haben keine Aufmerksamkeit für sie, und darum fragen sie unwillkürlich vor jedem Kunstwerk: was stellt es dar? Denn sie können nicht begreifen, daß es außer Gegenständen noch «sichtbare Dinge» geben könne. Man pflegt amüsiert zuzuhören, wenn ein Dienstmädchen mit glühenden Wangen vom Theater kommt und von der Schlechtigkeit oder der Tapferkeit eines Schauspielers erzählt. Es bleibt nicht an der Oberfläche der Kunst, sondern sucht sie zu durchdringen, sucht durch den Schauspieler, der nur die schöne Erscheinung des Menschen spielt, zum Menschen selbst zu dringen, und zerstört so das Kunstwerk. Aber der über solche Naivität lächelt, begeht dieselbe Torheit vor Bildern, wenn er vor allem nach dem Gegenstand fragt, absolut wissen will, wo denn die Brücke endige, und ob jener helle Fleck im Wasser ein Vogel oder ein Stück Papier sei. Auch er sucht, unter die Oberfläche, hinter die Erscheinung zu dringen zu den Gegenständen, die er allein aus seinem Leben kennt. Auch er glaubt, ganz naiv, daß nur sein praktisches Leben Wert und Existenzrecht habe.

Die Geistigkeit des Sichtbaren. Er vermißt das Geistige, das Ideale, das er sich nur begrifflich denken kann, und ahnt nicht, daß das Sichtbare als seelisches Erlebnis natürlich genau so geistig, genau so ideal, genau so wertvoll ist, als jede andere große Erregung der Seele. Auch hier ist das Wesentliche überall nicht das Objekt, sondern das Gefühl, die Erregung, die es hervorruft.

Alles Gut unseres Lebens, unser Glück bilden die großen Freuden, die Gefühlserregungen, die die Höhepunkte unseres Handelns, unseres Lebens begleiten. Im Gefühl liegt die Wertung aller Objekte, alles Geschehens. Es ist nun leicht begreiflich, daß der, der dieses Glück nur im Erleben der praktischen, gegenständlichen Welt empfunden hat, es für nötig hält, daß jedes Kunstwerk seinen Wert nur durch eine Beziehung, durch eine Erinnerung an diese Welt sich borgt. Er übersieht, daß die Welt des Sichtbaren genau wie die praktisch erlebte Welt unmittelbar Gefühle hervorruft, also auch unmittelbar Wert hat, unmittelbar Freude, Glück, Lebenserhöhung, Ideal bedeutet.

Der Zugang zur Welt des Sichtbaren. Freilich kann nur der dazu gelangen, der wirklich sieht, der sich dem Sichtbaren so unbedingt restlos hingibt, wie man sich seiner Arbeit, seinem Wollen, seiner Liebe hingibt. Wie nur dem, der sich mit ganzer Seele, mit ganzem Gemüt einem Wollen ergibt, große Dinge gelingen können, so erschließt sich die Wunderwelt des Sichtbaren nur dem leidenschaftlich sie Ergreifenden. Nur dem, der gelernt hat, sie aufzuspüren, der Erfahrung und Ausdauer genug hat, ihr nachzugehen. Denn das Genießenkönnen versteht sich so wenig von selbst wie das Arbeitenkönnen. Unendlich lange haben die Menschen gebraucht, bis sie so viel sehen konnten, als uns heute als selbstverständlicher Besitz überliefert wird.

Die Entdeckung der Welt des Sichtbaren. Es ist vielleicht das erstaunlichste Wunder im Aufbau unseres Lebens, daß das, was scheinbar ein Unglück, ein mißgünstiges Geschick unsere ursprünglichen Zwecke behindert, von unseren ersehnten Zielen uns abbringt, daß eben dies der Beginn neuen, ungeahnten Erlebens ist. Wir ziehen immer aus wie Saul, des Vaters Eselinnen zu suchen, und finden Königreiche. Als der Mensch darzustellen begann, hatte er nur die Absicht, die Menschen und Dinge, die in seinem Willensleben ihm lieb waren, wiederzugeben, sich an sie zu erinnern. Und er zeichnete zunächst primitiverweise nur das gegenständlich Wesentliche, aber bald entdeckte er im Abbilden, daß es an dem ihm nur gegenständlich Bekannten noch viel mehr zu sehen gab, und die Freude an diesen Sichtbarkeiten begann, zunächst die Freude an dem, das dem Gegenständlichen am nächsten verwandt ist, an der Form. Die plastische Form, die sich sehen und tasten läßt, aber gewissermaßen ohne die Zufälligkeiten der Stellung, die eben gegenständlich nichts sagen: in steifer Haltung, streng symmetrisch, aber mit allen Details der Kleidung, der Abzeichen, die lebenswichtig waren. Welch ein weiter Weg von dem schüchtern vorgestellten linken Fuß des Apolls von Tenea bis zu den Figuren Michelangelos, bis zur Freude an Überschneidung, Verkürzung, an ungewöhnlichen Stellungen und Ansichten, die im Notwendigkeitsleben nichts bedeuten. Und dann wieder, welch ein Sprung von der plastischen Empfindung der Florentiner zu den Farbenträumen der Venetianer, zur Freude am Schatten, an Lichtkanten, an Farbenbrechung, an räumlichen Massen. Und dann, der weite Weg von Venedig über Velasquez und Goya, über Frans Hals und Rembrandt zu den modernen Franzosen, zu Manet und

Monet, Cézanne, Degas und van Gogh. Hier erst vollendet sich die Loslösung des Sichtbaren vom Gegenständlichen. Der Gegenstand als solcher ist vollkommen ausgeschaltet, und konnte bisher der im Gegenständlichen, im praktisch Wirklichen Befangene der Kunst scheinbar Interesse entgegenbringen ohne wirklich künstlerisches Empfinden, da noch immer der Stoff, das Wirkliche im Bilde sein Wesen sche in en konnte, so ist das vor den modernen Franzosen nicht mehr möglich. Sie geben nur das Sehenswesentliche und unterdrücken den Gegenstand überall, wo er das Sehen stört. Die Kunst tritt zum ersten Male absolut, unbedingt auf. Es gibt kein Verstecken, keine Kompromisse mehr. Daher der erbitterte, barbarische Kampf um diese Dinge.

Die Luftschleier. Die Franzosen entdeckten den Luftschleier, der aus den Dingen ganz anders geartete Gebilde macht mit neuen Gesetzen und neuen Schönheiten. Sie malten nicht mehr Menschen, Brücken, Türme, sondern die seltsamen Erscheinungen, die Luft, Beleuchtung, Staub, Blendung aus ihnen machen. Der handelnde Mensch ist gezwungen, durch diesen Schleier hindurchzusehen, er muß erkennen. Diese Maler aber entdeckten, daß wenn man nur sah, ohne durch scharfe Einstellung, durch absichtliches Abstrahieren von der Erscheinung das Sichtbare zu zerstören, eine neue Wunderwelt sich auftat, und sie malten, was sie sahen. Daher auch die schulmeisterlich gerügte Skizzenhaftigkeit ihrer Bilder.

Wir haben in diesen Dingen vorläufig nur zu lernen und nichts zu kritisieren. Es ist albern, sogenannte patriotische Gesichtspunkte hier einzumengen. Wir haben von jeher vom Ausland gelernt, von der Antike die Grundlinien unserer Kultur, von Frankreich die Gotik, von Italien Barockkunst und Musik, von England Shakespeare und die industrielle Entwicklung übernommen. Lernen ist keine Schande, wohl aber kindisches Ablehnen neuer Kulturgüter. Und wenn heute gewisse Leute nicht müde werden, pathetisch zu schreiben: das deutsche Volk lehnt diese fremdländischen Mätzchen ab, so ist dem entgegenzuhalten, daß das deutsche Volk der dümmsten eines wäre, wenn es sich diesem neuen Reiche der Schönheit verschließen wollte. Gerade unser Land mit seinem Klima fordert solche Sehweise heraus. Wir würden uns eines ungeheueren Reichtumes begeben, wollten wir nicht von den Franzosen lernen, diese Luftschleier zu sehen; unser Sehen bleibt darum doch deutsch: unsere Städte, unsere Landschaft und unser Klima sind so ganz anders geartet, daß wir bei solchem Sehen auch ganz andere Dinge entdecken werden, als die Franzosen in ihrem Land entdeckt haben. Mir hat jedenfalls die Beschäftigung mit den französischen Bildern ganz neue Ausblicke eröffnet, und mir Berlin, die Stadt, in der ich lebe, zu einem täglich sich erneuenden Augenwunder gemacht. Ich will versuchen, davon einen Begriff zu geben, soweit Worte derartiges wiederzugeben vermögen, um so andere zu ähnlichem Schauen und Freuen zu verlocken.

Die landschaftliche Schönheit der Stadt.

Absichtlich lasse ich daher alles beiseite, das man ohnehin gelten läßt, die sogenannten Naturschönheiten, an denen es ja auch den gescholtenen Städten nicht ganz mangelt, die öffentlichen Parke, Berg und Fluß und See. Auch die alte Architektur, die hübschen alten Häuser, die erinnerungsreichen Kirchen und die reizvollen Plätze aus alter Zeit will ich nicht berühren, trotzdem auch sie viel zu wenig Beachtung finden. Die wenigsten wissen, daß selbst das arme Berlin eine Fülle alter Baukunst und Stadtkunst enthält, daß seine alten Häuser und Kirchen, könnte man sie zusammenrücken, eine gar nicht kleine, feine alte Stadt ergeben würden. Ich will nur von der modernen Stadt reden, die als Gestaltung mit verschwindenden Ausnahmen abscheulich ist. Die Häuser schreiend und doch tot, die Straßen und Plätze notdürftig den praktischen Erfordernissen genügend, ohne Raumleben, ohne Mannigfaltigkeit, ohne Abwechslung eintönig sich hinziehend. Man kann stundenlang durch die neuen Teile Berlins gehen und hat doch das Gefühl, daß man gar nicht vom Fleck kommt. So gleichförmig scheint alles, trotz des lauten Bestrebens aufzufallen, vom Nachbar abzustechen. Und doch auch hier, in diesen greulichen Steinhaufen lebt Schönheit. Auch hier ist Natur, ist Landschaft. Das wechselnde Wetter, die Sonne, der Regen, der Nebel formen aus dem hoffnungslos Häßlichen seltsame Schönheit.

Die Schleier des Tages.

Der Nebel.

Der Nebel tut es vielleicht am eindringlichsten, und seine Schönheit ist immer schon ein wenig beachtet worden. Er verändert eine Straße ganz und gar. Er überzieht die Häuser mit einem dünnen Schleier, grau, wenn Wolken über ihm die Sonne bedecken; warm, goldig und bunt, wenn über ihm ein freier Himmel sich breitet. Er verändert die Farben der Häuser, macht sie einheitlicher, milder; er verwischt die starken Schatten, ja hebt sie ganz auf, und diese Gebäude, die fast alle an einem sinnlos übertriebenen Relief kranken, erscheinen feiner, zurückhaltender, flächiger. Selbst der Dom, dieses erschreckende Erzeugnis eines ziellos und steuerlos gewordenen Handwerks, scheint an dunstigen Herbsttagen, wenn gegen zehn Uhr morgens der Nebel sichtig und warm wird, ein wundervolles Gebilde; die unsinnigen Vertiefungen, die tausendfältigen Zerschneidungen und Teilungen verschwinden, von Nebel angefüllt, und die zerrissenen Formen werden voll und groß. Der Nebel verfeinert die schlechte Architektur, er füllt die Straßen, die sonst ins Endlose laufen, und schafft so aus dem Leeren einen schließenden Raum.

Die Luft.

Was so der Nebel greifbar deutlich, auch dem unaufmerksamen Auge fühlbar bewirkt, das tut feiner, leiser, unauffälliger die Luft, die in unseren Gegenden beinahe stets dunstig, einen dünnen Schleier über alles breitet. Ihre Dichte wechselt, und so wechselt auch täglich dieser Schleier, manchmal fast unkenntlich und dann wieder von ganz starker Wirkung. Schön, wenn die ganze Straße aus tausend Abstufungen von Grau und Schwarz gebildet scheint, mit den bunten Höhepunkten einer Anschlagsäule oder eines gelben Herbstbaumes. Schön, wenn nach langer Trockenheit alles ganz hellgrau, beinahe weiß erscheint. Wunderbar, wenn an hellen Sommertagen der leise Dunst, nur in den Schatten sichtbar, feine, bunte Schleier breitet. Natürlich ist nicht alles schön, wie nirgends in der Natur. Man muß suchen. Und das ist schwieriger, weil nicht wie in der freien Landschaft Tausende vorher gesucht und das Schöne gemalt oder beschrieben haben. Oft sind es nur winzige Teile, die schön sind, etwa die spiegelnden Trambahnschienen im grauen Asphalt oder die Vertiefung einer Loggia, deren rote Wand, halb von der Sonne beschienen, halb im Schatten liegend, im Kontrast mit dem Grau der Hauswand, ein entzückendes Farbenspiel gibt. Oft aber sind es auch große Bilder, die erfreuen: eine glückliche Beleuchtung, eine schöne Verteilung des Schattens, der weit über die Straße fallend aus der regelmäßigen Langeweile eine große bewegte Form macht.

Der Regen. Ganz anders wirkt der Regen, er verwischt die Farben nicht, sondern macht sie schwerer, dunkler, satter. Der hellgraue Asphalt wird sattbraun, die Umrisse werden härter, die Luft wird sichtiger, die Tiefe scheint tiefer, alles bekommt Bestimmtheit, Schwere; aber darüber legt sich das Wunder des Glanzes und der Spiegelungen, die alles in ein glitzerndes Netz einhüllen, und aus der vernünftig nützlichen Straße ein schimmerndes Märchen, einen funkelnden Traum machen.

Die Dämmerung. Noch wilder, noch phantastischer ist die Dämmerung; sie verdichtet den Dunst des Tages, legt immer dunkler werdende Wolken in die Tiefen der Häuser, die Straßen scheinen sich unten rechts und links anzufüllen, alle Formen werden ruhiger und schwerer, alle Farben matter und milder, alles dunkelt allmählich, nur einige Punkte leuchten, die tagsüber grellen Farben eines Wagens oder die schreienden Plakate einer Anschlagsäule klingen nun hell und fein in dem sinkenden Grau. Aber der Himmel übertönt mit seinem Leuchten alles, er blendet die Augen und breitet über die ganze Straße einen Mantel von flimmerndem, ungewissem, zuckendem Licht, das überall ist und doch nirgends herkommt. Und dann leuchtet mit einemmal das Abendrot auf, warm glühend wird alles, das vorher grau und sterbend schien. Die ganze Luft ist erfüllt von warmen, bunten Farben, alle Töne werden lebhaft, die Spitzen der Häuser und Kirchen erglühen in grellem Gelbrot, und in den dämmernden Straßen breitet sich das strahlende Blau des Abends. Überallhin dringt es, es ist stärker als alles künstliche Licht, die engsten Straßen erfüllt es, ja, vielleicht ist es dort am stärksten. Es ist ein unvergleichliches Erlebnis, um diese Zeit in einem der Stadtcafés zu sitzen, die im ersten Stock sich befinden, auf die immer dunkler werdenden Menschenmassen herabzublicken, über sich das kleine Stückchen Himmel plötzlich aufflammen zu fühlen und dann zu sehen, wie die blaue Flut die ganze Straßen ausfüllt, durch die großen Fenster in die verrauchten Räume dringt und auf

Momente alles verdrängt, die Zeitung, die Karten, die Gespräche und all die Kümmerlichkeiten eines banalen Erlebens.

<small>Die Schleier des Tages.</small>   Nebel, Dunst, Sonne, Regen und Dämmerung, das sind die Mächte, die im unendlichen Wechsel die großen Steinnester mit immer neuem Farbenglanz umkleiden, ihre Formen verschmelzen, sie geschlossener, ja monumental machen; die aus den ärmlichsten Höfen, aus den trostlosesten Gegenden eine Welt farbiger Wunder aufbauen. Sie formen aus den scheinbar unveränderlichen Steinhaufen ein lebendiges, ewig neu sich gestaltendes Wesen. Nie könnte ein einzelner den ganzen Reichtum erschöpfen; er hat genug zu tun, nur das zu erleben, was seine Umgebung, sein Hof, sein Haus, die täglich begangenen Straßen ihm darbieten.

<small>Die Giebelwand.</small>   Vor meinem Arbeitszimmer steht eine hohe Giebelwand: ich kann von meinem Schreibtisch nichts sehen außer ihr, und den Himmel nur, wenn ich ganz nahe ans Fenster trete und den Kopf zurückbeuge. Die Wand ist unbeworfen, aus schlechten Ziegelsteinen, bald gelb, bald rötlich, mit grauen, unregelmäßigen Fugen. Aber diese Wand lebt, sie ist bei jedem Wetter ein anderes Geschöpf: grau, eintönig, schwer an trüben Tagen, lebhaft bewegt an hellen. Dann leuchten die roten Ziegel stärker als sonst, und alle Unebenheiten des Gemäuers treten deutlicher hervor und geben ihr ein schimmerndes Korn. Manchmal kommt die Sonne und bescheint ihren oberen Teil. Dann wird die Wand oben feurig und leuchtend, und der untere Teil bekommt einen weichen, feinen, bläulichen Ton. Vor die Wand recken sich – ich wohne im zweiten Stock – die Spitzen einiger Bäume aus dem sogenannten Garten mit dünnen, glänzenden Zweigen; im Sommer sind riesige Blätter daran – der Baum will leben, und die Spitzenblätter können am ersten Kräfte vom Himmel einsaugen – ihr schweres Grün steht satt und voll gegen die matten Töne der Wand; aber im Herbst, wenn die Blätter zu gilben anfangen, dann strahlen die von der Sonne beschienenen vor der beschatteten Wand, ein mildes Leuchten geht von ihnen aus, das den Schatten kühl und bläulich erscheinen läßt. Und wenn dann andere Blätter rötlich geworden sind, dann entsteht ein Bild von wunderbarer Zartheit: das leuchtende Rot der Blätter vor dem zarteren Rot des Steines. Schaut man aber am

späten Nachmittag in den Garten, wenn ein leiser Nebel die Bäume einhüllt, dann glaubt man in einem Zauberland zu sein: fein im dunkelnden Raum vor der violett schillernden Wand schweben die bunten leuchtenden Blätter, und um sie wogt verschleiernd und freigebend die blauende Dämmerung. Dann kommt der Winter, die Blätter fallen, und eines Tages erhebt sich vor der rötlich und bläulich schimmernden Wand gespenstig, unbegreiflich, wie ein goldener Quirl, die allein von der Sonne getroffene Spitze des höchsten Baumes.

Die Straße. Und wie diese Wand mir das Leben des Jahres spiegelt, so tut es die Straße vor meinem Haus. Ich gehe jeden Morgen hinunter auf einige Augenblicke, ihre Veränderungen zu sehen. Ihre Länge wechselt beständig, je nach der Sichtigkeit der Luft, immer beinahe sind ihre Enden durch Dunst geschlossen, und je nach der Sonne und dem Schatten scheinen die Häuser höher oder niedriger, schieben sie sich näher oder ferner. Das Grau des Fußsteiges und des Dammes, die grünen Wolken der beiden Baumreihen und die schwarzen Säulen der Stämme, jeden Tag erscheinen sie anders, nicht immer schön, aber oft so entzückend, daß ich mich nicht losreißen kann. Und so ist es überall.

Die romanische Kirche. In der Nähe steht eine romanische Kirche. Schaudervoll, höchst schaudervoll als Architektur, konfus im Aufbau, sinnlos in den Verhältnissen, töricht im Detail, mühsam zusammengetragen aus tausend alten Kostbarkeiten. Der Anblick ist, architektonisch genommen, das Schrecklichste, was ich mir denken kann. Es ist unmöglich, sich daran zu gewöhnen. Und trotzdem blicke ich jeden Tag nach ihren Türmen. Denn aus ihnen machen Luft und Dunst täglich ein neues Wunder. Die steinernen Dächer der Türme, dunkler vom Regen und Wetter geworden als die Wände und Giebel, beherrschen alle Straßenzüge ringsum, und täglich sehe ich sie mehrmals im wechselnden Lichte des Tages. Bald scheinen sie hellgrau im grauen Himmel in weiter Ferne zu liegen. Bald kommen sie dunkel und drohend nahe; nach Regen scheinen sie grün, ja von gewissen Seiten aus violett, und dann wieder stehen sie beinahe weiß leuchtend vor dem blauen Himmel. Sie sind anders von der Ferne, anders von der Nähe gesehen, anders im Licht, anders im Schatten, anders jede Stunde und jeden Tag, auch sie nur ein Stück des lebendigen Wesens, das uns geheimnisvoll wirksam immer umgibt, und das wir nur mit armseligen Worten, wie Wetter oder Klima zu nennen wissen.

Die eiserne Brücke. Erlebt man so im täglich Gesehenen den Wandel, so prägt sich von den seltener berührten Straßen und Stadtgegenden einzelnes ein durch Lieblichkeit oder durch Größe. Zu dem Gewaltigsten, das ich kenne, gehört eine eiserne Brücke der Stettiner Bahn. Langhin dehnt sich hinter dem Bahnhofe die den Damm begleitende Straße, rechts eine Reihe fünfstöckiger Häuser ohne Balkons, flach, reizlos, formlos. Aber in der Ferne erhebt sich ein dunkles Ungeheuer. Denn dort wendet sich die Bahn ein wenig nach rechts und überschreitet die Straße auf 70 Meter langer Brücke. Die Straße senkt sich dort unter sie, so daß es aussieht, als ob die Brücke beinahe den Boden berühre, die schweren, riesigen Tragwände verschieben sich gegeneinander und bilden eine dunkle, springende Masse, die hart am letzten Haus vorbeiführt und gegen es anzubrausen scheint. Wie ein Posaunenstoß scheint der schwarze, sich türmende, bewegte Berg; das Herz steht einem still, wenn man die ungeheure Wucht, die Leidenschaft, die Größe dieser ungeschlachten Masse erblickt. Nur eines könnte ich ihr vergleichen. Es war am Kieler Hafen. Die Panzer lagen in großen Abständen weit hinaus. Und unter ihnen einer, der hatte alle Signalflaggen zum Trocknen ausgehängt; das war dasselbe leidenschaftliche, entsetzliche Brausen, vielleicht noch toller durch die wilden Farben, die in einem gellenden Rot ausklangen: das Ganze ein riesiger, blutroter Kamm vom Deck bis zur Mastspitze schwerfällig wehend, im ungeheuren Kontrast zu den Riesenformen der

Das Geleisdreieck. Schiffe in ihrem schweigenden Grau. – Ähnlich gewaltig, aber zerrissener die großen Bogen des Gleisdreiecks der Hochbahn, in dem seltsamen Gegensatz zu den dünnen, abstrusen Formen der Eisenkonstruktion.

Der Schlesische Bahnhof. Dann ganz anders, glitzernd, fast spielerisch und doch überwältigend, die Halle des Schlesischen Bahnhofes, die kolossale Dachfläche von 207 × 54 Metern, gehalten von unzähligen, fadendünnen Eisenstangen, so dünn, daß man kaum ihren Zusammenhang verfolgen kann, daß sie die Augen beinahe schmerzhaft schneidend berühren. Abscheulich als architektonische

Wirkung, aber unvergleichlich, wenn ein feiner Nebel die weite Halle füllt und die eisernen Stäbe wie ein endloses, glitzerndes Spinnennetz erscheinen läßt.

Die Straße der Vogelkäfige. In seltsamem Kontrast dazu der Anblick gewisser Straßen im Nordosten im Hochsommer. Die Häuser sehr hoch, höher als jetzt erlaubt, aber ohne Erker, abscheulich beklebt mit tausend mißverstandenen, leblos gearbeiteten Formen. Zwei hohe düstere Wände: die sinnlose Fülle der Gesimse und Profile breitet ein Netz von schwarzen Schatten, wo die Sonne die Flächen trifft, und macht das trübe Grau des Anstriches noch schwerer auf der Schattenseite. Aber alle diese Häuser haben in jedem Stock zwei Gitterbalkons wie kleine Vogelkäfige, und jeder Käfig ist ganz voll vom dunklen Grün und Rot der dort sorgsam gezogenen Blumen und Schlingpflanzen. So scheinen die Straßenwände ganz bedeckt mit dicken, sattfarbigen Nestern, die in der perspektivischen Verschiebung dicht aufeinander hocken und der trübseligen armen Straße einen seltsamen Reiz von verhaltener leidenschaftlicher Glut, von phantastischer Großartigkeit geben. So kann aus einem schematisierenden Paragraphen einer Baupolizeiordnung, aus rücksichtslosester Ausnutzung des Bodens, aus architektonischem Unverstand und aus der Sehnsucht des eingesperrten Städters nach Blumen und Wachstum ein Bild von seltener Schönheit entstehen. Natürlich ist das ein besonders glückliches Zusammentreffen.

Leichter bilden sich großartige Eindrücke, wo das Riesenmaß der Ingenieurbauten schon in der Rohform eine gewisse Monumentalität mit sich bringt, zumal in den großen Hallen der Fabriken, die freilich nur wenig bekannt werden, und *Bahnhof Friedrichstraße.* vor allem in den Hallen der Bahnhöfe. Wundervoll der Friedrichstraßen-Bahnhof, wenn man auf dem Außenperron über der Spree steht, wo man von der «Architektur» nichts sieht, sondern nur die Riesenfläche der Glasschürze vor Augen hat, und den Kontrast zu dem kleinlichen Gewirr der Häuser ringsum. Besonders schön, wenn die Dämmerung die zerrissene konfuse Umgebung durch Schatten einheitlich verschmilzt und dann die vielen kleinen Scheiben das Abendrot zu spiegeln beginnen, die ganze Fläche buntes, schimmerndes Leben wird, weithin überspannend den niedrigen, dunklen, nächtigen Spalt, aus dem die breiten Körper der Lokomotiven drohend sich vorschieben. Und dann welche Steigerung, wenn man in die dunkelnde Halle hineingeht, die noch angefüllt ist mit unsicherem Tageslicht: die riesige, langsam sich biegende Form unbestimmt in dem trüben Dunst, ein Meer von grauen, leise farbigen Tönen, von der Helle des aufsteigenden Dampfes bis zu dem schweren Dunkel der Dachhaut und dem vollen Schwarz der von Osten einfahrenden, brüllenden Lokomotiven; über ihnen aber scheint leuchtend in der trüben Fläche der Glasschürze wie ein ragender, roter, schimmernder Berg, irgendein Hausgiebel, den die Abendsonne zu grellem Feuer entflammt.

Die Schleier der Nacht.

Gibt so der Tag tausend bunte Schleier, so tut es die Nacht in der Stadt erst recht. Sternenhimmel und Mondschein kommen allerdings kaum jemals rein zur Geltung, aber das künstliche Licht bringt dafür unendliche Farbenspiele. Schon in die Dämmerung mischen sie sich ein. Es sieht reizend aus, wenn in der bläulich schimmernden Straße unter dem verglimmenden rosigen Himmel in dem feinen Helldunkel, das alle Farben nur gedämpft erklingen läßt, die langen Reihen der grünlichen Gasglühlichter auftauchen: zuerst kaum sichtbar noch, dann wie farbige Punkte und dann erst in dem sinkenden Dunkel Licht mit eigenem Leben. Langsam füllt die Nacht die Straßen wie ein Gefäß an den Straßenwänden höher hinauf, am dichtesten am Fuße der Häuser. Die Blendung von dem tiefblauen Himmel trägt dazu bei, die Schattenschleier zu vermehren, und in diesem Meer von Dunst- und Schattenschichten beginnen die bunten Lichter ihr ewiges Spiel. Ihre Farben und ihre Lichtstärken sind sehr verschieden. Das Grün und Gelbweiß des Gasglühlichtes, das milde Blau der gewöhnlichen Bogenlampen, die roten und orange Farben des Bremerlichtes und der neuen Spielarten der Bogenlampe, das Rot und Weiß der Glühlampen und der neuen Metallfadenlampen. Dazu das Dunkelrot und Grün der Signallampen. Jede Straße bietet neue Verteilung und Kontraste.

Die Hardenbergstraße. Wundervoll ruhig und groß, eine breite Straße, wie die Hardenbergstraße, nur mit zwei Reihen bläulicher Bogenlampen, die ganze leichtgebrochene Straße im klaren, vollen Licht, ohne Unterbrechung durch das Geschrei der Geschäftsbeleuchtung. Die Häuser scheinen recht und links im

Dämmer zurückzuweichen, und die Bäume der Vorgärten bekommen ein seltsames Aussehen, wie sie es nie am Tage haben, sie gleichen beinahe Bergen von Moos, in dem auch hellgrüne Spitzen von dunkelschwarzem Grunde sich herausheben. Gespenstig lagern sich die dunkelgrünen Wolken in den Tiefen der Gärten, aber wo die Bäume zur Straße kommen und dichte Zweige über die Fußsteige hinausstrecken, da leuchten die zackigen Formen der Blätter hell auf, und im durchfallenden Lichte scheinen sie dem Daruntergehenden wie von Lichtkanten umflossen, das Ganze ein leuchtender Spitzenschleier, entzückend schön in seiner zierlichen Schärfe, in seiner reichen Dichte und Bewegtheit. Und am Boden heben sich vom kühlschimmernden Stein die phantastischen Netze der Blattschatten in feinen, warmen Tönen ab. – An Regentagen aber verändert sich das Bild völlig: die Straße wird dunkel, die hellgraue Glätte des Asphalts wird bräunlich wie Milchkaffee, die Wellen seiner Oberfläche spiegeln glitzernd das Licht der Laternen. Die Luft füllt sich mit seinem frischen Nebel, und der ganze Himmel scheint bedeckt mit einem wundervollen Schleier von bläulichem Violett.

Die Geschäftsstraße. Anders ist das Licht in den engeren Straßen, wo die nähergerückten Häuserreihen das Dunkel fühlbar machen, wo etwa Baumreihen die oberen Stockwerke in schimmernde Schatten hüllen, die dem geblendeten Auge von zartem Licht überspielt erscheinen. Blank und hell liegt der trockene Asphalt ohne Spiegelung da, nur die Trambahnschienen glitzern, aber unter den Bäumen, wo die in der Straßenmitte hängenden Lampen nicht hinreichen, aus den unteren Geschossen der Häuser, aus den langen Ladenreihen bricht buntes Licht in dichtem Gewühl hervor, so daß die Menschen wie schwarze Schatten wirken. Die Häuser scheinen in der Luft zu schweben, und unter ihnen, wie aus aufgesperrten Mäulern, quillt die gleißende Lichtflut hervor.

Eine Seitenstraße. Eine stille Seitenstraße macht dagegen einen dunkeln Eindruck. Schien dort an den Häusern entlang ein Gang von Licht sich hinzuziehen, so ist hier die Straße ganz mit Dunkel erfüllt, und die seltenen Gaslaternen brennen wie in kleinen Käfigen, die sie sich gleichsam in die Luft höhlen. Sie haben einen unsicheren Lichtkranz um sich, aber der reicht kaum einige Meter weit; darüber hinaus wirken sie nur als Lichtpunkte, während die starken Lichtquellen riesige

Gewölbe in die Luft höhlen, die ganz und gar von Licht erfüllt sind. Und wenn wir in diese Lichtgewölbe eintreten, dann sind wir rings von Licht umspielt, wir sind wie in einem Raum, den eine durchsichtige, aber doch deutlich empfundene Wand abschließt. Besonders reizvoll wird es, wenn man aus einem solchen Lichtraum die fernen Lichter eines anderen wie durch einen Schleier sieht. Sehr stark habe ich das einmal in Dresden in der Schloßstraße empfunden. Dort füllen viele rotbrennende Bogenlampen die enge Straße ganz aus, sie bohren sich ein Gewölbe, das bis zum dritten Stocke reicht und vorwärts bis zum Altmarkt. Der aber schimmert in bläulichen Lichtern, und diese sieht man nur schwach wie eine leise Musik durch die rötlichen Wände, die einen umgeben. Natürlich hängt das von der Atmosphäre ab. In stickigen, staubigen Nächten sind die Höhlungen kleiner, nach Regen und Wind wachsen sie oft überraschend ins Riesenhafte, ja scheinen beinahe zu verschwinden. Sehr hübsch ist es auch, wenn schwache Lichter dadurch an Bedeutung gewinnen, daß sie auf hohe Wandflächen ihre Lichtkegel werfen und dadurch große farbige Felder entstehen. So ist es bei der oben erwähnten romanischen Kirche, deren angrenzende Straßen alle Bogenlicht haben, nur der Platz um sie herum hat Gasglühlicht. Und nun schimmert der helle Kalkstein in einem leisen, trüben Grün, und die ganze Kirche scheint von einem dunklen Mantel umgeben und von den geschäftigen Straßen getrennt, während die Türme unsichtbar in der tief herabhängenden Nacht verschwinden.

Die Schloßstraße in Dresden.

Am Kanal. Wieder andere Wirkungen entstehen an dem nur schwach beleuchteten Kanal, der von zwei Uferstraßen gesäumt ist, jede mit drei hohen Baumreihen bepflanzt. Die dichten Kronen hindern die Entfaltung des Lichtes vollständig. Die stillen Häuser erheben sich dunkel hinter den schattenden Wolken der Baumkronen. Die Gaslaternen wirken wie Lichtpunkte, zu denen sich die wandernden der Droschken und Automobile gesellen: ein feines, blinkendes Netz von Sternen über die dunklen Massen gebreitet. Das träge fließende, glatte Wasser ist ganz schwarz, und dem Fußgänger schimmert von unten das schweigende gespenstige Spiegelbild des nächtlichen leisen Lebens oben entgegen. Und herrlich ist es, wenn dann dem Weiterschreitenden eine Biegung plötzlich die Trompetenfanfare der strahlend hell beleuchteten Potsdamer Brücke mit ihrem ungeheuren Leben enthüllt.

Die Straße als lebendiges Wesen.

Machen die Schleier der Luft, der Dämmerung und des künstlichen Lichtes aus den töricht öden Straßen schon seltsam phantastische Gebilde, Formen, an die der Bauende gar nicht dachte; werden aus den nüchtern kubischen Gradlinigkeiten durch Schatten und Schimmer reich bewegte, geschmeidige, großzügige Formen, so kommt durch Menschen und Fuhrwerk ein Element hinein, das aus den schweigenden Formen ein lebendiges Wesen macht, das erwacht, das sich betätigt, das müde wird, das anders ist am Alltag, anders an den Festtagen.

Die Menschen als Natur. Im allgemeinen betrachtet man den Menschen gar nicht als Natur, eher im Gegenteil. Der moderne Moralprediger – er gehört meistens nicht einer Kirche an – ist nur zu gern bereit, den Menschen als böse von Jugend auf, als den Quell alles Unnatürlichen und aller Abscheulichkeit anzusehen. Daher geht der Philister, dem das Wissen mangelt, fremdes Leid, fremde Verfehlung zu begreifen, und dem das innere Glück abgeht, das stark genug zum Erbarmen macht – dem Pöbel ängstlich aus dem Weg und ruft von weitem nur, aus sicherer Ofenecke, seinen Fluch. Und doch kann man gerade in der großen Stadt die Menschen von einer Seite kennen lernen, die unendlich anziehend ist und die in kleineren Gemeinwesen notwendig verborgen bleibt. In diesem kennt jeder den anderen, der andere ist ihm ein begehrender, fordernder Mensch. Man muß reden, wenn man ihn trifft, muß grüßen, muß irgendeine Beziehung herstellen. In der großen Stadt geht man täglich an Hunderten, an Tausenden vorbei, fremd schweigend, wie an den Bäumen eines Waldes. Die Menschen sind nur Erscheinungen, sind Organisationen für sich, deren innerer Zusammenhang uns nicht berührt, deren Gestalt uns aber zugänglich ist wie die Formen der Berge und Bäume. Der Mensch als ein Stück Natur. Und dies Stück Natur so reizvoll, so anziehend, als irgendeins. Welche Fülle von Typen, von Abstufungen im Alter, in der Entwicklung, in der Durchbildung des Körpers und der Seele. Äußeres und Inneres sind ja nur dem Toren, dem Unwissenden getrennt, dem Sehenden gibt Gang und Haltung, Auge und Mund das ganze innere Leben, aber nicht in ermüdender Länge, in Form der endlosen äußeren Geschehnisse, die den Neugierigen so lebhaft reizen, sondern das ganze Leben vereinigt, seine eigentümliche Geschwindigkeit, seine Wärme, seine Spannung, seine Verzweigtheit, seine Verfeinerung, seine Schwungkraft und seine Stärke in eins vereinigt, unmittelbar dem Gefühl zugänglich. Es gibt kaum etwas Hübscheres, als schweigend in der Trambahn zu sitzen und die fremden Menschen nicht belauschend zu belauern, sondern betrachtend fühlend zu erleben, zu genießen. Wieviel Schönheit ist da zu finden, oft ganz leise, unmerklich, dem Unaufmerksamen verborgen in Alter, in Krankheit, in Trauer, in schweren Schmerzen, oft prachtvoll laut den Blindesten besiegend. Wunderliche Leute meinen, daß aller Schönheitssinn aus der Sinnlichkeit stamme. Aber das heißt die Sache auf den Kopf stellen. Die Sinnlichkeit weckt das Auge, aber je feiner der Mensch sieht, um so mehr entzücken ihn Formen, die seine Sinnlichkeit nie erregen würden. Und daher kommt es, was manche Ärzte nicht begreifen wollen, daß Künstler auch kranke Menschen um ihrer Schönheit willen darstellen können. Wie fein sind oft die kranken Farben der Großstadtkinder, wie bekommen ihre Züge manchmal gerade durch Not und Entbehrung wundervolle, strenge Schönheit. Und selbst Verworfenheit, Frechheit kann Schönheit, Kraft, ja Größe haben. Der naive Mensch sieht Schönheit nur dort, wo er begehrt. Der sehende auch dort, wo sein Begehren ihm nichts sagt. Darum vermag er noch auszuhalten, ungeheucheltes Interesse zu haben, zu genießen und zu geben, wo der «Gesunde», der «Unverdorbene» vor Entsetzen davonläuft und mit lautem Zetergeschrei seiner Entrüstung Luft macht. Die Welt wäre in der Tat unerträglich ohne die Schönheit der Schwäche, des Alters und der Krankheit, und wer sie zu finden weiß, wird ohne Bangen in die ärmsten Gegenden gehen können.

Die Frauenkleider. Lustiger freilich ist es und leichter, in den reichen Vierteln durch die Straßen zu schlendern und dem bunten Gewimmel der Frauen zuzusehen. Die viel gescholtene Frauenmode ist ja beinahe die einzige Gestaltung, die heute lebendig und beweglich ist. Die Pedanten, die Mode für Torheit, eben ihres Vorübergehens wegen für sinnlos halten, versündigen sich am Leben. Denn Mode ist ja nur ein Symbol für das Leben selbst, das immer vergehend, wechselnd, verschwenderisch seine Gaben ausschüttet, ohne ängstlich zu berechnen, ob der Aufwand in einem räsonablen Verhältnis zum Erreichten steht. Die Natur verstreut überall tausend Samenkörner, mag auch nur eins davon aufgehen, und eben diese Verschwendung an

Gedanken, dies ewige Beginnen, der bunte Reichtum ist es, der die Mode so vergnüglich macht. Mit recht schelten die Ärzte das Schnüren des Körpers, und jeder, der nackte Schönheit kennt, wird ihnen beistimmen. Viel helfen wird es freilich nicht, ehe nicht Luftbäder und gemeinsames Baden die Schönheit des Nackten enthüllen und wieder ersehnen lassen. Bis dahin aber werden die Reformer ganz andere Aufwendungen an Geschmack und Empfindung machen müssen, um ernstlich der üblichen Mode entgegentreten zu können. Die ist ihnen an Farbensinn, an Eleganz, an Reiz und Selbstverständlichkeit noch immer weit überlegen. Das einzige, was wir an Augenkultur in den letzten Jahren aufgenommen haben – Farbensinn – das macht sich auch hier erfreulich geltend. Und statt griesgrämig Entgleisungen zu tadeln, sollte man anerkennen, wieviel reizvoller die Stoffe geworden, wieviel feiner ihre Tönungen, wieviel weiter heute die Fähigkeit entwickelt ist, Farben zusammenzustellen, einander unterzuordnen und auf einige Punkte zuzuspitzen. Mögen die Spitzen und Stickereien, überhaupt das Detail, viel zu wünschen übriglassen, das Ganze ist oft reizend genug, gelungener jedenfalls als die meisten der als Großtaten gepriesenen modernen Zimmer, die auch nur farbig etwas bedeuten, und bei denen die formale Armut, ja Roheit naturgemäß sichtbarer und peinlicher ist als an einer Toilette, der die Bewegungen der Trägerin einen Reiz verleihen, der ohnehin das Detail verwischt und vergessen läßt.

<small>Mensch und Straße.</small> Aber ließe man diese Schönheit auch nicht gelten, so bliebe immer noch die Schönheit, die das Verweilen der Menschen auf der Straße erzeugt, ganz abgesehen von dem Einzelnen. Schon ein Mensch, ein bewegter Punkt genügt, um die ordentliche symmetrische Straße in ihrem Eindruck zu verschieben; sie bekommt gewissermaßen eine menschliche Achse, eine asymmetrische, der freie Raum wird durch den bewegten Körper geteilt, Entfernung und Größe bekommen einen neuen Sinn. Indem auf der flach hinlaufenden Ebene der Straße ein Mensch sich erhebt, bekommt diese Stelle im perspektivischen Bild eine besondere Betonung, sie wird gewissermaßen klarer in ihrer Raumlage; und da der Mensch eine bestimmte Durchschnittsgröße hat, die jedem gegenwärtig ist, so wird der Raum dadurch unmittelbar empfunden. Das flache Augenbild, das nur leise Verschiebungen der Tiefe nach in sich schließt, weitet sich nach hinten. (Die Tiefendimension wird nur annähernd,

unbestimmt und schwankend gesehen, im Gegensatz zu den beiden anderen Dimensionen. Anm. d. Verf.) Der Mensch schafft durch seine Gestalt das, was der Architekt und der Maler den Raum nennt, der ganz etwas anderes ist, als der mathematische oder gar der erkenntnistheoretische Raum ist. Der malerisch architektonische Raum ist Musik, ist Rhythmus, weil er unserem Sichausdehnen in bestimmtem Verhältnis entgegentritt, weil er im Wechsel uns freigibt, uns einschließt. Die Straße als architektonischer Raum ist heute noch ein elendes Produkt. Luft und Licht verbessern ihn, aber die gehenden Menschen teilen ihn neu, beleben ihn, weiten ihn, erfüllen die tote Straße mit der Musik rhythmisch wechselnden Raumlebens. Aber noch mehr: da die Menschen ungleich die gleichartige Straße begehen, anders und andere am Morgen, die ins Geschäft eilen, anders die Frauen, die einkaufen, anders am Vormittag, anders am Abend, so scheiden die Straßen sich in stille, in laute, in hastig begangene, in schlendernd schauend beschrittene. Die Straßen bekommen ihr Stundenleben, sie bekommen gute Seiten und schlechte; es gibt Sonntagsstraßen und Straßen des Alltages, alle deutlich geschieden durch Dichte, Hast und Art des Getümmels, das heute grau und eilig und anderen Tages bunt und behaglich erscheint.

Fuhrwerk und Pferde.   Und das Gewoge der Fuhrwerke und Pferde. Auch hier im einzelnen wunderschöne Formen, ein Traber, ein englisches Reitpferd oder die schweren Lastpferde mit den dicken Strümpfen. Die Gefährte freilich erreichen nur selten jene scharfe geschmeidige Schönheit, die wir an modernen Segelbooten bewundern, die tadellose Linien, tadelloses Material und tadellose Fügung voraussetzt. Die Droschken von biederer Langeweile, die Automobile noch unsicher in der Form, die Geschäftsfuhrwerke oft wunderlich bunt und bizarr. Man darf sie nicht im einzelnen betrachten, nicht als sachliche Form, aber sie werden anziehend und hübsch im Bilde, wo Verkürzung und Verschiebung seltsame neue Gebilde entstehen läßt, wo die grellen Lackanstriche weicher werden in den Schleiern, die alles überziehen. Besonders in der Dämmerung macht sich dies Zusammenschieben und Ballen der Formen bemerkbar, die Schattenwolken des Abends füllen die Formen aus. Pferd und Droschke wird eins, sie scheinen dem lebendigen Auge eine graue Masse mit dunklen Schatten und blitzenden Glanzlichtern hie und da. Die Perspektive scheint ganz zu verschwinden, es gibt kein Vorn und Hinten mehr, das Ganze gleicht einem wandelnden nächtigen Berge, über dem gespenstig die roten, trüben Lichter der Laternen aufleuchten. Und so werden aus all den Gefährten wundersame lebendige Wesen: die riesigen gelben Kasten der Postkutschen, die wankenden, donnernden Gebäude der Automobilomnibusse und die gläsernen Schiffe der Trambahnen, die mit ihrem glänzend grünen Leib daherzugleiten scheinen, überraschend in den Kurven sich drehend, und beim Biegen in den großen Scheiben blitzende Lichter aufwerfend.

Sie alle schaffen mit am Raum der Straße und tragen zu ihrem Stundenleben bei. Sie dehnen die Straßen hinauf und hinunter, füllen den Platz zwischen den Fußsteigen, bedrängen, bedrohen im dichten Schwarme der großen Verkehrsadern, verlieren sich, versinken in den stilleren Straßen. Aber wohin sie kommen, bringen sie Bewegung, Lebendigkeit. Auch wo sie wartend stehen bleiben, geben sie der Straße ein neues ungewohntes Ansehen, das das Raumempfinden immer wieder leise verändert. Wunderhübsche Bilder entstehen dann oft. Ich erinnere mich besonders lebhaft eines solchen Anblickes. Es war im heißen Sommer irgendwo im Norden an der Ringbahn, wo

Unter der eisernen Brücke. die Eisenbahnschienen auf den Brücken nicht mit Rücksicht auf die Ohren der Umwohner sorgfältig auf dämpfende Sandschüttung gebettet sind, sondern hart und klappernd auf der Konstruktion liegen. Unter einer solchen Brücke stand ein Wagen mit Holzbalken, zwei schwere Pferde davor, die müde die mächtigen Köpfe senkten. Sie standen ganz an einer Seite der Straße vor einer gelblichen Ziegelmauer und machten durch ihr Stehen die Unterführungsöffnung größer und weiter. Auf der anderen Seite standen, den Raum noch greifbarer zu machen, zwei Kinder. Draußen brütete die Sonne in stickigem Dunst, und die Helle schien wie mit einem durchsichtigen Mantel den Raum vorwärts und rückwärts abzuschließen, den bläuliche Schatten erfüllten. Aber in die schattige Kühle rieselten durch die Lücken der Eisenkonstruktion, wie durch Baumzweige, tausend vereinzelte Sonnenstrahlen über die staubige Straße, über die Kinder, über das gelbe Holz und über die schweigenden, riesigen Pferde.

Das Leben des Raumes. Es ist das Leben des Raumes, was hier, wie in allen ähnlichen Fällen, zu Form und Farbe eine so starke, bedeutsame Unterlage gibt, und es ist schwer, davon eine klare Vorstellung zu geben. Wer an Architektur denkt, versteht darunter zunächst immer die Bauglieder, die Fassaden, die Säulen, die Ornamente, und doch kommt das alles nur in zweiter Linie. Das Wirksamste ist nicht die Form, sondern ihre Umkehrung, der Raum, das Leere, das sich rhythmisch zwischen den Mauern ausbreitet, von ihnen begrenzt wird, aber dessen Lebendigkeit wichtiger ist als die Mauern. Wer den Raum empfinden kann, seine Richtungen und seine Maße, wem diese Bewegungen des Leeren Musik bedeuten, dem ist der Zugang zu einer beinahe unbekannten Welt erschlossen, zur Welt des Architekten und zur Welt des Malers. Denn wie den Architekten das Spiel der Raumbewegung freut in den von ihm geschaffenen Wänden, so freut den Maler der verschlungene, mannigfacher geformte Raum, der in der Landschaft zwischen Berg und Wald, in der Stadt zwischen den Menschen und Wagen auf dem Grunde der Straßen sich bildet.

Vor dem Café. Zu dem Erstaunlichsten gehört in dieser Hinsicht das Leben auf einem Platze. Der unseligen romanischen Kirche gegenüber liegt ein Café mit einer Terrasse, auf der ich oft an Sommerabenden stundenlang gesessen habe und mich nicht müde sehen konnte an dem bunten Spiele der kommenden und gehenden Menschen. Der Platz ist töricht als Architektur, vielleicht noch schlimmer als Verkehrsanlage – wie wenn jemand die größtmögliche Zahl gefährlicher Übergänge hätte schaffen wollen – aber als Feld mit darüber verteilten Menschen ist er ganz einzig. Die Menschenströme der benachbarten Straßen lösen sich hier nach allen Richtungen auf, und der ganze Platz scheint bedeckt von vereinzelten Menschen. Jeder löst sich vom anderen. Zwischen ihnen breitet sich der Raum. In perspektivischer Verschiebung scheinen die entfernteren Gestalten immer kleiner, und man empfindet deutlich die weite Dehnung des Platzes. Alle Menschen sind frei voneinander, bald nahen sie sich zu größerer Dichte, bald lassen sie Lücken, fortwährend ist die Teilung des Raumes eine andere. Die Schreitenden schieben sich durcheinander, verdecken einander, lösen sich wieder ab, schreiten frei und allein, jeder aufrecht einen Platzteil betonend, verdeutlichend, und so wird der Raum zwischen ihnen ein fühlbares, ungeheures, lebendiges Wesen, was noch viel merkwürdiger wird, wenn Sonne jedem Fußgänger einen begleitenden Schatten, oder Regen ein blitzendes, unsicheres Spiegelbild unter die Füße breitet. Und in diesem seltsamen Raumleben entfaltet sich das Gewimmel der bunt gestrichenen Wagen, der farbigen Toiletten, alles vereint, verhüllt, verschönt mit den Schleiern des Tages und der Dämmerung.

Diese Dinge sind so gut wie nie gemalt worden, auf Bildern verschmelzen die Menschenmassen fast immer zu unförmigen Klumpen, zwischen ihnen bleibt wohl nach vorn ein wenig freier Platz, aber zwischen ihnen ist kein lebendiger Raum. Dazu müßten die Lufttöne feiner und eindringlicher gesehen werden als es meist geschieht. Ich entsinne mich nur eines Bildes von Monet, das das Eigentümliche der Erscheinungen wiedergibt. An einem Flußufer liegt ein großer Kahn, zu dem parallel mehrere Laufbohlen vom Lande hinüberführen, und darüber schreiten lastentragende Arbeiter. Das Hintereinander, die perspektivische Verschiebung, das Kleinerwerden der Figuren und ihr loses Voneinanderstehen, alles kommt wundervoll zur Geltung.

Arbeiter im Rohbau.

Ganz Ähnliches sah ich einmal auf einem Bau in einem großen Saale, der erst in rohen Mauern und mit eisernen Trägern überdeckt dastand, die Fenster gegen die Kälte mit Brettern verschlagen, so daß innen über dem Boden, der auch aus rhythmisch liegenden Eisenbalken bestand, ein Halbdunkel sich breitete. Da kam über einen von Bohlen gebildeten Weg langsam und schwer eine Arbeiterkolonne, jeder auf dem Rücken einen schweren braunen Sack voll Beton, und diese langsam schreitende Reihe gab dem öden, hohen Raum eine ganz unbegreifliche Feierlichkeit, die mich auf Momente alles um mich vergessen ließ, meine Arbeit und um dessentwillen ich gekommen war.

Ich bitte, hierbei nicht an Meunier zu denken. Es war nicht die Erhabenheit der Arbeit – oder wie die gespreizte Phrase heißen mag – die dies Bild so großartig machte. Meunier trug wie so viele Leute die Größe in den Arbeiter hinein, er heroisierte ihn, machte ihn griechisch, weil er seine wirkliche Schönheit nicht sah. Diese Arbeiter gingen nicht mit gespannten Muskeln, mit denen der Schauspieler Anstrengung und Kraft posiert, sondern behutsam vorsichtig schleppend, wie erfahrene Leute, die wissen, daß bis Feierabend lange Zeit ist und auch der Stärkste sparen muß, wenn seine Kräfte reichen sollen. Und eben diese langsame, eigentümliche Bewegung, die wir vom Theater her nicht kennen, hatte Schönheit und Reiz, sie erfüllte den Raum mit Feierlichkeit, die um so ungeheurer wirkte, da sie eine nie gesehene, nie in dieser Art empfundene war. Ich verweile bei diesem Punkte so lange, weil ich jedes Mißverständnis ausschließen möchte, und weil ich niemals darüber etwas gelesen habe.

Diese Raum- und Bewegungswirkungen sind es, die vereint mit den Schleiern der Luft und des Lichtes aus der großen Stadt das unbegreiflich bunte Märchen machen, das man nie erschöpfen kann. Ich will aus der Fülle dessen, was mir die letzten Jahre boten, nur ein paar Bilder herausgreifen, die vielleicht einen Begriff von der Großartigkeit dieser Dinge zu geben vermögen.

Der Exerzierplatz.   Bei Westend dehnt sich ein Exerzierplatz; ein tiefer Einschnitt der Ringbahn begrenzt ihn nach Süden, nach Norden liegen Villen in Gärten geborgen, von Osten nahen sich Mietskasernen – die bauliche «Erschließung» auch dieses Teiles beginnt – und im Westen zieht ebenfalls jenseits eines Bahneinschnittes der Grunewald mit einer niedrigen Waldkante. An heiteren Sonntagnachmittagen ist das riesige Feld bedeckt von Menschen, breite Ströme von Fußwanderern ergießen sich von den Brücken, von den angrenzenden Straßen in dichten Scharen, aber das weite Feld verlockt sie gewissermaßen, die Massen lösen sich auf, verteilen sich, ein buntes Hin und Her entsteht. Mehrere Fußballspiele sind gleichzeitig in Gang. Die großen Spielfelder, durch Fähnchen bezeichnet, belebt von den bunten Flecken der Spielenden, scheinen winzig auf der ungeheuren Fläche. Die Unmenge der Zuschauenden reicht nicht aus, feste Linien zu bilden. Alles ist lose, frei sich dehnend ins Unendliche. Ein siegendes Glücksgefühl breitet sich über alle Menschen. Der einzelne verschwindet mit seinem Leib und Leben, das Leben der Gesamtheit wird deutlich greifbar, bekommt sichtbare Gestaltung. Es ist etwas Wundervolles, durch die Menschen zu gehen, nicht zu denken, nur die Menge zu empfinden. Aber das ist noch nicht das Seltsamste. Das Merkwürdigste von allem, stark, geheimnisvoll, unabwendlich wie das Schicksal ist der Boden, der diese Masse trägt. Er ist hellgrün mit großen braunen Flecken, die weithin dehnend sich perspektivisch verschieben und kleiner werdend in der Ferner die weite Ausbreitung fühlbar machen. Und dieser Boden ist leise und groß gewellt und der durchbrochene Teppich von Menschen ist es mit ihm. Sie alle, die spielen, laufen und schlendern, die hierhin, die dorthin wollen: sie bilden, ohne es zu wissen und zu ahnen, eine wundervolle ungeheure

Form, eine Form, dem Boden entlehnt und dennoch merkwürdiger, eindrucksvoller wie der nackte Boden; bunt, reich bewegt, tausendfach sich kreuzend, aber in der Bewegung einem geheimen Gesetze bedingungslos sich beugend, dem Gesetze des Bodens. Natürlich meine ich das ohne alle naheliegenden literarischen Symbole. Nicht das ihm Ähnliche macht dieses Bild so unvergleichlich stark, sondern es selbst, so wie unsere Augen es auffangen. Und es ist ein Beweis, daß unsere Augen Dinge direkt erleben können, die man gewöhnlich nur gedanklich, poetisch erfassen zu können meint. Prachtvoll ist es noch, wenn dann im dämmernden Abend in die wirre Masse Schichtung und leise Ordnung kommt, wenn alles nach Hause zu den in die Stadt führenden Brücken drängt.

Unter den Linden.   Die bunte Menge ist wie ein Wald, und für den, der stille ist, der sehen kann und sich hingeben, so erquickend und wundersam wie dieser. Ich bin manchmal in den heißesten Tagen, wenn die Wohlhabenden Berlin fliehen, wenn stickiger Dunst, die unbewegte heiße Luft den Aufenthalt im Zimmer schon kaum erträglich macht, Sonntags in die Stadt gegangen, unter die Linden, um den großen Heimzug der geputzten Menschen zu sehen. Dann ist das schöne Forum Friedrichs des Großen beinahe leer von Wagen, und die riesige helle Asphaltfläche liegt unbenützt sonntäglich da, beinahe wie die Steinplatten des Markusplatzes. Aber die Menschen betreten ihn selten, wie aus Alltagsscheu, und so breitet sich nur ein dünnes Menschennetz über die weite Fläche, und an den Seiten drängen sich die beiden bunten Ströme, sie füllen die leise am Fuße der Gebäude auftauchenden Abendschatten ganz aus, schwarze Hüte, helle Männeranzüge und der bunte Flitter der Frauen bilden ein dichtes, schimmerndes Band, das wie eine bunte Schlange aus dem Schutze der Häuser über die offenen hellen Nebenplätze gleitet. Das Ganze ist in wundervolles Licht getaucht; rötlicher Staub scheint alles einzuhüllen, der Himmel schimmert blaßblau hindurch, die langsam verblassenden Gebäude, nur noch hie und da von der Sonne getroffen, leuchten zart und eindringlich, ihre leise bewegten Gliederungen begrenzen und formen den weiten Raum. Weithin leuchten aus dunklem Grau einige Fenster des Schlosses in der Sonne auf, und darunter blitzt das grelle Gelb eines Postwagens.

Ludwig Mies van der Rohe. Fritz Schmalenbach versuchte schon 1935, das architektonische Erbe der Künstler der Jahrhundertwende an seine Zeitgenossen weiterzuvermitteln: «Es liegt nicht außerhalb der Wahrscheinlichkeit, daß diese Entdeckung der »Komplementärform«, der Gegenform des Negativen, der »Raumform« durch den Jugendstil an der Entstehung der für die heutige Bautheorie typischen Auffassung der Architektur als Raumgestaltung, nicht als Gestaltung des Baukörpers, beteiligt gewesen ist.»[1] Dieses Zitat scheint – unberücksichtigt der zeitlichen Differenz – geradezu auf die Theorie Fritz Neumeyers zugeschrieben zu sein, der eine Beeinflußung Mies van der Rohes durch Endells Schriften – vor allem durch *Die Schönheit der großen Stadt* – zu belegen versucht.[2] Die völlige Akzeptanz der Gegenwart, die damit verbundene Ablehnung von Romantizismen und das Interesse an der ästhetischen Wirkung von Lichtreflexen als Bestandteil von Architektur sind Gemeinsamkeiten von Mies' und Endells architektonischen Konzeptionen. Endell und Mies teilen eine poetische Raumauffassung, die neben Konstruktion, Material und Funktion das Element der Schönheit wesentlich als Teil von Architektur anerkennt. Mies: «Und was ist überhaupt Schönheit? Sicherlich nichts zu Errechnendes, nichts Abzumessendes. Sondern immer etwas Unabwägbares, etwas zwischen den Dingen Liegendes.»[3] Über die – von Endell so angefeindete – Zweckmäßigkeit hinaus, wird der Raum selbst zur eigentlichen Bauaufgabe, das Erleben und Erfahren des Raumes zu einem ästhetischen Akt. Die Raumform, der Raum zwischen den Formen, der Zwischenraum erhält eine eigene geistige Dimension, die von den tradierten Baugliedern unabhängig die reine Nutzanwendung ergänzt und die Architektur zur Raumkunst macht.

---

1 Fritz Schmalenbach, Jugendstil..., S. 29.
2 Fritz Neumeyer, Mies van der Rohe – Das kunstlose Wort. Gedanken zur Baukunst, Berlin 1986. Mies soll als regelmäßiger Leser von Maximilian Hardens *Die Zukunft* die darin veröffentlichten Auszüge aus *Die Schönheit der großen Stadt* gelesen haben und so auf Endell aufmerksam geworden sein.
3 Ludwig Mies van der Rohe, Schön und praktisch bauen! Schluß mit der kalten Zweckmäßigkeit, (1930), in: Fritz Neumeyer, op.cit., S. 370.

Der Potsdamer Platz.

Der Potsdamer Platz am Abend. Die beiden großen Lichtmasten mit den funkelnden, roten Bogenlampen höhlen in die schwere, dicke Luft eine riesenhafte Spitzbogenkuppel. Klein und niedrig münden die Nebenstraßen hinein, die sich dem Auge nicht weit entfernt zu schließen scheinen. Besonders niedrig ist die Potsdamer- und Bellevuestraße mit ihren Bäumen, die ein flaches Gewölbe unter sich abgrenzen. Ihre vordersten Kronen schimmern in grellem Lichte wie grüne Felsen mit tausend Höhlungen, während die Riesenmassen der Linden am Leipziger Platz dunkle, schweigende, ferne Berge bilden. Der Kranz der Häuser zeigt feine rötliche und violette Töne. Auf dem Fußsteige wogen die Menschen, und auf dem hellen, trockenen Asphalt drängen sich in ewiger Wiederkehr die Trambahnen und Wagen. Ihre Verdecke glitzern im Licht, aber unten scheinen sie ganz in Dunkel gehüllt, das die Blendung mit weißlichem Nebel überzieht. Manchmal wächst das Drängen so außerordentlich, daß kaum ein Fleck frei bleibt, und die über den Damm Kommenden wie aus dem Meer, wie aus Wellen von Rädern und Pferdebeinen aufzutauchen scheinen. Und dann bleibt ein Gefährt ganz überraschend dicht vor dem Zuschauenden stehen und wirkt wie durch Zauber groß, deutlich greifbar, das eben noch ein wirres, gespenstisches Etwas von grauen und schwarzen Tönen schien. Plötzlich verschwindet es wieder, ein Pferdekopf füllt riesig das Gesichtsfeld, seine Nüstern sind weit aufgerissen – das Tier atmet schwer mit arbeitenden Flanken – und das Profil des Kopfes erscheint dadurch edel wie bei einem antiken Bronzeroß. Dann löst sich mit einemmal das Gewirr, das Stückchen Asphalt vor mir scheint sich ins Unendliche zu dehnen, an die Stelle der dunklen wirren Wagenburg tritt leuchtende Helle, die gleich darauf wieder von dem schwarzen Getümmel verschlungen wird. In dem scharfen, ungewohnten Lichte nehmen die Gefährte ganz phantastische Formen an; eine kurzgebaute Automobildroschke sieht wie eine riesenhafte Hummel aus, die dünnen Speichen der Kutschenräder – noch dünner durch ihre Schwärze – unter den massigen Kasten der Wagen erinnern an Spinnenbeine, die Laternen scheinen frei über den schwarzen Massen zu schweben. Und unter dem allem auf dem Boden breitet sich eine tolle Welt von Schatten, die in nie ermüdender Lebendigkeit spukhaft über die Fläche huschen.

August Schmarsow: «Ist die aufgeschichtete Masse zweckvoll behauener Steine, wohlgefügter Balken und sicher gespannter Wölbungen das architektonische Kunstwerk, oder entsteht dies nur in jedem Augenblick, wo die aesthetische Betrachtung des Menschen beginnt, sich in das Ganze hineinzuversetzen und mit reiner freier Anschauung alle Teile verstehend und geniessend zu durchdringen?

Sowie wir in diesem schauenden Genuss die eigentliche Hauptsache erblicken, eine Aufführung, die gleich der musikalischen beliebig wiederholt werden kann, so sinkt das technische Gerüst, der ganze Aufwand an massigem Material zu einer sekundären Bedeutung herab, nämlich des Mittels zum aesthetischen Zweck, und die Kostbarkeit des Stoffes, der Schimmer polirter Säulen und vergoldeter Kapitelle, stellt sich auf eine Stufe mit der Qualität und dem Charakter, beziehungsweise der Klangfarbe der Instrumente, die im Orchester zusammenwirken.

[und weiter unten:]

Raumgefühl und Raumphantasie drängen zur Raumgestaltung und suchen ihre Befriedigung in einer Kunst; wir nennen sie Architektur und können sie deutsch kurzweg als Raumgestalterin bezeichnen.»[1]

1 Das Wesen der architektonischen Schöpfung, Leipzig 1894, S. 8/9 und S. 11.

Vor dem Brandenburger Tor.

Vor dem Brandenburger Tor an einem Herbstabend. Die Abendröte ist erloschen, und der Himmel ist ganz erfüllt von dieser rätselhaft eindringlichen Bläue nach der Dämmerung. Die kahl werdenden Bäume bilden leicht rötliche Massen. Zwei große Lichtmaste geben auch hier grellrotes Licht, das von den hohen Säulen des Tores widerstrahlt. Durch Öffnungen sieht man dunkel die Linden, kühl, bläulich beleuchtet, und über ihnen die heraufziehende Nacht. Nur einige Gesimsecken der kleinen Torgebäude, die über das Tor hinweg von dem roten Lichte getroffen werden, leuchten fremd und scharf aus dem bläulichen Bilde zwischen den Säulen hervor. Der weite Platz ist ganz von rötlichen Schleiern, die die Blendung schuf, umhüllt. Die Wagen, die die Einfahrt suchen, scheinen wie auf dem Meeresgrunde sich zu bewegen. Sie haben alle greifbare Wirklichkeit verloren. Sie scheinen aus Wolken, Schatten und Licht geformt. Und dazwischen endlose Scharen, die von allen Seiten aus dem Tiergarten zurückkehrend den Platz überschreiten. Wagengedränge und Menschen verschmelzen hier völlig. Der ganze Platz ist dicht gefüllt und scheint wie ein einheitliches Wesen. Nicht einmal die schwerfälligen Gebäude der Trambahnen können den Bann brechen, so gewaltig sind Licht und Luft, die alles umhüllen, alles verbinden, verschmelzen zu einem ruhelos bewegten Ungeheuer. Dabei scheint alles leise zu sein, trotz der tausend Schreie. Das Licht übertönt die Geräusche, man beachtet sie nicht. Was dem Ganzen aber etwas Ungeheures gibt, das sind die tags so abscheulichen Marmorbalustraden und Mauern. Sie bilden die Ufer dieses Lichtsees und an ihnen sitzen und stehen, im Lichtnebel kaum kenntlich, unzählige ruhende Menschen, eine schweigende, staunende, feierliche Versammlung. Das weite Rund bekommt dadurch etwas wahrhaft Majestätisches, eine Schönheit, groß und erhaben, dem Edelsten ebenbürtig, von einer Macht über die Seele wie nur das Stärkste, von dem uns die Vergangenheit Überlieferungen gibt.

Das sind nur wenige Ausschnitte, nur skizzenhaft gegeben. Ein Dichter sollte diese Welt schildern, ein Dichter, der seine ganze Kraft und Kunst darauf wenden kann, das malendste, bildsamste, anschaulichste Wort für diese Wunder zu finden. Und Maler sollten es malen, sie, die am ersten, am direktesten Form und Farbe und Raum zu geben vermögen. Noch ist das alles nicht gemalt. Noch gehen unsere

Maler – das heißt Maler in dem hier erörterten Sinn – ins Ausland, Motive zu finden. Und es ist ja verständlich, daß der Lernende dort zu begreifen sucht, wo die Lehrer gemalt haben. Es ist ja auch nur menschlich, wenn Landschaft und Menschen dort malerischer erscheinen, weil sie eben schon malerisch bezwungen sind. Ich kenne Holland nicht und habe das silberne Paris nie gesehen, kann also auch nicht vergleichen. Aber ich kenne französische Bilder genug und habe das Gefühl, daß bei uns andere und ebenbürtige Schönheiten der Entdeckung, der Bezwingung warten. Nur langes Studieren und Versuchen kann natürlich zum Ziele führen, nur Generationen von Malern werden einen Begriff von dem Umfange dieser Welt geben. Aber erst dann könnte es dahin kommen, daß die Schönheit der Stadt ein selbstverständliches Gut wird wie die Schönheit der Berge, der Ebene und der Seen, daß die Kinder im sicheren Besitze dieses Gutes aufwachsen, so wie wir aufgewachsen sind im sicheren Besitze landschaftlicher Schönheit. Und erst dann dürfen wir hoffen, daß auf diesem sicheren Fundament des sehenden Genießens die Kraft umfassenden Gestaltens erwachsen wird.

RAUM UND KÖRPER   Alle bildende Kunst lebt im Räumlichen. Das in ihr Wirksame ist Körper oder Raum. Beides erscheint als das Allerselbstverständlichste und ist doch ein fast undurchdringliches Rätsel. Wir halten beides mit Hilfe unserer Netzhautbilder, also Räumliches durch ein Flächenhaftes. Und damit sind wir mitten in den größten Schwierigkeiten.

Wir sagen, wir sehen ein Haus und sehen doch nur eine Fläche im Raum. Aber was ist eine solche Fläche eigentlich? Die Mathematik gibt seltsamerweise eine unklare Antwort.

Um die Gleichheit zweier Dreiecke, die rechts und links gewendet sind, zu erweisen, bleibt ihr nichts übrig, als sie aus der Ebene heraus in den Raum zu nehmen, sie umzukehren, bis sie sich aufeinander legen lassen. Höchst merkwürdig, daß die strengste Wissenschaft mitten in den begrifflich reinsten Anfangsgründen von Aufeinanderlegen reden muß. Und doch sind die Dreiecke ohne jede Widerrede ein und dasselbe. Noch schwieriger wird der Fall, sobald es sich um ein Dreieck auf einer Kugelfläche handelt, das von innen und außen gesehen wird. Das ist auch ein und dasselbe, und doch sind es zwei völlig verschiedene, die sich überhaupt nicht zur Deckung bringen lassen. Zu jeder angeschauten Fläche gehört eben ein Ort im Raum, eine Richtung, aus der sie betrachtet wird, gewissermaßen ein «Ich». Nur solche anschaulichen Flächen sind uns gegeben, nicht die reine Fläche der Mathematik, die wir erst durch ein Absehen (abstrahieren) von der Ich-Gebundenheit der Anschauung im Denken gewinnen können. Es ist eine seltsame und kaum beachtete Eigentümlichkeit unseres Seelenlebens, das überall im Anschauen, Vorstellen, Fühlen an das Unbegrenzte, Unendliche heranreicht und in ihm wurzelt – Raum und Zeit sind nur Einzelfälle und nicht die wichtigsten – und alles Denken besteht im künstlichen Begrenzen, Zusammenfassen, Absehen vom Gleichgültigen, damit wir die Fülle des Gegebenen meistern können, der Wille ein klares Ziel bekomme, das Leben überhaupt möglich werde.

Was haben diese knifflichen Überlegungen mit der bildenden Kunst zu tun? Alles.

Wir sehen eine Landschaft, eine weite Ebene mit Bach und Baum, Gebirge dahinter. Von allem aber sehen wir nur die uns zugekehrten Oberflächen.

Der Baum reißt für das Auge ein unsinniges Loch in Bach und Berg. Das stört uns nicht. Dahinter geht Bach und Feld irgendwie weiter und wenn der Baum uns einmal wirklich irgend etwas verdeckt, so erstaunen wir darüber nicht. Unsere Anschauung ist nichts weniger als genau, selbst wenn wir ganz genau hinzusehen meinen. Wir sehen eben nur was vom Augenbilde wichtig ist, sonst kämen wir mit keinem Anblick zu Ende.

Was aber sehen wir von einem Feld? Sicher nur seine Oberfläche. Aber nicht wie eine Haut, die auf dem Boden liegt, das wäre eine ganz lächerliche Vorstellung, denn wir wissen genau, daß unter dem Ährenfeld Erde und Gestein ist. Das Wie geht uns aber im einzelnen nichts an. Die Berge verdecken einander. Sie liegen in ganz bestimmter Form, an ganz bestimmten Orten und Entfernungen. Der Kartenzeichner kann sie aufmessen, und wir erstaunen grenzenlos, wenn wir seine Aufmessungen zu Gesicht bekommen, selbst bei Bergen, die wir seit vielen Jahren gesehen haben.

Unser Sehen ist ein höchst ungefähres, durch die Erinnerung ergänztes, willkürliches. Wir sehen nur, was uns grade wichtig ist. Wir können es jederzeit ergänzen, sobald wir es nötig haben. Daher der merkwürdige Irrtum, daß das Gesehene etwas ganz Festes und Klares sei (daran ist vor allem die Photographie schuld, die uns überall ein bis zur Kleinlichkeit Bestimmtes vortäuscht), daher die Unklarheit über die Grenzen unseres Sehens, daher aber auch der erstaunliche Reichtum, wie wir ein- und dasselbe auffassen können, daher die merkwürdige Möglichkeit der Maler, aus derselben Landschaft tausend verschiedene Wesen zu schaffen. Daher auch die Ratlosigkeit, zu sagen, was uns eigentlich an einer Landschaft gefällt. Beim Erklären wird meist Angeschautes, Vorgestelltes und Gedachtes willkürlich durcheinandergeworfen. Und doch sind von dem erstaunlichen Gemenge des Ansehens, Vorstellens, Denkens, die das Wahrnehmungsbild zusammensetzen, nur Sehen und Anschauen einer Wirkung auf unser Gefühl fähig, können für die künstlerische Wirkung eine Bedeutung haben.

Auf manchen Teilen der Erde hat man die Schönheit der Landschaft lange überhaupt nicht bemerkt. Alle Aufmerksamkeit gehörte dem nackten Körper. Er bildet jedenfalls eine ringsum geschlossene Fläche. Auch diese können wir nicht auf einmal übersehen, wir müssen das den Augen Gegebene durch das nicht

Sichtbare früher Gesehene ergänzen. Auch das geschieht reichlich ungenau. Innerhalb dieser Oberfläche liegt der Körper. Aber von diesem stellen wir nur das wenigste uns deutlich vor. Für unsere Freude am nackten Körper wäre es geradezu vernichtend, wollte man das Innere mit allen Muskelschichten, den Eingeweiden, dem Blutumlauf und den Verdauungsvorgängen sich vorstellen, wie etwa der Arzt es tut. Die Schönheit des Körpers liegt ganz im Schaubaren, das wir wiederum nicht als Haut empfinden, sondern als Körper, ohne uns über das, was unter der Haut ist, irgendwelche klaren Gedanken zu machen. Sie liegt in Stellungen, Bewegungen, Überschneidungen, in Hautfarbe und Festigkeit des Fleisches, soweit sie durch Farbe und Form sich darstellen. Wie bei der Landschaft können Jahrtausende von Künstlern immer neue Schönheiten entdecken. Ähnlich ist es bei den Tieren, nur daß – während beim Menschen Knochengerüst und Muskeln (was der Maler so Anatomie nennt) scheinbar den wirklichen Körper darstellen – bei den Tieren meist Fell und Federkleid und Flügel die eigentliche Form fast bis zur Unkenntlichkeit verdecken.

Der Mensch bildet Gefäße für seine Zwecke. Zweifellos sind sie einfacher und begrenzter wie alle Gebilde der Natur. Wir können sie in die Hand nehmen, sie leicht von allen Seiten betrachten. Sie scheinen uns schön oder häßlich. Diese Wirkung können wir erst verstehen, wenn wir uns klar machen, was wir nun eigentlich an ihnen sehen und wiederum ist das recht verwickelt.

Eine Porzellantasse hat eine Oberfläche, innen und außen. Dazwischen sitzt etwas Geheimnisvolles, gebranntes Kaolin und Glasur auf beiden Seiten. Wie dick der Scherben ist, wird uns sicher nicht auf den ersten Blick klar. Unser Miß- oder Wohlgefallen steht schon fest, lange ehe wir durch genaues Vergleichen und Messen seine Dicke und seinen Aufbau festgestellt haben, geschweige seine Farbe und Art. Das sind Fragen technisch-konstruktiver Natur, die uns gewöhnlich gar nicht beschäftigen. Die wirkliche Form hat hier für den künstlerischen Genuß gar keine Bedeutung.

Nehmen wir ein noch einfacheres Beispiel: eine Schale, aus einem dünnen Blech getrieben, ohne jede Verstärkung. Sie hat zwei Oberflächen, deren Gleichheit offenkundig ist und sind doch völlig verschieden im Aussehen, wie Kugelin-

Das Haus am Steinplatz. An der Ecke Steinplatz 4 und Uhlandstraße 197 in Berlin erhebt sich seit 1906/07 Endells monumentalster Bau. Dem abknickenden Straßenverlauf folgend ergibt sich eine extrem lange, zweiteilige Fassade. Endell behandelt die Fassade strukturell zwar einheitlich, doch bedient er sich durchaus verschiedenartiger Formen. Er orientiert sich in den Einzelformen an verschiedenen architektonischen Traditionen, deren Elemente er – frei von ihrer jeweiligen Herkunft und Funktion – neu zusammenfügt. Maurisch und gotisch anmutende Formen werden von ihm neben klassizistischen und frei erfundenen Formen genutzt, um Tektonik und Gliederung des Gebäudes zu visualisieren. Die Strenge der Lisenen und Pilaster löst Endell durch Ornamente und verschiedenartige Fensterformen wieder auf. Der Rhythmus der Vertikalen und die verbindende Kraft der horizontalen Linien von dem hervorkragenden Gesims oberhalb des zweiten Geschosses und dem gewaltigen Satteldach fügen die Fassade zusammen. Ein halbrunder, gebäudehoher Erkervorbau verbindet die Fassade zum Steinplatz mit dem Stadtraum, ein der Fassade vorgehängter Kasten aus zwei Erkern und Balkonen erfüllt diese Aufgabe zur Uhlandstraße hin. Turm und Erker dienen nicht als Herrschaftszeichen einer Belle-Etage-Elite, sondern betonen die Einheitlichkeit der Stockwerke und reduzieren durch ihr Vorspringen aus der Fassade deren Monumentalitätscharakter. Bei der Innenansicht des Eingangsbereiches am Steinplatz bestimmen die gerippten, karniesbogigen Deckenformen die Bewegungsrichtung der Raummassen. Die Raumformen werden durch die Dekorationsformen in ihrer Wirkung unterstützt und betont. Ausgangspunkt der Formenfindung aber ist der Raum, der durch tradierte und erfundene Ornamentformen nur verstärkt wird. Das Haus am Steinplatz diente ursprünglich als Miethaus, später als Pension und Hotel und ist heute ein Seniorenheim.

Haus am Steinplatz

neres und Kugeläußeres, eine Spiegelung gleichsam in der fünften Dimension. Verschieden sind nur die Blickrichtungen. Beidemal mit ganz anderen Überschneidungen und anderer Verteilung des Glanzes. Wir haben auf beiden Seiten ganz verschiedene Eindrücke, die wohl in ihrer Folge und ihren Verhältnissen eine gewisse Ähnlichkeit haben. Sie sind gewissermaßen eine Art Umkehrung voneinander und sind doch so verschieden, daß sie weder mathematisch noch künstlerisch «zur Deckung» gebracht werden können. Das körperlich und stofflich Eine zerfällt für Anschauung und Empfindung in zwei Wesenheiten.

Die Kunst hat nichts mit dem Ding an sich, das nur durch das Denken aus der Anschauung herausgezogen werden kann, sondern nur mit der auf unser Gefühl wirkenden Anschauung zu tun, dem schönen Schein.

Am verwickeltsten aber liegen die Verhältnisse bei einem Gebäude. Wir können es nur langsam umwandern, vollständig sehen können wir es aber nie. Wir kennen unser eigenes Haus nicht wieder, wenn wir es zum erstenmal von einem Kirchturm aus erblicken. Zunächst ist ein Haus ein Körper, der irgendwie angefüllt ist, von dem wir meist sehr wenig zu sehen bekommen und noch weniger beachten. Nur von wenigen Teilen, die für unser tägliches Leben wichtig sind, haben wir genaue Vorstellungen. Und selbst wenn wir darin ein- und ausgehen, können wir uns meistens den Zusammenhang von außen und innen, Haus und Raum schwer begreiflich machen.

Ein viereckiger Klotz, 7 m hoch, 20 m lang und 4 m breit ist mathematisch ein und dasselbe, ob ich ihn von außen ansehe oder von innen, ob ich ihn als Körper auffasse oder als Raum, und doch sind es zwei ganz getrennte Wesenheiten, die beide nichts miteinander zu tun haben. Anschaulich kann ein Körper oder Raum nur von einem bestimmten Punkte werden. Ein Haus sieht ganz anders aus von der Straße, anders von dem gegenüberliegenden vierten Geschoß. Eine Kirche ist etwas anderes vom Schiff aus als von der Empore. Ein Raum kann wie jede Form, Ebene, Fläche, Körper nur als ein Nacheinander erlebt werden, man sagt ungenau als Bewegung. Ein Blatt erlebe ich als ein Fortgehen in der Achse und gleichzeitiges Ausbreiten nach beiden Seiten und über dieser Grundharmonie schwebt die Melodie des Umrisses, des Randes, des Rippennetzes und der Farbenflecke. – Einen Hauskörper

Eingang am Steinplatz 4, Außen- und Innenansicht, 1906/07

empfinde ich als ein aus der Tiefe auf mich zukommendes breites und gleichzeitig nach oben sich Erhebendes. Gehe ich aber in einen solchen Körper hinein, so breitet sich der Raum vor mir nach beiden Seiten aus und schwingt sich über mich. Ein Raum hat keine Rückseite in der Erscheinung, nur in der Vorstellung kann er sie bekommen, indem die Reihe der Erscheinungen zu einer überanschaulichen Vorstellung verschmilzt.

Von hier wird deutlich, warum das stärker empfindende Barock den Zentralraum, den die Renaissance literarisch begrifflich als etwas Besonderes verehrte, in den Langraum, in die Ellipse überführte, die zwei eigene Achsen hat. Der Kreis als Grundriß ist gar nicht erlebbar.

Indem wir in einen Kreisraum eintreten, geht vor uns her eine Achse durch unseren Kopf und macht aus dem Kreis eine Mißgestalt.

Zweifellos ist die raumbegrenzende Wand ein Körper, aber wir erleben nur seine Oberfläche, wohinter irgend etwas ist, was aber nicht anschaulich werden kann, und die Gotik, die sich immer bemüht, den Körper klar zu machen, macht die Wand anschaulich durch ein besonderes Hervorheben ihrer Stärke in den schrägen Laibungen. Das Gewölbe ist für die Anschauung auch nur eine Oberfläche. Für den Baukundigen ist es oft störend, wenn er es sich nach seiner Stärke und seiner Hintermauerung vorzustellen sucht, denn dann geht alle wirkliche Anschauung verloren. (Darum sind alle moralischen Betrachtungen über echte und unechte Gewölbe überflüssig. Anm. d. Verf.)

Säulen und Pfeiler sind, wie alle Flächen, nur anschaulich gegeben und müssen in der Vorstellung aus der Erinnerung ergänzt werden; daß sie körperlich ausgefüllt sind, wird bei der Anschauung mitempfunden. Am leichtesten geht das beim kreisrunden gotischen Pfeiler und seinen Zusammensetzungen, wo alle Teile leicht auseinanderzulösen sind. Die kannelierten und schwellenden Säulen machen das schon viel schwerer und das Kapitäl bleibt Fleck und Schatten, damit der Oberflächencharakter beibehalten bleibt. Der körperlich scheinende gotische Pfeiler aber verlangt einen körperlich aufgelegten Zierat.

Zwischen dem wirklichen Gebäude und dem wirklichen Kunstwerk ist sonach eine weite Kluft. Sie berühren einander kaum, sind zwei verschiedene Wesen. Schon weil bei den großen und kleinen Formen die Erkennbarkeit des wirklich Gegebenen außerordentlich verschieden ist. Das Pantheon-Gewölbe ist himmlische Musik, dieselbe Kuppel 60 m höher gesetzt im Petersdom bleibt stumm, und die Geschichte des Bauens ist voll von Beispielen wie die beabsichtigte Form sich umwandeln muß, um den beabsichtigten Klang zu ergeben.

In der Normandie stellte man kreisrunde Pfeiler in die Ecken der Mauern, aber die Reflexe und Schatten hoben die Wirkung der Rundung auf, und so kam man dazu, die Rundsäulen zwischen zwei Hohlkehlen zu legen und so mit einer ganz falschen Form die ursprünglich beabsichtigte Wirkung zu erreichen.

Der Schatten ist ein tückischer Geselle. Er ist in den verschiedenen Ländern ganz verschiedener Art. Darum kann man nicht römische Gesimse ohne Schaden nach Berlin übertragen. Er macht die beabsichtigte Form tot oder lebendig, je nach seinen Launen. Daß die Barockmeister die Schatten beobachteten, um ihre Formen klingend zu machen, hat ihnen Burckhardt nie verziehen, er suchte in der heimlichen Ästhetik seiner Bücher die Form an sich und betrachtete sie als das einzig wichtige. (Dem Barock ist nicht die Form als solche, sondern Licht und Schatten eigentliche Form des Ausdrucks sagt er einmal im Cicerone.) Darum ging Burckhardt an Michelangelo vorüber.

Jedenfalls ist das Gebäude als solches nicht das auf die Empfindung wirkende, das Gebäude an sich niemals das Kunstwerk. Darum sind alle Versuche, die Schönheit des Bauens an Maß und Zahl zu binden, vollkommen aussichtslos.

Die Eigentümlichkeit des Sehens bedingt allein schon, daß zwischen dem Wirklichen und dem Gesehenen ein großer Unterschied ist, daß Raum und Körper nur bedingt unvollständig uns gegeben sind, daß sie je nach dem Ziel unseres Wollens ganz verschieden erscheinen. Anders sieht der Jäger, anders der Bauer die Natur, anders der Künstler. Jene zielen nach Lebenserwerb, dieser nach der Freude am bloßen Sehen. Das Nacheinander des Aufnehmens ist beide mal ganz verschieden bei demselben Gegenstand, je nach der Reihenfolge des Betrachtens und der Stelle des Verweilens. Der Künstler sucht den Weg des höchsten Genießens, so müssen auch seine Werke betrachtet werden. Sie setzen ein Hineinsehen, eine eigentümliche Einstellung voraus. Darum fordert die Kunst jeden Landes und jeder Zeit ein besonderes Hineinleben, nur dadurch wird sie dem Betrachter wirklich lebendig. Darum läßt sich immer nur ein ganz kleiner Kreis von Kunstwerken wirklich auf einmal übersehen. Der Versuch, größere Strecken begrifflich zusammenzufassen, muß notwendig zur Verstümmelung des lebendigen Eindruckes führen. Darum kann es keine Kunstgeschichte als Wissenschaft geben, wohl aber kann sie eine Lehre sein, ein Hineinführen in das Kunsterleben der Kunstwerke verschiedener Zeiten.

Treppe und Eingang zur Herrentoilette im Wolzogen-Theater in Berlin, 1901

Stichwort: Vom Sehen
Die Beschreibung von Kunst ist der Versuch, einer ästhetischen Erfahrung auch rational habhaft zu werden. Distanz zum Kunstwerk ist dazu notwendig. Mindestens auf Armeslänge hält man die Kunst von sich fern und schafft eine Trennung zwischen sich und dem Erlebten. Farbe und Form sind schnell in fertige Worte gepackt. Das Haus ist rot und hat ein Satteldach. Endells Kunst erschwert diese für die Beschreibung notwendige Distanzierung. Form/Farbe und Wirkung sind nur schwer voneinander zu trennen, zu stark bedingen sie sich und lassen jede Beschreibung des einen ohne das andere mißlingen. Die Unsachlichkeit einer über das Faktische hinausgehenden Beschreibung erweist sich auf Endells Kunst angewandt als Qualität. So kann in der sprachlichen Annäherung an das Kunstwerk die Grenze von der Beschreibung zur Analyse überschritten werden. Die scheinbar affirmative sprachliche Annäherung an das Kunstwerk schafft die nötige Distanz zur Beurteilung des ästhetischen Phänomens. Die Sprache enthüllt das Dilemma von Funktionieren und Nichtfunktionieren des ästhetischen Konzeptes von Endell. Seine Formen können eine Art musikalische Wirkung oder Stimmung erzeugen, zugleich aber sind sie benennbarer, faßbarer als es Endell will.

Das Auge sieht den Raum, sieht die Bewegung des Raumes, nimmt wahr, worauf sich der Körper bei seiner Bewegung im Raum einstellen muß. Raum kann dabei ein ästhetisches Moment in sich bergen. Ein einfacher Treppenraum mit einer Tür zur Herrentoilette kann mehr sein als ein Ort funktionaler Nutzung, ein Ort achtlosen Durchlaufens. Endells Raum wird zu einem lebendigen Wesen. Der Raum verjüngt sich zu den Stufen hin und birgt Gefahren. Die wasserfließende Bewegung des mit Fröschen oder Froschartigem reich bestückten Teppichs ruft zur Vorsicht, als ob eine Stromschnelle die Bootsfahrt erschwerte. Vor der Tür zur Herrentoilette formt der Teppich einen toten Winkel im Strom, die Strömung der abwärtsführenden Treppe ist hier gebremst. Es ist die letzte Möglichkeit, der dominanten Raumbewegung der Treppe zu entgehen und an diesem stillen Örtchen zu verweilen. An der verengten Stelle selbst wird die Strömung stärker, werden die Linien dichter. Die Abwärtsbewegung zieht den Teppich in einem gewaltigen Sog nach unten.

Ein strenges, dunkles geometrisches Raster – als ein Treppengeländer den Raumverlauf begleitend – hält den Teppich auf den Boden begrenzt und materialisiert visuell die Wand. Die breiteren und schmaleren Leisten der Wandverkleidung verlangsamen durch ihren engen Wechsel und die Dominanz der breiteren Elemente den Takt des schnell dahinfließenden Teppichs. Das grazile Muster der schmalen Stäbe mindert Masse und Wucht. Ein schablonierter Fries säumt die Wand zur Decke. In der Form von schräg gestelltem Rauch mit krönenden Wölkchen betont der Fries den Raumfluß und nimmt durch die schrägen, gewellten Linien Einfluß auf die Geschwindigkeit der Raumbewegung. Über der Tür leitet der Rauch durch seine Schräge über die Wandecke hinweg, so daß kein Festhalten mehr möglich scheint. Im Treppenraum selbst bleibt die Deckenhöhe erhalten und der Wölkchenfries schwebt gegen die Fließrichtung nach oben. Beruhigt kann sich der Schritt verlangsamen, und der friedliche Passant droht nicht mehr hinweggespült zu werden. Der Raum erschließt sich durch eindrückliche Formen und entwickelt seine Wirkung quasi musikalisch. Der Teppich wird zum Schöpfer und zum Diener seines Raumes, er wäre in einem anderen Zusammenhang nicht möglich.

Ohne Konzession an die moderne Massenproduktion werden Dinge für bestimmte Orte hergestellt und nicht allgemein zur Verfügung gestellt. Endells Formen, auch seine Raumformen, folgen nicht willenlos den Vorgaben funktionaler Erfordernisse. Endell: «Konstruktion und Schönheit sind nicht identisch, sondern zwei vollkommen verschiedene Dinge. Schönheit ist reine Wirkung von Farbe und Form auf unser Gefühl, ohne alle Beimengung von Begriffen und Gedanken. [...] Konstruktion aber ist ein Produkt aus Bedürfnis, theoretisch-konstruktiver Idee, Material, Arbeitsvorgang und Wirtschaftlichkeit. Diese Komponenten ergeben niemals eine schlechthin bestimmte Form, sondern immer eine Form, die in weiteren oder engeren Grenzen veränderlich ist; und diese Veränderlichkeit erlaubt dem Künstler, der rein konstruktiven Form durch Verschiebung der Proportionen Schönheit abzuringen.»[1] August Endells ästhetische Prämisse, durch Form und Farbe und reines, assoziationsfreies Sehen eine Gefühlswirkung, durch Schönheit eine lustvolle Gefühlswirkung zu erzielen, verlangt ein psychologisches Bildungsgesetz für die

Drei Türen aus dem Hof-Atelier Elvira, München, 1898

Formen. Doch genau hier liegt der Schwachpunkt in Endells Kunst. Ein Sehen frei von Assoziationen, Gedanken und Begriffen findet nicht statt und kann so nicht stattfinden. Zu bekannt erscheinen noch die Formen, ohne daß freilich eine direkte Quelle benennbar wäre. Es steigen Erinnerungen hoch, die sich bei kaum einer Formschöpfung Endells unterdrücken ließen. Die Ausführung kommt der Theorie nicht nach: Das reine Sehen bleibt ein Traum Endells, der nicht in Erfüllung gehen will. Schon sein großes Elvira-Ornament ließ Zeitgenossen von Drachen, Seepferdchen und der schaumgeborenen Venus phantasieren, und bis heute hat sich daran wenig geändert. Endells biomorphe Formen erwecken den Anschein von Naturdarstellungen ohne Abbildungscharakter, seine Formensprache verharrt in einem bizarren Zwischenraum von Nachahmung und Abstraktion. Der Wettstreit mit der Musik ist für die *reine Formenkunst* kaum zu gewinnen. Zu sehr tendiert Endells Kunst zur Versprachlichung, der sich die Tonkunst leichter zu entziehen vermag. Erst jenseits der Assoziationen, Gedanken und Erinnerungen erfüllen die Formen Endells auch einen psychologischen Zweck. Der Gewässer-Teppich mit seinen froschartigen Wesen kann zur räumlichen Bewegung werden, die auch ohne Assoziationen aus Natur und Tierreich funktioniert. Endells Formen machen Eindruck. Der Treppenraum erhält als Raum Identität, Persönlichkeit, die auf den Passierenden wirkt. Innerhalb dieser Wirkungsschönheit erfüllen Endells Schöpfungen zudem ihren funktionalen Zweck: Der Teppich ist begehbar, alle Objekte werden dem an sie gestellten Anspruch der Nutzbarkeit gerecht. Seine Formensprache folgt freilich nicht dem minimalistischen Motto des *form follows function*, doch bewegen sich Endells Schöpfungen in dem durch Konstruktion und Funktion gesteckten Rahmen. Seine Türbeschläge im Fotoatelier Elvira sind dafür ein grandios exzentrisches Beispiel. Endell: «Die Thürbeschläge sind lang an der Kante hinabgezogen, um ein Abgreifen des Holzes zu hindern.»[2] Angesichts dieser skurril bis schrullig verzackten Beschläge auf deren funktionalen Vorzug hinzuweisen, ist für Endell eine berechtigte Argumentation, die heute allerdings auch als Ironie lesbar ist. Funktion ist in der Welt der angewandten Künste eine Selbstverständlichkeit, der erst noch ihr eigentlicher, psychologischer Zweck *Schönheit* abzuringen ist.

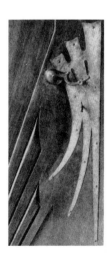

Zwei Türbeschläge aus dem Hof-Atelier Elvira, ausgeführt von Reinhold Kirsch

Endells ästhetische Konzeption stellt für die Anhänger schlichter Zweckmäßigkeit und Materialgerechtigkeit bis heute eine Provokation dar. Die Idee des Kunstwerkes steckt nicht schon in der Aufgabe, ist keine Vorgabe. «Nicht vom Wesen zum Schein geht der Weg, nein umgekehrt, das Ansehen giebt uns den ersten Aufschluss über das Wesen.»[3] Der Schein als Sein läuft scheinbar jedem Wunsch nach Wahrhaftigkeit zuwider. Endell geht von einer Trennung von *Wesen* und *Ansehen* aus. Das Wesen ist nicht als autonome Form abstrahierbar, sondern das Ansehen ist der vermittelnde Faktor, der dem Sehenden *ersten Aufschluss* gibt, ihn einfühlen läßt. Das Sein der Dinge konstituiert sich darin durch Kommunikation. «Ein Kunstwerk verstehen heißt, selbst das Kunstwerk werden [...]»[4] Ganz nach der Lippsschen Einfühlungstheorie soll ein Prozeß der *Selbstobjektivierung* stattfinden, der die Dingwelt – auch unter der Voraussetzung der ständigen Veränderung – für einen *Augen-Blick* wieder habhaft werden ließe. Das Sehen ist der Schlüssel und die lebhafte Verbindung der Dimensionen Ich und Welt.

1 August Endell, Über Konstruktion und Schönheit. Vortrag vor der Freien Studentenschaft der Charlottenburger Technischen Hochschule, in: Der Kunstwart, Jg. 23, 1. Maiheft 1910, S. 199.
2 August Endell, Architektonische Erstlinge, in: DK 3, 1899/1900, Heft 8, Mai 1900, S. 301.
3 August Endell, Formenschönheit und dekorative Kunst. I. Die Freude an der Form, DK 1, 1897/98, Heft 2, November 1897, S. 76.
4 August Endell, Das Bayerische Nationalmuseum, FS, Nr. 37, 10.9.1904, S. 739.

August Endell: Möbel für das Bibliothekszimmer von Henry von Heiseler, ausgeführt von Wenzel Till

Bibliographie

Dieses Verzeichnis der Schriften von August Endell basiert auf den Vorarbeiten von Klaus Reichel, *Vom Jugendstil zur Sachlichkeit. August Endell (1871-1925), Diss. Bochum 1974* und gibt mit wenigen Ergänzungen das Verzeichnis von Tilmann Buddensieg, *Zur Frühzeit von August Endell. Seine Münchener Briefe an Kurt Breysig, in: Festschrift für Eduard Trier zum 60. Geburtstag*, hrsg. von Justus Müller Hofstede und Werner Spies, Berlin 1981 wieder. Buddensieg publizierte und kommentierte hier auch erstmals die zu Leben, Werk und künstlerischer Verfahrensweise bedeutsamen Briefe Endells an seinen Vetter.

Zeitschriftenkürzel:
BAW – Berliner Architekturwelt, Berlin.
DK – Dekorative Kunst, München.
DKD – Deutsche Kunst und Dekoration, Darmstadt.
FS – Freistatt, Süddeutsche Wochenschrift für
Politik, Literatur und Kunst, München und Wien.
Jb.DWB – Jahrbuch des Deutschen Werkbundes, Jena.
KuK – Kunst und Künstler, Redaktion: Karl Scheffler, Berlin.
Kunst – Die Kunst, (bis 1899/1900: Die Kunst für
Alle), München.
NG – Die Neue Gesellschaft. Sozialistische
Wochenschrift, hrsg. von Dr. Heinrich
und Lily Braun, Berlin.

(1) Ein Werden, Gedichte, gedruckt von Knorr und Hirth, München o. J. (März 1896), daraus: Schneetag, Gedicht in: Pan 2, 1896/97, 3. Heft, Oktober-Dezember, S. 205 und verschiedene Gedichte sind wiederabgedruckt in: Klaus Reichel, Vom Jugendstil zur Sachlichkeit. August Endell (1871-1925), Diss. Bochum 1974, S. 58-62.
(2) Um die Schönheit. Eine Paraphrase über die Münchener Kunstausstellungen 1896, München 1896, dazu eine Selbstanzeige in: Die Zukunft, Bd. 17, 10.10.1896, S. 93.
(3) Formenschönheit und dekorative Kunst. I. Die Freude an der Form, in: DK 1, 1897/98, Heft 2, November 1897, S. 75-77.
(4) Keramische Arbeiten der Familie von Heider, in: Kunst und Handwerk, Zeitschrift des Bayerischen Kunstgewerbevereins 47, 1897/98, Heft 4, Januar 1898, S. 129-132.
(5) Formkunst, in: DK 1, 1897/98, Heft 6, März 1898, S. 280.
(6) Möglichkeit und Ziele einer neuen Architektur, in: DKD 1, 1897/98, Februar/März 1898, S. 141-153 und neuabgedruckt in: Die Zeitschrift als Manifest. Aufsätze zu architektonischen Strömungen im 20. Jahrhundert, hrsg. von Annette Ciré und Haila Ochs, Basel, Berlin, Boston, 1991, S. 29-37.
(7) Formenschönheit und dekorative Kunst, II. Die gerade Linie und III. Geradlinige Gebilde, in: DK 2, 1898, Heft 9, Juni 1898, S. 119-125.
(8) Der englische Einfluß im Kunstgewerbe, in: Wiener Rundschau, 2. Jg., 1.8.1898, S. 700–704.
(9) Architektonische Erstlinge, in: DK 3, 1899/1900, Heft 8, Mai 1900, S. 297-317.
(10) Brief über die Kunstpolitik des Kaisers und die Moderne, anläßlich der Rede Kaiser Wilhelms II. vom 18.12.1901, in: Die Zukunft 10, Bd. 38, 8.2.1902, S. 259-261.

(11) Originalität und Tradition, in: DKD 9, 1901/02, Heft 6, März 1902, S. 289-297.
(12) Das Wolzogen-Theater in Berlin, in: BAW 4, 1902, S. 376-395.
(13) Schule für Formkunst. Faltblatt, datiert Berlin, August 1904. Dazu eine spätere Fassung vom September 1906, in: Nachlaß Breysig, Berlin, Staatsbibliothek Preußischer Kulturbesitz.
(14) Die Ausstellung des Glaspalastes, in: FS, Nr. 28, 9.7.1904, S. 559-561.
(15) Die Ausstellung der Sezession, in: FS, Nr. 30, 23.7.1904, S. 600-603.
(16) Kunstgewerbliche Erziehung, in: Der Zeitgeist, Nr. 33, Beiblatt zum »Berliner Tageblatt«, 13.8.1904, ohne Seitenangabe.
(17) Das Bayerische Nationalmuseum, in: FS, Nr. 37, 10.9.1904, S. 738-739 und Nr. 38, 17.9.1904, S. 758-760.
(18) Kunsterziehung: Geschichte oder Psychologie, in: FS, Nr. 46, 12.11.1904, S. 919-921 und Nr. 47, 19.11.1904, S. 940-942.
(19) Der Dom zu Berlin, in: FS, Nr. 11, 18.3.1905, S. 171-172.
(20) A. Renoir, in: FS, Nr. 17, 29.4.1905, S. 268-270.
(21) Vincent van Gogh, in: FS, Nr. 24, 17.6.1905, S. 378-380.
(22) Kunst und Volk, in: NG, Nr. 1, 5.4.1905, S. 8-9.
(23) Vom Sehen, in: NG, Nr. 4, 26.4.1905, S. 45-47, z.T. wiederabgedruckt von Rudolf G. Köhler, in: Helmut Seling, Jugendstil. Der Weg ins 20. Jahrhundert, Heidelberg, München 1959, S. 420-421.
(24) Abendfarben, in: NG, Nr. 7, 17.5.1905, S. 81-82.
(25) Frühlingsbäume, in: NG, Nr. 8, 24.5.1905, S. 95-96.
(26) Baumkronen, in: NG, Nr. 10, 7.6.1905, S. 117-118.
(27) Der Potsdamer Platz in Berlin, in: NG, Nr. 12, 21.6.1905, S. 141-142.
(28) Die Ausstellung des Deutschen Künstlerbundes in Berlin, in: NG, Nr. 15, 12.7.1905, S. 177-178.
(29) Eindruckskunst, in: NG, Nr. 23, 6.9.1905, S. 275-276.
(30) Unsere Impressionisten, in: NG, Nr. 26, 2.7.1905, S. 313-314.
(31) Werkring. Vereinigung für Haus- und Wohnungskunst. Berlin, in: Die Zukunft 13, Bd. 52, 2.9.1905, S. 370-373.
(32) Arbeiterhäuser, in: NG, Nr. 31, 1.11.1905, S. 374-375.
(33) Das Charlottenburger Rathaus, in: Die Werkkunst, Zeitschrift des Vereins für deutsches Kunstgewerbe in Berlin, 1. Jg., 2. Heft, 15.10.1905, S. 17-19.
(34) Kultur und Bauordnung, in: Die Werkkunst, 1. Jg., 4. Heft, 15.11.1905, S. 65-68.
(35) Werkring. Ausstellung, in: BAW 8, 1906, S. 214-218.
(36) Kunstschulen, in: KuK 5, Heft 5, Januar 1907, S. 210.
(37) Bericht über eine Ausstellung der Kunstgewerbeschule Breslau, in: KuK 6, Heft 5, Januar 1908, S. 216.
(38) Die Schönheit der großen Stadt, Stuttgart 1908. Wiederabdruck in: August Endell, Der Architekt des Photoateliers Elvira, Ausstellung in der Villa Stuck, München 1977, S. 87-120, eigenständig in der Reihe: architextbook Nr. 4, Berlin 1984 und als italienische Übersetzung in: Massimo Cacciari, Metropolis, Saggi sulla grande città di Sombart, Endell, Scheffler e Simmel. Collona di Architetura 7. Rom 1973, S. 121-164. Teilabdruck in: Die Zukunft 16, Bd. 64, 12.9.1908, S. 413-416 und in: Daidalos 27, »Lichtarchitektur«, 1988, S. 32-33 und in: Die Hackeschen Höfe. Geschichte und Geschichten einer Lebenswelt in der Mitte Berlins, hrsg. von der Gesellschaft Hackesche Höfe, Berlin 1993, S. 34-47.
(39) Zu Alfred Messels Gedächtnis, in: KuK 7, Heft 8, April 1909, S. 331-332.

(40) Alfred Messel, in: Neue Revue und Morgen, Heft 14, 1.4. 1909, S. 493-495.
(41) Buchbesprechung: W. Shaw Sparrow. Flate Urban   Houses & Cottage Homes, in: KuK 7, 1909, S. 470.
(42) Chronik: «Im Kunstgewerbemuseum vollzieht sich ...», in: KuK 7, 1909, S. 519.
(43) Künstler und Fabrikant, in: Die Zukunft 18, Bd. 69, 30.10.1909, S. 153-157, nach einem Vortrag, der in der Vereinigung Deutscher Möbelindustrieller gehalten wurde.
(44) Über Konstruktion und Schönheit. Vortrag vor der Freien Studentenschaft der Charlottenburger Technischen Hochschule, in: Kunstwart 23, 1909/10, S. 199-200.
(45) Ladeneinrichtungen, in: Jb.DWB, 1913, S. 55-58.
(46) Die Strasse als künstlerisches Gebilde, in: Jb.DWB, 1914, S. 18-23.
(47) Stellungnahme in der Werkbunddebatte Köln, 4. Juli 1914, in: Hermann Muthesius, Die Werkbundarbeit der Zukunft und Aussprache darüber, Jena 1914, S. 57-61, Wiederabdruck in: Werkbundarbeit. Rückblick von Dr. Wilhelm Lotz, Berlin 1928, S. 59, Teilabdruck in: Julius Posener, Anfänge des Funktionalismus. Von Arts und Crafts zum Deutschen Werkbund, Berlin, Frankfurt a.M., Wien 1964, S. 208-209 und in: Zwischen Kunst und Industrie. Der Deutsche Werkbund, hrsg. von Wend Fischer, München 1975, S. 100-101.
(48) Architektur-Theorien, in: Neudeutsche Bauzeitung 10, 1914, S. 37-39 und 53-56.
(49) Nachwort zur Werkbundtagung, Köln 1914, in: Marcel Franciscono, Walter Gropius and the Creation of the Bauhaus in Weimar, Urbana, Chicago, London 1971, S. 270-274.
(50) Deutsche Tracht, in: Die neue Rundschau, 25. Jg., Bd. 2, Oktober 1914, S. 1458-1462.
(51) Zwei Kriegerfriedhöfe, Berlin 1916.
(52) Grundsätze und Richtlinien für das Vergeben von Arbeiten im Bau- und Kunstgewerbe, in: Mitteilungen des Deutschen Werkbundes, 1918, Nr. 2, S. 9-12.
(53) Über die Zukunft der deutschen Kunst, in: KuK 17, Heft 6, Februar 1919, S. 251, wiederabgedruckt aus: Breslauer Morgenzeitung.
(54) Erneuerung der Akademien, in: Das Kunstblatt 3, Heft 3, März 1919, S. 93-94.
(55) Kunst und Maschine, in: DK 22, Heft 11, August 1919, S. 327-329.
(56) Die Ausbildung des Zeichenlehrers, in: Kunstchronik und Kunstmarkt, 55. Jg., Nr. 28/29, 9./16.April 1920, S. 551-556.
(57) Blumen, in: Gartenschönheit, Juni 1920, S.60.
(58) Handwerkerschule und Akademie in Breslau, in: Kunstchronik und Kunstmarkt, 56. Jg., Bd.I., 1921, Heft 23, 4.3.1921, S. 445-447.
(59) Raum und Körper, in: KuK 23, Heft 8, April 1925, S. 303-306.
(60) Zauberland des Sichtbaren, aus der Reihe: Der Weltgarten, Bd.4, Berlin 1928. Aus dem Nachlaß zusammengestellt von Anna Endell. Die Texte setzen sich im wesentlichen aus den Artikeln der NG und aus «Die Schönheit der großen Stadt» zusammen. «Der Wagen», S. 36-40, ist daraus der einzige in diesem Verzeichnis nicht selbständig aufgeführte Text.

Bildnachweis
Stiftung Archiv der Akademie der Künste, Berlin, Abteilung Baukunst, Nachlaß Endell: S. 9, S. 12.
Bildarchiv Foto Marburg, Marburg: S. 70, S. 98 (oben), S. 108, S. 110, S. 112, S. 160, S. 214, S. 218.
Bildzitate: Hof-Atelier Elvira 1887-1928. Ästheten, Emanzen, Aristokraten, hrsg. von Rudolf Herz und Brigitte Bruns, Ausstellung des Fotomuseums im Münchner Stadtmuseum 1985/86, S. 33, (Nachlaß Pfeiffer, Dorothee Pfeiffer, Göttingen): S. 22.
Kunstschulreform 1900-1933, hrsg. von Hans M. Wingler, Berlin 1977, S. 86: S. 150.
Hermann Obrist. Wegbereiter der Moderne, Austellung in der Villa Stuck, München 1968, Kat.Nr. 67: S. 152.
Reproduktionen: PAN, 3. Jg., 1897, Heft 1, S. 7: S. 14.
Dekorative Kunst, 3. Jg., 1899/1900, S. 298: S. 56; S. 299: S.58; S. 301: S. 60; S. 308: S. 62; S. 314: S. 100; S. 302: S. 220; S. 303: S. 221, S. 315: S. 223; 2. Jg., 1898, S. 122: S. 156.
Walter Curt Behrendt, Alfred Messel, Berlin 1911, S. 51: S. 66.
Deutsche Bauzeitung, 34. Jg., 1900, S. 492: S. 72.
Deutsche Kunst und Dekoration, IX, 1901/02, S. 282: S. 98 (unten).
Jahrbuch des Deutschen Werkbundes, 1915, S. 134: S. 104.
Die Neue Gesellschaft, 1905, Titelblatt Heft 1: S. 115.
Berliner Architekturwelt, 10. Jg., 1908, S. 264: S. 212.